Christina Grahn-Hommelsheim und Walter Hommelsheim · Herz über Kopf

Christina Grahn-Hommelsheim
und Walter Hommelsheim

HERZ ÜBER KOPF

Die einfache Formel
für ein glückliches Leben

*herzraum*verlag

1. Auflage 2019
Copyright © Herzraum Verlag
Herz über Kopf GbR
Walter Hommelsheim & Christina Grahn Hommelsheim
Kurt-Hoffmannstraße 41
15738 Berlin-Zeuthen

Layout & Satz: Satz- & Verlagsservice Ulrich Bogun, satzservice.de
Lektorat: Dana Hübeler
Umschlaggestaltung & Illustrationen: Julia Stenner
Autorenfoto: Ruth Hommelsheim, www.hommelsheim.com
Druck und Bindung: BestPreisPrinting, bestpreisprinting.de

Printed in Germany
ISBN: 978-3-9821306-0-6
www.herz-kopf.com

VORWORT

Christina und Walter saßen in einem Meetingraum in unserem neuen Büro, welches eher einem Creative Space gleicht. Da wir erst drei Wochen zuvor in das neue Office gezogen waren, roch es noch nach der Malerfarbe, die wenige Tage zuvor auf die Wände gestrichen worden war.

Die beiden waren unsere ersten Gäste, und wir hatten uns verabredet, um unsere weitere Zusammenarbeit zu besprechen.

Ich spürte bereits kurz vor dem Meeting, das etwas in der Luft lag, denn es herrschte eine freudig aufgeregte Stimmung. Als wir das Meeting starteten, platzte es aus Christina heraus: „Ich muss dich etwas fragen, Pablo: Magst du das Vorwort für unser neues Buch Herz über Kopf schreiben?"

Ich war tief berührt und fühlte mich geehrt, dass MICH jemand fragt, ob ich ein Vorwort zu einem Buch schreiben möchte. Natürlich habe ich mich riesig gefreut und gleich zugesagt. Dann kam die Deadline für dieses Vorwort näher, und als ich beginnen wollte, den Text zu schreiben, spürte ich, wie mich immer mehr Zweifel überkamen:

„Kann ich das überhaupt? Schreiben war schließlich noch nie meine Stärke!"
„Was ich schreibe, interessiert doch sowieso niemanden!"
„Ich fühle mich nicht bereit, das zu tun! Was denken Christina und Walter, wenn ich etwas falsch mache?"
… und noch ganz viele weitere solcher Gedanken.

Wie so oft, wenn das Leben mir Fragen stellt, erhielt ich die Antwort unter der Dusche. Plötzlich kam mir der erhellende Gedanke, dass es in diesem Buch genau darum geht:

Auch wenn dich Ängste plagen, musst du dich diesen stellen und trotzdem etwas wagen! Erweitere deine Komfortzone und mache, was du tun musst – gerade, weil du Angst davor hast!

„Erfolgreiche Leute stellen bessere Fragen, und als Resultat davon erhalten sie auch bessere Antworten."

Tony Robbins

Beim Coaching geht es immer darum, mit Fragen das Gespräch so zu führen, dass der Klient die Antworten und Ressourcen in sich selbst findet.

Diese Einstellung ist sehr eng mit den Werten und der Vision von Psi Online verknüpft. Wer unsere Website besucht, sieht als erstes diesen Satz:

Alles, was du brauchst, hast du bereits in dir ...

Darum bin ich der festen Überzeugung, dass der Bedarf und die Notwendigkeit von Coaching in Zukunft stark ansteigen wird.

Hier im Westen haben wir eigentlich alles, was wir für ein glückliches Leben brauchen: Sicherheit, Nahrung und ein soziales Netz. Dennoch nehmen psychische Erkrankungen wie Depressionen und Burnout ständig zu.

Aus meiner Sicht ist die Ursache hierfür, dass wir in unserem Alltag von Reizen dermaßen überflutet werden – sei es durch Mobiltefon, Fernseher oder den Drang zu ständiger Optimierung –, dass wir verlernt haben, auf unsere innere Stimme zu hören.

Genau hier kann dir ein Coach Klarheit bringen und dich wieder auf deinen Weg führen, der dich glücklich macht. Denn hier gilt nicht der Satz: „Alle Wege führen zum Glück."

Du bist gefragt, deinen eigenen Weg zu finden und selbst herauszufinden, was für dich ein glückliches und erfülltes Leben ist. Wir geraten alle in unserem Leben immer wieder in Situationen, in denen uns Coachingtools weiterhelfen können – sei das bei der Arbeit, in der Familie oder mit Freunden.

Ich kenne das selbst gut von mir selbst. Mein Alltag ist von Auf und Abs, Zweifel und Fragen, Entscheidungen und Unsicherheiten, Alternativen und Ablenkungen geprägt, und es fällt mir nicht immer leicht, zu wissen, was ich zu tun habe, um auf dem Weg zu bleiben, der mich erfüllt! In solchen Situationen hat sich die Herz-über-Kopf-Methode oft genug bewährt. Sie schafft Klarheit und setzt Energie frei, um im richtigen Moment das Richtige zu tun und um sich im Leben das zu erschaffen, was einem wirklich wichtig ist.

Wir arbeiten mittlerweile seit beinahe zwei Jahren intensiv zusammen, und es ist sehr schön zu sehen, dass Christina und Walter wirklich ein Produkt ihres Produktes sind. Mit jeder Faser ihres Herzens streben sie nach dem Glück ihrer Teilnehmer, das spürt man sofort. Es freut mich daher sehr, dass auf unserer Psi-Online-Plattform, welche Kurse von internationalen Star-Autoren und -Referenten anbietet, der Kurs von Walter und Christina der bestbewerte ist. Wie haben sie das erreicht? Indem sie ihr komplettes Herz in diesen Kurs gesteckt haben! Und genauso taten sie es auch mit diesem Buch.

Ein Teil ihres Erfolgs liegt auch ihrem einmaligen Coaching-Ansatz begründet, in der die liegende Acht eine wichtige Rolle spielt: der holistische Ansatz, der es erlaubt, den kompletten

Werdegang eines Menschen einzubeziehen, von seiner Vergangenheit über das Hier und Jetzt, hin zu seinem Wunsch-Ich.

Bevor du startest, habe ich noch eine Bitte an dich: Nur durch Lesen wird sich nichts verändern! Betrachte dieses Buch nicht nur als weitere Inspirationsquelle. Nutze es viel mehr als Arbeitsbuch und setze das, was darin steht, auch um – so wird sich dein Leben automatisch nach deinen Vorstellungen entwickeln. Ich wünsche allen viel Freude und Erfolg auf diesem spannenden Weg!

Pablo Sütterlin
Psi Online

„Glück ist kein Geschenk der Götter.
Es ist die Frucht einer inneren Einstellung."

Erich Fromm · Deutsch-US-amerikanischer Psychoanalytiker & Philosoph

1

SCHÖN, DASS DU DABEI BIST!

Wer bist du? Wer bist du wirklich, neben all den Rollen, die du dir im Laufe der Zeit auferlegt hast? Wer bist du nicht? Wer willst du sein? Und wer willst du nicht sein? Was hält dich davon ab, der Mensch zu sein, der du aus deinem tiefsten Herzen heraus sein willst? Was hält dich davon ab, der Mensch zu sein, der du sein kannst? Mit all deinen Möglichkeiten, Potentialen, Talenten, Gaben und Geschenken? Wer würdest du sein, wenn du all deine Geschenke, Gaben, Talente und Potentiale ausschöpfen könntest? Wie würde dein Leben dann aussehen und sich anfühlen?

Vielleicht hast du dir schon öfter diese Fragen gestellt. Vielleicht klopfen diese Fragen auch immer wieder bei dir an, aber du schickst sie weg, verdrängst sie. Nö. Jetzt nicht. Kommt später wieder. Hier gibt es nichts zu holen!

Und dann schlägst du wütend diese Tür zu. Denn diese Fragen sind herausfordernd. Sie sind hartnäckig. Sie piksen. Sie tun weh. Nämlich immer dann, wenn die Antworten uns gnadenlos widerspiegeln, dass wir (noch) nicht der Mensch sind, der wir sein möchten. Dass wir nicht das Leben leben, das wir leben möchten. Dass wir nicht unser Leben leben.

Vielleicht möchtest du schon länger etwas in deinem Leben verändern. Vielleicht beobachtest du dich schon länger dabei, wie du immer wieder in immer dieselben Sackgassen rennst. Du rennst und rennst, strampelst dich ab, machst und tust. Und stehst doch wieder nur mit dem Rücken zur Wand, ohnmächtig und handlungsunfähig, frustriert, ernüchtert, traurig, erschöpft. Du willst aus diesem Endlos-Labyrinth raus, weißt aber nicht, wie. Du bekommst das Packende einfach nicht zu greifen. Hallo, Glück, wo bist du denn, verdammt noch mal?!

Du bist mit diesem manchmal undefinierbaren Doof-Gefühl nicht allein. In unserer Lebensverzweiflung sind wir alle miteinander verbunden. Wir alle haben am Ende die gleichen Ängste. Die gleichen Sorgen. Dieselben Schwächen. Wir alle haben, wie man so schön sagt, unsere Päckchen zu tragen. Manche tragen ganze Pakete. Kiloschwer und erdrückend. Jeder von uns. Und genau hier wird es spannend: Denn während die einen trotz der Last der Pakete auf ihren Rücken ein erfülltes, glückliches Leben führen, hadern die anderen ihr Leben lang damit. Noch mehr Last türmt sich auf ihren Rücken und in ihren Seelen. Leben mutiert zum Kampf.

GLÜCKSBÄRCHIS, HARRY POTTER UND RUCKSÄCKE

Willst du weiter kämpfen? Verbissen? Angestrengt? Mit Härte? Oder willst du mit Leichtigkeit durch dein Leben fließen, durch dein Leben tanzen? Sorglos durchs Leben tanzen wie ein quietschbunter Glücksbärchi – du erinnerst dich vielleicht: die mit dem Regenbogen, dem Herzen und der Sonne auf den kuscheligen Kugelbäuchen.

„Erwecke den Glücksbärchi in dir!" – So hätten wir unser Buch und unsere Methode natürlich auch nennen können. Die Einstiegsaufgabe wäre gewesen, sich erst mal einen Regenbogen mit Wasserfarbe auf den Bauch zu pinseln. Wir sind uns ziemlich sicher, das würde auf der Stelle für gute Laune sorgen! Aber keine Sorge, sooo crazy sind wir dann doch nicht. Wobei, in der Coachingszene gibt es ja mittlerweile nichts mehr, was es nicht gibt. Uns würde nichts mehr wundern.

Worum geht es uns also? Warum haben wir dieses Buch geschrieben? Seit vielen Jahren begleiten wir als Trainer und Ausbilder Menschen dabei, ihre schweren Lastenrucksäcke abzulegen, die Lasten herauszunehmen, bewusst anzuschauen und sie dann nicht mehr zurück in den Rucksack zu packen, sondern loszulassen. Mit der neu gewonnenen Leichtigkeit sind sie dann in der Lage, frei, losgelöst und mit neuer Energie und Freude ihr Leben in genau die Bahnen zu lenken, die sie sich wünschen. Wir durften Zeuge von so vielen unglaublichen Transformationsprozessen sein, scheinbar aussichtslosen Sackgassenfällen, denen es gelungen ist, die begrenzenden Sackgassenmauern mit ihrer Liebe und Hingabe zu schmelzen. Denn genau das ist der Weg. Durch die Mauern hindurch.

Und genau hier begleiten wir auch dich. Durch die Mauern, die dich begrenzen, hindurch. Der feine Unterschied ist nur der: Es heißt sprichwörtlich „mit dem Kopf" durch die Wand. Aber wir machen es anders. Bei uns heißt es nämlich „mit dem Herzen alle Wände schmelzen lassen".

Hast du mal Harry Potter gelesen oder einen der Filme gesehen? Die angehenden kleinen Magier fahren mit dem Hogwarts-Express in die Zauberschule. Der Zug startet an einem Londoner Bahnhof. Auf einem ganz bestimmten Gleis, nämlich Gleis 9¾. Das ist natürlich nicht sichtbar für die „Muggel", die Menschen. Nur Eingeweihte wissen, dass sich dieses Gleis nur erreichen lässt, wenn man mit Vollkaracho, offenem Herzen und Glauben daran, dass es klappt, gegen eine ganz bestimmte Mauer rennt. Und mit Fullspeed und Herz-Auf rennen die kleinen Zauberschüler einfach durch die Mauer durch. Die Mauer begrenzt sie nicht. Sondern eröffnet ihnen eine völlig neue Welt. Die magische Welt von Hogwarts.

MIT DEM HERZ DURCH DIE WAND

Nun können wir dich, leider, nicht nach Hogwarts in Harry Potters magische Wunderwelt bringen. Schade! Aber: Wir können dich dabei begleiten, dich in deine ganz eigene Wunderwelt führen. In eine Welt, in der du mit offenem Herzen durch Mauern gehst und in der sich ein Leben voller Wunder und Potenziale vor dir zu Füßen legt.

Wir möchten von Herzen gern all unsere Erfahrungen und all unser Wissen mit dir teilen. Wenn du magst, betrachte uns als deine neuen Buddies – auf dem Weg in (d)ein erfülltes Leben, bei dem du nicht nur über Veränderung nachdenkst und redest, sondern deine PS auch wirklich auf die Straße bringst. Wir lehnen uns mal ziemlich weit aus dem Fenster und versprechen dir an dieser Stelle: Mit uns an deiner Seite gelingt es dir spielerisch, deine Mauern zu durchbrechen. Und, wir versprechen dir auch, dir liebevoll in den Popo zu treten, wenn du zurück in alte Muster fällst. Wenn das mal nicht verlockend ist.

Mit diesem Buch geben wir dir eine effiziente und einfache Methode an die Hand, mit der du alle deine dich bisher begrenzenden Mauern erkennst, durch sie hindurchgehst und dein Leben (mauer)frei völlig neu gestaltest. Ja, wir hätten die Methode durchaus Glücksbärchi-Methode nennen können, sind uns und unde dem, wofür wir stehen, aber treu geblieben. Die Methode heißt so einfach, wie sie ist: Herz über Kopf.

Herz über Kopf besteht aus drei Phasen, die dich in dein Freisein und dein Entfalten bringen:

 Hinschauen & Erkennen

 Loslassen, Hingabe, Lösen

 Umlenken & Kreieren

Welche Begrenzungen, also welche Mauern, sorgen für blockierte Energien? Und wie können wir diese Energien wieder frei werden lassen und sie neu investieren? Es geht also nicht nur darum, diese Blockaden aufzulösen, sondern die frei gewordene Energie auch umzuleiten und sie in die Vision unseres Wunschlebens zu investieren. Unseren Lebenstraum also aktiv zu kreieren und zu realisieren. Viele Coaching-Methoden hören beim Lösen von Blockaden auf. Ja, ist natürlich toll. Blockade erkannt und gelöst. Aber dann? Wie geht es dann weiter? Natürlich endlich in die Richtung, die du dir wünschst. In ein Leben, das neu gestaltet und von dir nach deinen Wünschen kreiert werden will. „Herz-über-Kopf-Methode" bedeutet für uns: Leite blockierte Energie um und richte dich neu aus. Lebe deine Zukunft und entdecke deine Möglichkeiten, mit dieser Methode dein Leben neu zu gestalten. Wir werden dir in diesem Buch den Weg zeigen. Vielleicht erkennst du dich auch in dem einen oder anderen Beispiel unserer Teilnehmer wieder. Gehen musst du diesen Weg selbst.

Wir lieben es, Menschen bei ihrem Prozess, sich selbst zu ENTdecken, zu ENTfalten und zu ENTwickeln, zu begleiten. Wir lieben das Leben, mit all seinen Höhen und Tiefen. Diese Hingabe an das Leben möchten wir mit dir teilen, lebendig und liebevoll, humorvoll und inspirierend, bewegend und berührend.

„Herz über Kopf" ist nach „Täglich neu verliebt" unser zweites Buch. Während das Thema unseres ersten Buches die erfüllte Partnerschaft ist, geht es diesmal um eine eigentlich noch viel wichtigere Beziehung als die zu (d)einem Partner. Es geht hier in erster Linie um die Beziehung zu dir selbst. Das Buch ist dein Kompass für dein erfülltes Leben. Der Zeiger zeigt dir an, wohin es geht. Herz über Kopf eben. „Herz über Kopf" verdeutlicht auch, wie sehr wir an die Magie und die Kraft des Herzens glauben. Unser Kopf ist auch wichtig, gut dass wir ihn haben, gar keine Frage. Unsere Denkmurmel ist ein wunderbares Werkzeug. Aber eben auch nicht mehr. Denn das, was wir wirklich sind und was uns wirklich ausmacht, steckt in unserem Herzen. Hingabe geht nur übers Herz. Öffne wieder weit dein Herz und lass alles rein, was rein soll. Und lass alles raus, was da nicht mehr hingehört. Wie das geht, zeigt dir dieses Buch.

Willkommen in unserer Herz-über-Kopf-Familie! Schön, dass du dabei bist.

Deine Christina und dein Walter
August 2019

PS: Gleichberechtigung ist uns wichtig. Genauso wichtig ist uns aber auch die Lesbarkeit unseres Buches. Deshalb nutzen wir an den meisten Stellen entweder die männliche oder weibliche Form von personenbezogenen Hauptwörtern. Damit beabsichtigen wir keinerlei Benachteiligung des jeweils anderen Geschlechts, sondern es geht einzig und allein um die sprachliche Vereinfachung.

„*Das Herz hat seine Vernunft,
die der Verstand nicht kennt.*"

Blaise Pascal · französischer Mathematiker

2

KOPF VS. HERZ?
HERZ ÜBER KOPF!

KOPF VS. HERZ

Wenn wir uns unsere eigenen Geschichten anschauen, können wir vor allem eins erkennen: In welchen Momenten und Phasen unseres Lebens waren wir auf dem richtigen Weg, wann ging es uns gut? Und in welchen Momenten und Phasen unseres Lebens ging es uns schlecht, wann befanden wir uns auf einem Irrweg? Dass es sich um einen Irrweg handelt, erkennen wir meistens erst dann, wenn wir den Weg schon längst gegangen sind. Diese Einsicht ist oft sehr schmerzhaft, denn unser Verstand möchte am liebsten alles, was wir tagein tagaus tun, als betriebswirtschaftlich effizient verbuchen. Unser Verstand, also unser Kopf, will nicht, dass wir uns eingestehen, falsche Pfade eingeschlagen zu haben, und noch viel schlimmer, diese auch unter Einsatz all unserer Zeit, Kraft und Energie gegangen zu sein. Unser Verstand hasst solche vermeintlichen Fehlinvestitionen. Unser Verstand tickt wie ein Börsenhai, wie eine Heuschrecke, wie ein fieser Großinvestor: Alles, was wir investieren, muss sich lohnen und auszahlen. Jeder Weg, den wir gehen, muss zu einem Ziel führen. Zurückgehen? Einen anderen Weg gehen? Um Himmels willen, bitte bloß nicht! Das hasst unser Kopf wie die Pest.

Warum das so ist, kann man sicher mit evolutionsbiologischem Gedöns erklären. Früher in der Steinzeit ging es ums blanke Überleben; jeder Schritt, jede Bewegung musste effizient sein. Nahrung war knapp, also musste man mit seiner Energie haushalten. Jede Entscheidung, die getroffen wurde, entschied über das Überleben. Unser Hirn ist von Haus aus eine wahre Effizienzmaschine. Leider gab es bis heute keinerlei Update für unsere Denkzentrale da oben im Kopf. Was ziemlich verrückt ist. Denn während die Welt des 21. Jahrhunderts mit ihrem technologischen Fortschritt um uns herum immer mehr zur Sciencefiction-Welt mutiert, möchte unser Hirn, dass alles schön beim Alten bleibt.

Und so ist unser Verstand verdammt gut darin, Rechtfertigungen zu finden und uns auch unsere Irrwege schönzureden. Er findet beeindruckende Gründe, warum wir einen toten Gaul weiter reiten sollen. Er bringt zig Argumente, warum wir eine gegen die Wand gefahrene Beziehung weiter führen sollen. Er redet uns ein, dass unser kleines, beschauliches Leben mit dem Job, der uns keinen Spaß macht, gut ist, wie es ist. Unser Verstand labert uns den ganzen Tag zu und manipuliert uns. Warum? Er will nicht, dass wir die viel entscheidendere Stimme hören: Die Stimme unseres Herzens. Unsere innere Stimme. Er will sich nicht eingestehen, in einer Sackgasse gelandet zu sein. Er will nicht zurückblicken und feststellen, dass wir die Hälfte unseres Lebens verschenkt, vergeudet und aufs falsche Pferd gesetzt haben. Warum? Weil es weh tut. Weil es verdammt weh tut. Weil es sehr schmerzt, das aushalten zu müssen und sich dem zu stellen.

Nicht falsch verstehen: Kopf und Verstand sind prima Tools. Es ist toll, dass wir denken, dass wir selbst komplexeste Probleme mit der Kraft und Macht unserer Gedanken lösen können. Aber was nicht toll ist: Dass unser Kopf, unser Verstand permanent meint, der Herr im Haus zu sein. Der plappert uns voll, textet uns zu, die ganze Zeit. Der Kopf sollte nicht mehr als eine Maschine sein, welche wir bei Bedarf einschalten, und bei Nicht-Bedarf auch wieder ausschalten. Denn das permanente Gesurre unserer Gedanken, dieser Gedanken-Buzz, wirkt wie Sirenen auf unserem Weg. Kennst du die Geschichte der Sirenen aus Homers Epos rund um Odysseus? Die wunderschönen Sirenen, Fabelwesen, die alle Seefahrer mit ihren Gesängen so becircen, vernebeln und in die Irre leiten, dass die Schiffe reihenweise auf Grund gehen, zerschellen und die Seemänner elendig ersaufen.

Unser Herz ist der Kapitän auf unserem Schiff. Unser Herz ist unser Kompass. Unser Herz ist der Chef im Haus.

HERZ ÜBER KOPF

Genau deshalb haben wir unsere Herz-über-Kopf-Methode entwickelt. Wir möchten das Bewusstsein für dieses von Albert Einstein beschriebene Geschenk wieder schärfen. Wir möchten ermutigen und inspirieren, Entscheidungen des Kopfes zu hinterfragen. Wir möchten ermutigen, uns unsere Lebensmistklöpse anzuschauen und Stück für Stück mit großen Mistgabeln unser Leben zu entmisten. Anstatt weiter feine Deckchen darüber zu drapieren, Sahne drauf zu sprühen und sie vor sich hin stinken zu lassen. Auch wenn es, erst mal, weh tut und anstrengend ist. Aber stell dir nur mal kurz vor, wie schön und frei dein Leben ist, wenn keine Mistklöpse mehr in den Ecken vor sich hin gammeln und rumstinken!

Wir erzählen dir am Ende des Buches unsere Geschichten nicht umsonst in epischer Breite, denn auch wir mussten all das selbst erst mal lernen, zulassen und umsetzen. Wir haben auf unserem

Erkenntnisweg etliche Tools, Methoden, Coaching- und Therapieansätze kennengelernt. Die waren alle auf ihre Weise hilfreich und gut. Aber irgendetwas fehlte immer, um nachhaltig Veränderungen zu bewirken. Und so entwickelten wir, basierend auf unserer 20-jährigen Erfahrung, unsere Herz-über-Kopf-Methode.

„Im Herzen zu leben und den Kopf immer dann zu gebrauchen, wenn es nötig wird, ist Intelligenz. Aber das Zentrum, der innere Meister, sitzt im tiefsten Kern deines Wesens. Der Kopf ist nur ein Diener, der Meister ist das Herz. Das ist Intelligenz!"

Osho · indischer Philosoph

Früher nannten wir unseren Ansatz REDIRECTION. Im Prinzip beschreibt das Wort auch ziemlich gut, worum es geht: Sich völlig neu ausrichten, einen anderen, neuen Weg gehen. Aber dieser Name war eine Kopfgeburt. Er klang nach Ami-Tschakka-Gedöns, und er berührte uns nicht wirklich. Das waren wir nicht. Wir spürten ihn nicht. Wir befanden uns mit dem Namen, welch Ironie, auf einem falschen Weg und mussten erkennen: Nee, is nich. Wir mussten uns mit REDIRECTION redirecten. Und so kam der viel authentischere, ehrlichere und so simple Name zu uns, Herz über Kopf. Und genau das bringt es auf den Punkt: Lass dein Herz vorangehen.

Veränderung muss nicht schwer sein. Veränderung darf leicht sein und vor allem: Sie darf geschehen. Es ist keine „Schande", sich auf Irrwegen zu befinden, dies zu erkennen, zu reflektieren und dann einen neuen Weg zu gehen. Noch immer wird aber genau das gesellschaftlich kritisch beäugt. Alte Glaubenssätze stehen dahinter. Dazu später mehr.

Wirkliche Veränderung haben wir dann erreicht, wenn wir mit unseren Klienten durch die folgenden drei Phasen gegangen sind, die wir dir in diesem Buch Stück für Stück erläutern werden:

1. Hinschauen & Erkennen: In der ersten Phase finden wir Blockaden, erkennen ihre Ursachen und lösen diese auf. Was ist noch im Jetzt, was uns belastet? Wir schauen uns hier erst mal wirklich nur genau die Themen an (Stress im Job, Beziehungsprobleme, was auch immer), die uns Jetzt belasten. Wir müssen also gar nicht weit in die Vergangenheit zurückgehen und alles rauskramen und hervorbuddeln, was mal irgendwann war. Nein, wir schauen uns nur das an, was gerade relevant ist. Wir suchen nicht nach Problemen, die nicht da sind.

Erst im nächsten Schritt finden wir heraus, mit welchen alten Themen dieses akute, im Jetzt vorhandene Problem verknüpft sein könnte. Dann bringen wir mal ordentlich Licht in unser Unterbewusstsein und leuchten mit einem liebevollen Strahler alles aus, was unser Jetzt gerade blockiert. Keine Spinnwebe bleibt dabei unentdeckt. Wir holen achtsam und liebevoll alte, verdrängte Situationen aus unserer Kindheit und Jugend hervor und erforschen die damit verbundenen Gefühle.

In dieser Phase lernen wir uns selbst neu kennen und verstehen. Wir verstehen, warum wir so sind, wie wir sind, und warum dieselben Themen immer wieder in unserem Leben auftauchen.

In dieser ersten Phase lösen wir die blockierte Energie genau dort, wo sie entstanden ist, nämlich in der Vergangenheit. Die Situationen, die uns heute belasten, haben fast immer eine Verbindung zu Situationen, die wir als Kind oder Jugendlicher erlebt haben. Dort als Erwachsener noch einmal hinzugehen und die blockierte Energie abzuholen, ist für uns ein wichtiger Schritt. Denn in der Vergangenheit wurden die Samen für die uns heute begrenzenden Gedanken gelegt, die uns nun oft im Weg stehen. Diese Gedanken lösen negative Gefühle aus, welche wir meist Jahrzehnte mit uns herum schleppen.

Ganz entscheidend: Stell dir vor, du willst zum Meer. Dafür möchtest du dir den Weg frei machen. Auf dem Weg zum Meer liegen lauter spitze Steine, der ganze Strand ist davon voll. Wir kärchern nun nicht auf einmal und auf Verdacht den ganzen Strand, nur um zum Meer zu gelangen. Es wäre doch absurd, erst einmal den kompletten Strand aufzuräumen und dann erst ans Meer zu gehen. Nein, wir räumen nur die Steine fort, die auf unserem unmittelbaren Weg liegen und gegen die unser Fuß stößt. Die schauen wir uns an und legen sie dann liebevoll zur Seite.

2. LOSLASSEN, HINGEBEN, LÖSEN: In der zweiten Phase geht es hauptsächlich um das Loslassen des alten Ichs und seiner Blockaden. Wir haben gewisse Gedanken und Reaktionsmuster so oft durchlaufen, dass es nicht ausreicht, sich einfach gedanklich neu zu entscheiden. Zu stark war der emotionale Druck, der zu gewissen Grundgedanken und Entscheidungen geführt hat. Das Loslassen ist kein mentaler Prozess. Loslassen kann man sich nicht erdenken. Loslassen ist kein Wissen. Loslassen ist Zustimmung, ist ein deutliches „Ja". Das fällt vielen schwer.

Jedes Ereignis, jede Blockade, die dir noch im Weg steht, hat eine emotionale Ladung. Diese verdrängten Emotionen wirken wie Gewichte, die wir nur loslassen können, indem wir mit offenem Herzen hindurchgehen. Ansonsten schleifen wir sie hinter uns her, wie Anker und wir kommen einfach nicht weiter. Durch Loslassen befrieden wir unsere Vergangenheit und verwandeln sie in Weisheit. Wir wachsen über das alte Ich hinaus und betreten ein neues Land.

Da wir aber genau davor Angst haben, scheitert die neue Ausrichtung sehr oft an den eigenen Widerständen, ein Risiko einzugehen.

Wie also geht Loslassen? Das werden wir sehr oft gefragt, und wir wissen, dass es nicht immer leicht ist, loszulassen.

Loslassen kann nur geschehen, wenn wir etwas in uns finden, das uns Vertrauen schenkt. Je mehr wir lernen, uns selbst zu vertrauen, umso leichter können wir loslassen: Dinge im Außen, Süchte, ungute Beziehungen, alte Muster, beschwerende Gedanken. Zunächst einmal vertrauen wir jedoch dem, was wir kennen, was uns vielleicht schon sehr lange begleitet. Denn das, was wir kennen, ist uns – oft zumindest – lieber, als das, was wir nicht kennen. Scheint logisch, ist aber manchmal eher hinderlich.

In dem Moment, wo wir loslassen, weil wir fühlen, dass das Neue schon da ist, wird das Leben leichter. Es wird unglaublich viel Energie freigesetzt, wenn wir alte, oft anstrengende Muster nicht mehr täglich aktivieren, uns ablenken, Zeit verschwenden, sondern die Kraft, die uns täglich zur Verfügung steht, für konstruktive und unterstützende Dinge verwenden. Die so befreite Energie kann nun umgeleitet werden. In dem Moment, da wir uns wieder mit dieser Energie verbinden, verbinden wir uns auch wieder mit unserem Urvertrauen, welches wir oft gerade in den problematischen Situationen unseres Lebens nicht mehr spüren konnten.

3. UMLENKEN & KREIEREN: Aus dieser Verbindung heraus kann in der dritten Phase die befreite Energie aus den Blockaden neu ausgerichtet werden. Wenn wir aus der Verbindung mit unserer Essenz heraus unser neues Ich erleben, tauchen wir in unsere neue Welt und in unser neues Leben ein. Wir erleben und sind die Person, die wir sein wollen. Wir verbinden diese neue Entscheidung mit der Begeisterung und Freude, die ausgelöst wird, wenn wir uns vorstellen, schon da zu sein. Wir ziehen unser Traumleben magisch an, wir sind ein Magnet, der alles in sein Leben holen kann, was er sich wünscht. Eine tiefgreifende Veränderung geschieht in uns. Wir schwingen anders und neu. Diese neue Schwingung wirkt sich auf unser gesamtes Umfeld und unser gesamtes Leben aus. Es geht also eigentlich gar nicht darum, dass wir uns hier großartig anstrengen und abstrampeln müssen, um all das zu erreichen und so zu werden, wie wir glauben, dass wir sein müssten. Sondern wir verändern einfach unsere „Energiewolke", mit der wir durch unser Leben gehen.

Dadurch, dass wir Klarheit in die Vision unseres Lebens bringen und sie mit hochschwingenden Emotionen verbinden, ziehen wir diese mögliche Wunsch-Zukunft in unser Leben. Das „WIE" ist dabei nicht entscheidend, sondern es geht darum, dem Universum Spielraum zu lassen, damit das Unerwartete entstehen kann.

ANGST, SCHWERE, SCHMERZEN: SUSANNE

Bevor wir uns in den nächsten Kapiteln die einzelnen Phasen im Detail anschauen, möchten wir gern bereits an dieser Stelle eine unserer bewegendsten Teilnehmer-Erfahrungen mit dir teilen. Denn Theorie ist das eine, die echte Erfahrung jedoch etwas ganz anderes. So hast du gleich zu Beginn einen umfassenden 360°-Grad-Einblick in unsere Herz über Kopf-Methode, die Theorie und Praxis vereint.

Auch im Rahmen unserer Seminare, Inspirations-Wochenenden und Ausbildungen zum Inspirations-Coach lehren wir unsere Teilnehmer natürlich nicht nur Theorie, sondern arbeiten mit ihnen auch viel praktisch. Wir setzen die Theorie direkt in die Praxis um. Und natürlich bearbeiten wir auch die Themen, die jeder der Teilnehmer in seinem Rucksack mit sich herumschleppt.

Susanne hatte es kaum zu unserem Inspirations-Wochenende geschafft. Seit vielen Jahren quälten sie unerträgliche Rückenschmerzen, keine Behandlung half. Die Schmerzen waren chronisch und immer da. Doch Susanne wollte unbedingt zu uns kommen; sie pumpte sich mit Schmerzmitteln voll, setzte sich in ihr Auto und fuhr zu uns. Es war eine Qual für sie, denn sie konnte nicht lange sitzen. Sie schleppte sich regelrecht in unseren Seminarraum, ging gekrümmt an einem Stock. Die meiste Zeit über stand sie, Sitzen und Liegen waren de facto unmöglich für sie.

Als wir Susanne fragten, ob sie Lust hätte, mit uns vor den anderen Teilnehmern eine Sitzung zu machen, zögerte sie zuerst. Andererseits hatte sie nichts zu verlieren. Schlimmer konnte es in ihrem Zustand nicht mehr werden. Christina bat sie, es sich in einem weichen, gemütlichen Sessel bequem zu machen. Susanne nahm Platz, doch sobald sie saß, krümmte sie sich schon vor Schmerzen. Christina leitete Susanne liebevoll an, ermutigte sie, sprach ihr gut zu und ließ sie wissen, dass sie nicht allein ist. Christina setzte sich Susanne direkt gegenüber, berührte sie, wenn es nötig war und war die ganze Zeit über im direkten Kontakt mit Susanne.

Phase 1: Hinschauen & Erkennen

„Was fühlst du, Susanne?", fragte Christina. Sofort fing Susanne an, bitterlich zu weinen. Die Tränen kullerten nur so, sie krümmte sich vor Schmerzen, rief immer wieder „Aua!" „Ich habe solche Schmerzen, ich konnte fast nicht herkommen", sagte Susanne mit tränenerstickter Stimme. Das Atmen fiel ihr schwer. „Ich spüre eine riesige Schwere, eine unglaubliche Last und Schuld auf mir, fühle mich hilflos und ohnmächtig", begann Susanne, das, was in ihr vorging, in Worte zu packen. „Ich kann kaum atmen, mein ganzer Körper ist total verkrampft. Diese Schuld, sie ist so massiv, sie presst mich nach unten, ich habe keine Chance, aufzustehen." „Susanne, in genau diese Gefühle gehst du jetzt hinein", forderte Christina sie liebevoll auf. „Die Schwere darf da sein. Erlaube dir, diese Last zu spüren. Geh hinein. Lass die Schwere einfach da sein. Entspann dich hinein, in dieses unglaubliche Meer der Schwere. Sinke in deine Ohnmacht, sinke in deine Hilflosigkeit. Alles darf da sein. Es darf sich alles auch ausdehnen, größer werden. Es ist okay!" Susanne schluchzte. Sie beschrieb das, was sie gerade fühlte, als wäre sie die Orange in einer Saftpresse, deren Hebel hinuntergedrückt wird. Doch je mehr sie sich in die Gefühle von Ohnmacht und Hilflosigkeit hinein entspannte, umso ruhiger wurde es in ihr. Der Widerstand gegen die Gefühle erzeugt Schmerz.

„Susanne, du machst das super", ermutigte Christina sie liebevoll. „Wollen wir uns aber jetzt mal anschauen, woher deine Schmerzen und all diese Gefühle kommen? Wo sie entstanden sind? Woher kennst du diese Gefühle?" In diesem Moment zerriss es Susanne. Sie weinte und schluchzte bitterlich. Denn natürlich wusste Susanne all dies. Sie hatte es sich bisher nur nie erlaubt, bewusst hinzuschauen.

„Welche Bilder tauchen auf, welche Bilder zeigen sich jetzt in dir?", fragte Christina. Susanne weinte noch mehr, es schüttelte sie regelrecht. Sie krümmte sich wieder vor Schmerzen, rief „Aua!" „Wo bist du gerade?", fragte Christina sie liebevoll. Dann erzählte Susanne weinend: „Ich war 10 oder 11 Jahre alt, und bin mit einer Freundin, sie war so 6 oder 7 Jahre alt, hinter unserem Haus in den Wald gegangen, auf so einen Hügel, es lag Schnee, wir wollten Schlitten fahren. Wir waren allein, aber das machte uns nichts aus, wir hatten Spaß. Und dann kamen zwei Jungs, sie waren so 14, 15 Jahre alt, sie stürzten sich auf uns, nahmen uns gefangen. Sie drückten ihre Zigaretten auf mir aus. Wir hatten solche Angst und Panik. Ich bettelte die Jungs an, wenigstens die Kleine gehen und in Ruhe zu lassen und mich zu nehmen. Sie ließen meine Freundin frei, sie rannte weg. Dann war ich alleine mit den beiden. Sie zwangen mich, mich auszuziehen. Es war so kalt. Ich habe versucht, wegzurennen, aber ich konnte nicht. Dann sah ich, wie oben auf dem Hang jemand entlang ging, ich schrie um Hilfe, er hat nur geguckt, aber ging weiter, er ging einfach weiter! Die Jungs haben weiter ihre Zigaretten auf mir ausgedrückt. Ich war so hilflos, ausgeliefert, hatte Panik und Todesangst. Es war so schrecklich. Sie haben mir gedroht, mich mitzunehmen, in ihrem Keller zu verstecken. Die wollten mich umbringen!" Immer wieder musste Susanne ihre Erzählung unterbrechen, sie weinte bitterlich. „Erlaube dir, all das, was du in dieser Situation gefühlt hast, zu fühlen, Susanne", ermutigte Christina sie, „wohlwissend, dass du das alles überlebt hast. Fühle es, fühle es für die kleine Susanne in dir." Als Christina sie fragte, wo genau sie diese Todesangst spürt, zeigte Susanne auf ihren Hals. „All die Angst darf da sein, sie darf sich ausdehnen", sagte Christina liebevoll und fragte: „Wenn du diese Schmerzen, diese Gefühle, diese Angst jetzt da sein lässt, wie fühlt es sich an?" „Da ist auf einmal ein Raum in mir. Es wird ruhiger, weicher. Der Raum weitet sich", beschrieb Susanne es.

Susanne hat hingeschaut. Natürlich hatte sie all die vielen Jahre die schwere Last dieser schrecklichen Situation mit sich herumgetragen. Sie hatte sie aber immer verdrängt. Zum ersten Mal hat sie es geschafft, hinzuschauen. Ganz bewusst.

Phase 2: Loslassen, Hingeben, Lösen

„Jetzt komm mal wieder aus der Situation heraus und komm zurück, ins Hier und Jetzt. Was fühlst du?", leitete Christina Susanne weiter an. Susanne beschrieb, wie sie auf einmal ein Vibrieren im ganzen Körper spürte, vor allem im Rumpfbereich. Gleichzeitig berichtete sie, dass der Schmerz auch wieder extrem da war. Sie reflektierte: „Vielleicht ist der Schmerz mein Anker? Das alte Ich, das festhalten will?" Christina ermutigte sie, diese Frage nicht mit dem Kopf zu beantworten, sondern mit dem Herzen: „Wie dient dir dieser Schmerz? Du warst so klein, die Situation war so schlimm. Fühl mal mit deinem Herzen hinein, was du deiner kleinen Susanne in dem Moment gern gegeben hättest. Lass sie doch jetzt mal alles wissen, was du ihr sagen möchtest. Was passiert da jetzt?" „Ich möchte sie gern in den Arm nehmen, ich spüre Mitgefühl", sagte Susanne. Zu ihrer kleinen Susanne sagte sie: „Ich bin stolz auf dich, dass du das, so schlimm es war, gepackt hast, dass du überlebt hast." Dann hielt Susanne inne. Sie beschrieb, wie die Kleine in ihr das nicht annehmen kann, ihr nicht glauben kann. Das ist nicht verwunderlich, denn es sind nur Worte. Worte sind im Kopf. Der Kopf erreicht die kleine Susanne nicht. Das Herz darf und muss jetzt zu Susanne sprechen. „Mach dein Herz auf, Susanne", ermutigte Christina sie. „Lass deine Liebe fließen, lass deine Energie in dich, in deine Kleine fließen. Welche Farbe hätte diese Energie denn?" Sofort schoss es aus Susanne heraus: „Rosa!" „Ok, dann lass deine rosa Energie überallhin fließen. Egal, wohin, egal in welcher Zeit, lass deine rosa Energie einfach überall hinein fließen, in deine Ohnmacht, deine Schuld, deine Hilflosigkeit, deine Schmerzen, lass überall liebevolle, rosa Energie hinein fließen", leitete Christina Susanne an. Zum ersten Mal in dieser Sitzung huschte ein kleines Lächeln über Susannes Gesicht, die sich sichtlich entspannte. „Das fühlt sich gut an, schön, weich und warm. Auch mein Rücken ist auf einmal irgendwie stabiler", sagte Susanne. „Und meine Kleine, ich kann spüren, dass sie dankbar ist. Sie kann es endlich annehmen. Endlich merkt sie, dass ich sie sehe, sie freut sich total darüber." „Nimm deine Kleine mal ganz nah zu dir, in der Situation mit den Jungs, du bist in dieser Situation ganz nah bei ihr", forderte Christina sie auf. Wieder liefen Susanne Tränen über das Gesicht. „Da ist Stärke, gemeinsame Stärke", sagte sie trotz der Tränen. „Die kleine Susanne fühlt sich von mir beschützt. Und die erwachsene Susanne haut den Jungs jetzt ordentlich eine rein, nimmt die Kleine und geht mit ihr einfach weg." Susanne lächelte. „Gut fühlt sich das an, richtig gut! Ich fühle mich auf einmal total befreit. Ich bin stark. Ich habe Größe. Ich darf mich aufrichten!" Christina hakte an dieser Stelle kurz ein: „Das, was du gerade spürst, diese Energie, welche Farbe hat sie?" Susanne überlegte nicht lange: „Dunkelblau. Es ist ein wunderschönes, kraftvolles, starkes, beruhigendes Dunkelblau, das leicht ins Lila changiert." „Dann lass auch dieses Dunkelblau-Lila überall hinein fließen. In deinen ganzen Körper, in alle deine Situationen", forderte Christina sie auf. Susanne spürte, wie sie wuchs. Wie auch die kleine Susanne in ihr wuchs.

„Welche Entscheidung triffst du jetzt, Susanne? Welche neue Entscheidung bildet sich jetzt in dir ganz klar heraus?", fragte Christina sie. Susanne brauchte nicht lange zu überlegen. Es platzte regelrecht aus ihr heraus: „Ich bin stark!" Christina forderte sie auf, dieses Gefühl, diese Stärke, nun überall hinein fließen zu lassen, in jede Zelle ihres Körpers, in jede Situation, in jeden Moment. Zum ersten Mal in der Sitzung, die nun schon fast eine Stunde andauerte, atmete Susanne tief und ruhig. Dann beschrieb sie, was gerade mit ihr passierte. „Ich fühle mich groß. Erhaben. Da ist eine Hitze in mir. Aber eine richtig gute, angenehme Hitze." Diese Hitze und diese Kraft durften sich nun in Susanne ausbreiten, mehr werden, da sein, heißer werden, intensiver werden. Dies ist die Energie, die all die Jahre blockiert war, die nun durch das Erkennen und Lösen der Blockade zurück ins Fließen kam. Alles in Susannes Körper floss. Ihr wurde immer heißer, und diese körperliche Reaktion ist nichts ungewöhnliches, denn ihr „altes Ich" verbrannte gerade regelrecht.

Eine Geschichte umzuschreiben, bedeutet nicht, eine Situation, die geschehen ist, zu verleugnen. Genau deshalb gehen wir auch in Phase 1 so bewusst hinein, fühlen liebevoll die Schmerzen, die dadurch weicher und erträglicher werden, schauen hin, ganz genau. Wir können das, was passiert ist, nicht ungeschehen machen. Und das wollen wir auch gar nicht. Aber wir haben die Macht, die Fortsetzung der Geschichte umzuschreiben. Wir haben die Macht, die (Aus-)Wirkung der Geschichte, der Situation, neu zu interpretieren und neu zu schreiben. Wir sind der Geschichte und dem, was passiert ist, nicht länger ausgeliefert, sondern entscheiden selbst, wie wir die Geschichte zu Ende schreiben. Wir machen aus Erfahrung Weisheit.

Phase 3: Umlenken & Kreieren

Susanne hat ihre Blockade gelöst. „Es fühlt sich gut an", sagte sie, „und auch der kleinen Susanne geht es gut. Wir sind jetzt für immer aus dieser Situation herausgegangen. Wir haben die Geschichte umgeschrieben." Christina forderte Susanne auf, mit der kleinen Susanne nicht nur aus der Situation herauszugehen, sondern die kleine Susanne auch an einen sicheren, schönen Ort zu bringen. Susanne fiel ihr Lieblingsort ein, ein besonderer Ort in der Natur, mit Weite, Ruhe und Stille. „Den möchte ich meiner Kleinen zeigen", sagte sie, „dort geht es uns beiden gut." Susanne hatte nicht nur die Blockade gelöst, sondern mit dem Entspannen am Lieblingsort brachte sie nun auch einen neuen Anker in die Situation.

„Wer willst du nun sein, Susanne?", fragte Christina. „Wie sieht dein neues Ich aus? Wie willst du in Zukunft leben? Stell dir einmal vor, du bist schon da!" Susanne lächelte und tauchte in die Zukunftswelt ein. „Ich bin stark und gehe meinen Weg. Es fühlt sich toll an. Ich stehe mit ausgestreckten Armen da und liebe das Leben!" „Geh da voll rein. Du bist jetzt da! Wie fühlt sich das an? Genieß es!"

In diesem Moment geschah etwas, das viele Sportler nutzen, um Bewegungen zu erlernen. Wie die Hirnforschung schon vor Jahren erkannt hat, werden, egal ob etwas nur in der Vorstellung oder auch wirklich erlebt wird, im Gehirn die gleichen

Hirnareale aktiviert und die entsprechenden Synapsen feuern miteinander. Je öfter wir also einen klaren Gedanken mit starken Gefühlen verbinden, speichern wir neue Erkenntnisse und Verhaltensweisen ab.

Susanne tauchte in ihre Zukunft hinein und festigte so eine neue Ausstrahlung.

Nach der Sitzung geschah auch für uns wirklich Unglaubliches mit Susanne. Natürlich war sie zunächst von all der anstrengenden Zeit vor ihrem Coaching und all den Schmerzen, die sie so lange hatte, müde. Aber nach dem liebevollen Fühlen der Situation war sie unglaublich befreit und gelöst. Noch zu Beginn der Sitzung hatte sie kaum gerade stehen können, war stets gekrümmt gewesen, hatte Schmerzen gehabt und nicht sitzen oder liegen können. Schon wenige Stunden nach der Sitzung und dem Lösen ihrer Blockade aber fing Susanne an, sich aufzurichten. Sie stand auf einmal gerade. Ebenso gelang es ihr, immer längere Zeit ruhig zu sitzen oder auch zu liegen. Die körperlichen Symptome verringerten sich jeden Tag mehr und mehr.

Durch das Lösen der Blockaden, ihre neu fließende Energie, die Entscheidung, ihre Geschichte umzuschreiben und stark zu sein, hat sich auch auf mentaler und emotionaler Ebene für Susanne viel verändert. Jahrelang war sie Opfer ihrer Schmerzen gewesen, jahrelang hatte sie so vieles nicht tun können, sich versteckt, war für die Welt unsichtbar geworden. Hatte sich selbst auch nichts mehr zugetraut, zu schwer wog die Scham, die Ohnmacht, der Schmerz. Sie hatte sich voll und ganz der Opferrolle verschrieben. Denn als sie damals Verantwortung übernahm – Verantwortung für ihre jüngere Freundin, um diese zu beschützen – musste sie selbst schreckliches Leid und Demütigung ertragen. Unbewusst entschied sie sich, nie wieder in ihrem Leben Verantwortung zu übernehmen. Auch diese Blockade löste sich nun und Susanne zeigte sich wieder. Sie zeigte sich wieder in ihrer Weiblichkeit, sie war auf einmal wieder „da", war sichtbar und schenkte der Welt ihr Talent, ihr Können, ihre Gaben. Denn es stellte sich heraus, dass Susanne schon lange den Wunsch hatte, ebenfalls Coach zu werden. Nur traute sie sich dies lange Zeit selbst nicht zu. Vor allem auch, weil man als Coach, zumindest im Rahmen der Arbeit mit den Klienten, für diese Verantwortung übernehmen muss. Umso mehr freute es uns, dass Susanne auf einmal regelrecht aufblühte und von sich aus auf uns zukam. Sie bot uns an, uns im Rahmen unserer Ausbildungen als Teammitglied bei der Arbeit mit den Teilnehmern zu unterstützen. Für Susanne ein Meilenstein. Und für uns ein echtes Geschenk, denn Susanne reift gerade zu einem großartigen Herz-über-Kopf-Inspirations-Coach heran.

3

GESTERN, HEUTE, MORGEN

*„Der gewöhnliche Mensch ist in
eine Handlung verwickelt, der Held handelt.
Der Unterschied ist gewaltig."*

Henry Miller · US-amerikanischer Schriftsteller

Alles ist miteinander verbunden. Alles ist eins. Alles in unserem Leben hängt immer irgendwie mit allem zusammen. Das, was wir heute tun und sind, ist Ergebnis dessen, wer und was wir in der Vergangenheit waren und getan haben. Und das, was wir heute tun und sind, beeinflusst das, was wir in Zukunft tun und sein werden maßgeblich.

Genau deshalb ist es ein wichtiger Teil unserer Herz-über-Kopf-Methode, sich dieser Zusammenhänge bewusst zu sein. Das ist eigentlich ganz einfach, wenn wir uns folgende drei Fragen stellen:

1. **Was ist mein Problem?** → Im JETZT

2. **Wo kommt es her?** → Aus der VERGANGENHEIT

3. **Wo will ich hin?** → In die ZUKUNFT

DIE LIEGENDE ACHT

Die liegende Acht ist das Zeichen für Unendlichkeit. Diese Unendlichkeit haben wir versucht, in den Eingangssätzen dieses Kapitels zu verdeutlichen. Alles ist eins. Alles ist miteinander verbunden. Keine Grenzen. Immer weiter. Genauso ist unser Leben. Eine liegende Acht. Ein Fluss fließt permanent und unaufhörlich durch diese liegende Acht hindurch.

Wenn du die liegende Acht vor Augen hast, dann besteht sie aus „drei Teilen": Dem rechten Kreis, dem linken Kreis, und dem Punkt in der Mitte, in dem sich die beiden Kreise treffen und berühren, sozusagen ineinander fließen, dem Übergang zwischen den beiden Kreisen.

Der Punkt in der Mitte ist unser JETZT. Der linke Kreis ist unsere VERGANGENHEIT, der rechte Kreis unsere ZUKUNFT. Unser Fluss des Lebens fließt durch unser Jetzt in die Vergangenheit, in unser Jetzt, in die Zukunft, in unser Jetzt, in die Vergangenheit... und immer so weiter. Alles, was in unserem Fluss schwimmt, nehmen wir immer unbewusst mit. Hier lohnt es sich also, mal genau hinzuschauen: Was schwimmt denn da eigentlich drin rum?

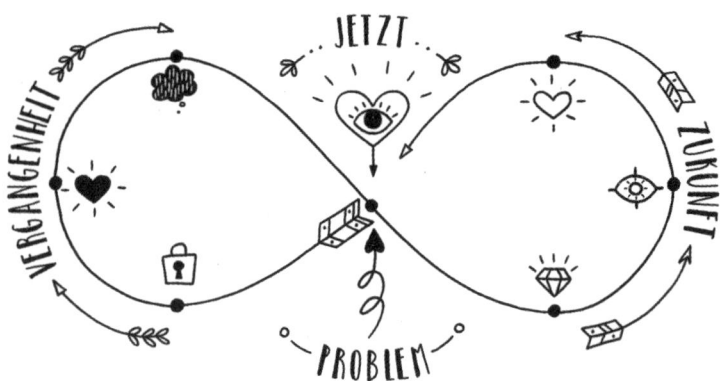

Treibholz aus der Vergangenheit fließt z.B. in unser Jetzt. Und auf einmal schwimmt so viel Treibholz in unser Jetzt, dass es den Fluss in die Zukunft blockiert. Unsere Energien stecken fest. Wie wir dieses Treibholz erkennen und aus unserem Fluss fischen, diese Blockaden erkennen und lösen, darum geht es in den kommenden Kapiteln.

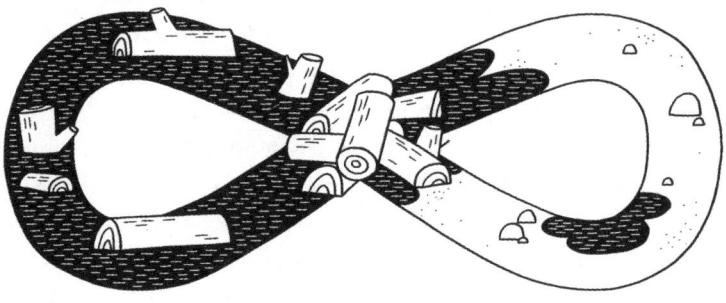

Doch zurück zu den drei Fragen. Wir haben also ein Problem. Im Jetzt. In der Mitte der Acht. Dort schauen wir hin und fragen uns: Was ist mein Problem? Und was steckt dahinter? Denn ein Problem besteht häufig gar nicht in dem, was sich im Jetzt zeigt, sondern hat ziemlich oft etwas mit unserer Vergangenheit zu tun. Nun könnte man meinen, dies gilt nur für Probleme psychologischer Art. Aber dieser Zusammenhang gilt für alles. Wenn dein Tank im Auto leer ist, liegt das daran, dass du vorhin, also in der Vergangenheit, nicht rechtzeitig getankt hast. Wenn du 40 Kilo Übergewicht hast, liegt das vielleicht auch daran, dass du die letzten Monate zu viel und zu viel Mist gefuttert hast. Wenn dein Kühlschrank leer ist und du nichts Gescheites zu essen im Haus hast, liegt das daran, dass du gestern nicht einkaufen warst. Logisch. Jedes Problem hat eine Ursache. Und die liegt immer in der Vergangenheit.

Wir sind im Jetzt die Summe unserer Vergangenheit. Reisen wir also in unserer liegenden Acht einfach mal nach links in die Vergangenheit und schauen uns an, woher unser Problem im

Jetzt kommen könnte. Was ist das eigentliche Problem hinter dem Problem? In unserer Vergangenheit finden wir unsere gelernten alten Glaubenssätze, unsere Verhaltensmuster und verdrängten Emotionen. Das ist unser Treibholz, das den Fluss durch unsere Acht ziemlich erschwert. Welche Treibholzstücke blockieren unseren Fluss? Was steht uns im Weg? Welche Stücke können wir aus dem Fluss fischen, sprich, welche Blockaden können wir lösen? Wir befreien also unsere Vergangenheit von diesen Blockaden und setzen damit Energie frei, die wir zurück in unser Jetzt leiten können. Klar, der Fluss fließt schneller und schöner, wenn kein Treibholz darin umherirrt. Dieser nun saubere Fluss fließt also durch die linke Seite der Acht, durch unsere Vergangenheit, wieder zurück ins Jetzt. Diesmal aber ohne das eigentliche Problem, welches das Problem im Jetzt ausgelöst hatte. Dieses Erkennen, Lösen und Loslassen gehört zu den Phasen eins und zwei unserer Herz-über-Kopf-Methode,

Und was machen wir jetzt mit dieser befreiten Energie? Wir nehmen sie mit in die Zukunft! Wir fließen nun aus dem Jetzt in der Mitte auf die andere Seite der liegenden Acht. Wir gestalten unsere Zukunft, und das tun wir immer. Entweder bewusst oder unbewusst. Entweder mit Treibholz oder eben ohne.

Hier befinden wir uns auch schon in Phase drei unserer Herz-über-Kopf-Methode. Hier richten wir unseren Blick nach vorn. Wo wollen wir denn eigentlich wirklich hin? Hier dürfen wir mutige und klare Entscheidungen treffen. Entscheidungen, die sich danach sehnen, auch wirklich umgesetzt zu werden. Denken ist das eine. Handeln das andere. Und deshalb stellen wir uns mit Hilfe unserer Visionsarbeit genau vor, wie unsere Zukunft aussieht, wie sie sich anfühlt. Wir verbinden einen klaren Gedanken mit einem begeisterten Gefühl. Wir holen unsere Zukunft in unser Hier und Jetzt. Wir stellen uns vor, bildlich, mit all unseren Gefühlen und Sinnen, dass wir schon längst da sind, wo wir hinwollen. Unser Körper, unsere Zellen, kennen den Unterschied nicht. Wir fühlen unsere Vision so stark in uns, als wäre sie schon da und wir mitten darin. Unser Fluss fließt also unaufhörlich in der liegenden Acht weiter. Von unserer Zukunft in unser Jetzt. Wir holen uns unsere Zukunft und alles, was wir uns wünschen, in unser Hier und Jetzt. Wir ziehen unsere Zukunft in unser Jetzt hinein, ohne sie uns schwer und hart erarbeiten zu müssen.

Vereinfacht und weniger metaphorisch ausgedrückt, geht es also immer darum, folgenden Prozess zu verstehen und anzuwenden: Wenn wir ein Problem in unserem Leben haben, schauen wir zurück und sehen uns an, woher es kommt. Dann finden wir heraus, wie und wo daraus durch verdrängte Emotionen Blockaden entstanden sind. Die im darauffolgenden Lösungsprozess befreiten Energien lenken wir in unser neues Ich und lassen uns dann von unserer Zukunft anziehen.

Das Ganze haben wir dir auch in einem kurzen Video veranschaulicht, das du auf unserer Website in der Video-Abteilung findest:
► **https://www.inspirations-coach.de/inhalte-der-ausbildung/**

Klingt eigentlich alles ganz easy, oder? Und weißt du was? Das ist es auch. Legen wir also los.

*„Da war ein Mann, den der Anblick seines eigenen
Schattens derart irritierte und dem seine eigene
Fußspur ein solches Ärgernis war, dass er beschloss,
sich beider zu entledigen. Als Lösung fiel ihm ein, vor
ihnen davonzulaufen. Also stand er auf und lief los.
Aber jedes Mal, wenn er seinen Fuß aufsetzte, war da
eine weitere Fußspur, und sein Schatten hielt mühelos
Schritt mit ihm. Er führte sein Versagen darauf zurück,
dass er nicht schnell genug lief. Also lief er immer
schneller, ohne anzuhalten, bis er schließlich tot zu
Boden sank. Hätte er einfach nur ein schattiges
Plätzchen aufgesucht, dann wäre sein Schatten
verschwunden.
Und hätte er sich hingesetzt und reglos verweilt,
dann hätte es keine Fußspur gegeben.
Doch eben dies fiel ihm nicht ein.“*

Zhuangzi · chinesischer Philosoph

4

ZICKZACK, ACHTERBAHN & SACKGASSEN: UNSERE GESCHICHTEN

Weißt du, was die meisten unserer Lebensgeschichten gemeinsam haben? Es ist das Auf und Ab der Dramaturgie. Kaum ein Leben verläuft geradlinig. Wir alle gehen im Zickzack durchs Leben, fahren Achterbahn, gehen Umwege, landen in Sackgassen. Wir alle tragen unsere Päckchen und manchmal auch zentnerschwere Pakete in unseren Lebensrucksäcken mit uns herum. Auch bei uns beiden lief längst nicht alles wie am Schnürchen. Wenn du Lust hast zu erfahren, wie wir auf unserer Lebensachterbahn herumgerattert sind, kannst du unsere Geschichten am Ende des Buches in den Kapiteln 20 und 21 nachlesen. Und eigentlich ist es völlig egal, ob wir nun eine wirklich herausfordernde Kindheit und Jugend (Christina) hatten oder relativ normal, beschützt und behütet aufgewachsen sind (Walter). Denn eine Kindheit ist weder ein Grund, ein schlechtes Leben zu haben, noch ein Garant für ein erfülltes Leben. Wir übernehmen und entwickeln immer unbewusst Glaubenssätze und Blockaden. Unsere Aufgabe ist es, als Erwachsene genau dort hinzuschauen. Warum sind wir, wie wir sind? Und wie können wir die Dinge ändern, die unserem Sein nicht dienlich sind? Erwachsen werden bedeutet er-wachsen.

Auch wir sind unseren Weg gegangen. Der war nicht immer leicht, geradlinig und glatt betoniert. Doch trotz unserer Päckchen konnten wir beide unsere belastende Vergangenheit in Verständnis und Wissen verwandeln. Wenn wir das geschafft haben, schaffst du das auch! Wir sind dafür gerne an deiner Seite.

Vielleicht möchtest du dir an dieser Stelle die Zeit nehmen, auf die Geschichte deines Lebens zurückzublicken:
- Wo hast du dich verlaufen?
- Wo spielst du als Hauptfigur die Rolle, die zu dir passt und die für dich wie gemacht ist?
- Wo spielst du als Hauptfigur eine Rolle, die so gar nicht deine ist, die sich eher anfühlt, wie im falschen Film zu sein?
- Welches Drehbuch deiner Geschichte hast du selbst geschrieben?
- Welche Parts deiner Geschichte sind von fremden Drehbuchschreibern bestimmt? Und warum?
- Wo waren und sind sogenannte „Turning-Points" oder „Twists"? Wo hast du aktiv den Lauf der Geschichte beeinflussen können? Was war passiert? Und woraus resultierte das?
- Welche Entscheidung, die du einst getroffen hast, hat dein Leben nachhaltig positiv beeinflusst?

Unsere Geschichten, also die Meinung, die wir über unsere Erfahrungen haben, prägen unser ganzes Leben, unser Sein, unser Fühlen, unser Denken. Unsere Geschichten aus der Vergangenheit bestimmen also auch, wie die Geschichten unserer Zukunft aussehen werden. An dieser Stelle darfst du dir ganz ehrlich die Frage stellen: Ist die Geschichte, die ich jetzt erlebe, die Geschichte meines weiteren Lebens? In unseren Geschichten gab es immer wieder Momente, in denen wir erkannten, dass unser Leben eine andere Wendung nehmen muss. Wie ist es bei dir?

Die Geschichten, die wir uns über uns selbst, unser Leben, unsere Vergangenheit und letztlich auch unsere Zukunft erzählen, sind mächtig. Unsere Geschichten können uns dorthin führen, wo wir hin wollen. Sie können uns aber auch in die Irre leiten. Wir sind unseren Geschichten nicht ausgeliefert. In jedem einzelnen Moment unseres Lebens haben wir unendlich viele Möglichkeiten, das nächste Kapitel neu und anders zu schreiben. Es liegt ganz bei uns.

Zu erkennen, welche Geschichten unser Leben schreibt, welche die richtigen für uns sind und welche eher der Kategorie „Horrorstory" angehören, ist ein oft jahrelanger Prozess. Dafür müssen wir bereit sein, an uns zu arbeiten. Wir halten nichts von „Tschakka-Prozessen" wie einem 10-Punkte-Plan, der uns verspricht, dass gleich morgen alles wieder gut ist. Das ist utopisch. Was du allerdings tun kannst, ist, schon heute den ersten Schritt zu tun, an dir und deiner Geschichte zu arbeiten. Und glaube uns, dies ist jede einzelne Sekunde wert. Es lohnt sich. Denn nur so knacken wir die harte Schale, die unser Innerstes zwar einerseits beschützen will, aber allzuoft eben auch gefangen hält.

„Alles ist gut, alles. Für alle die ist es gut,
die da wissen, dass alles gut ist.
Wenn sie wüssten, dass sie es gut haben,
dann hätten sie es gut,
aber so lange sie das nicht wissen,
so lange werden sie es auch nicht haben.
Das ist der ganze Gedanke, der ganze Sinn.
Einen weiteren gibt es überhaupt nicht!"

Fjodor Michailowitsch Dostojewski in „Die Dämonen" · russischer Schriftsteller

5
SCHAU HIN!
BLOCKADEN ERKENNEN

Verdrängst du noch oder schaust du schon hin? Mal ganz ehrlich, wir alle sind doch ziemlich gut darin, die Lecks in unserem Lebensschiff notdürftig mit dem, was wir gerade finden können, zu stopfen. Probleme? Ich? Quatsch! Ist doch alles gut. Nö, ich habe alles im Griff, schau mal hier: Funktioniert doch alles, mein Schiff schwimmt.

Und dann arbeiten wir nur noch mehr, kaufen noch mehr unnützes Zeug, lenken uns nur noch mehr ab mit Party, Alkohol,

Sport, Essen, Drogen, Sex und Rock'n Roll. Und wenn das Wasser wieder von außen einbricht, durch ein zweites Leck, durch ein drittes, durch ein viertes, wundern wir uns, dass das Schiff sinkt und uns das Wasser bis zum Hals steht. Denn wir haben doch alles dafür getan, das Leck zu stopfen, oder?

Wirklich? Vielleicht haben wir alles getan. Aber nicht das richtige. Wir wussten, tief in uns drin, dass der Stopfen nicht lange halten würde. Wir spürten ziemlich deutlich, dass hier irgendwas nicht stimmt. Wollten dann aber doch mit dem Kopf durch die Wand. Weitermachen, los! Katastrophe? Volle Kraft voraus!

VERDRÄNGEN

Warum ticken wir so? Warum verdrängen wir lieber und rackern uns ab, den Status des katastrophalen Quos beizubehalten? Weil der bekannte Schmerz oft ein lieb gewonnener Schmerz ist. So absurd das auch klingen mag. Was wir in unserem Leben vorfinden, beschützen wir – oft unbewusst. Meine Katastrophen, meine Probleme, mein Leiden, mein Schmerz. Das geht sogar so weit, dass wir selbst manche Probleme noch nicht mal als solche wahrnehmen. So wie es zum Beispiel Christina in ihrer Geschichte beschreibt. Von außen betrachtet fragt man sich, um Himmels willen, wie kann ein Mensch all das aushalten und überstehen? Christina wiederum sagt in ihrer optimistisch-fröhlichen Art dazu: „Och, so schlimm war es doch gar nicht." Der Mensch ist ein Gewohnheitstier, er gewöhnt sich auch an die widrigsten Umstände. Der Schrecken, die Probleme, die Krankheit, das Scheitern, die Erschöpfung, das Unglück, das Verdrängen – all das wird zur regelrechten Normalität.

„Doch ein verborgenes, blockiertes Gefühl
ist wie ein Brocken gefrorenen Bewusstseins.
Solange dieser Brocken nicht auftaut, behaupten
Sie einerseits: ,Ich bin ja so verletzt', aber weigern
sich andererseits, sich die Sache anzusehen. "

Deepak Chopra in „Das Buch der Geheimnisse" · zeitgenössischer Autor

Genau das tun wir, wenn wir ein Problem haben. Wir frieren
Bewusstsein ein. Wir frieren Ereignisse ein, von denen wir glauben, dass sie zu uns gehören. Auch wenn diese Anteile uns alles
andere als gut tun. Anteile, die letztlich Brocken sind und sich
auch genau so verhalten. Unsere Aufgabe ist dann, diese zu Eisbrocken gefrorenen Emotionen aufzutauen und abfließen zu
lassen.

Diese Eisbrocken können sich in verschiedenen Ausprägungen
zeigen: Gefrorene Wut. Gefrorene Trauer. Gefrorene Angst. Gefrorener Ärger. Sie alle schmecken bitter. Richtig bitter. Und genau diese Brocken sind es, die uns belasten. Zünden wir das
Feuer in uns an und tauen diese Brocken endlich auf!

Es ist einfacher und ziemlich bequem, sein Leben als „OK" abzustempeln. Denn so muss man nicht ins Handeln kommen.
So muss man nichts verändern. So muss man sich nicht ins Unbekannte wagen. Schließlich ist das Unbekannte zunächst nicht
kontrollierbar. Und Kontrollverlust ist gefürchteter als mancher
Schmerz und manches Problem im Jetzt. Oh süßes Verdrängen,
oh süßes Schönreden.

Wenn wir anfangen, unser Leben und uns selbst zu hinterfragen, fällt uns etliches auf die Füße. Konzepte, Glaubenssätze,
Regeln, Normen. Das stiftet Verwirrung. Das ist anstrengend.
Wir wissen nicht mehr, wo oben und unten ist. Wer bin ich –

und wenn ja, wie viele, fragte sich der Philosoph Richard David Precht in seinem gleichnamigen Bestseller. Dinge zu hinterfragen, kann unser ganzes Leben auf den Kopf stellen. Wir brechen aus Systemen aus, verlieren Menschen und lieb gewonnene Routinen. Das macht zunächst nur eins: Angst. Angst vor Verlust. An dieser Stelle möchten wir dich ermutigen, dieser Angst ins Auge zu blicken. Denn wir versprechen dir: Hinter der Angst liegt eine Welt, die schöner, voller und bunter ist als alles, was du dir jetzt vorstellen kannst. Du verlierst etwas. Das ist richtig. Aber du verlierst nur das, was dir und deinem wunderbaren Sein nicht mehr dient. Dafür gewinnst du einiges dazu. Und zwar viel mehr, als du verlierst: neue Erfahrungen, neue Menschen, neues Glück, neues Leben. Und zwar genau auf dich maßgeschneidert, auf deine Bedürfnisse, deine Wünsche, deine Stärken, deine Talente, dein Wesen. Du sprengst das Korsett, in das du viele Jahre hineingezwängt wurdest oder in das du dich sogar selbst hineingequetscht hast. Da draußen wartet die Freiheit. Freu dich drauf. Sei mutig!

SCHAU HIN!

Fakt ist: Wir kommen um eine Sache nicht herum: Wir selbst müssen den ersten, allerwichtigsten, mutigsten und herausforderndsten Schritt eines jeden Veränderungsprozesses tun. Eigentlich ist der erste Schritt immer der größte und entscheidendste. Ohne ersten Schritt kein Losmarschieren. Ohne ersten Schritt bleiben wir stehen. Verharren. Stillstand. Seien wir also ehrlich zu uns selbst. Übernehmen wir Verantwortung für alles, was in unserem Leben stattfindet. Schauen wir endlich hin. Weg mit Scheuklappen, Tunnelblick und der Sprühsahne in der Hand, mit der wir unsere Lebens-Misthaufen schminken. Und herzlich willkommen in Phase eins unserer Herz-über-Kopf-Methode!

Wo stehen wir jetzt? Wir stehen in der Mitte unserer liegenden Acht. Im Jetzt. Und werden uns gleich, mit unserem ersten Schritt, anschauen, was wir hier vorfinden. Ist es gut? Ist es nicht gut? Dann folgen die nächsten Schritte. Wir gehen langsam in unsere Vergangenheit, in die linke Seite unserer liegenden Acht, und finden heraus, was die mit unserem Jetzt zu tun hat.

In dieser ersten Phase lösen wir die blockierte Energie dort, wo sie entstanden ist: in der Vergangenheit. Die Situationen, die uns heute belasten, haben fast immer eine Verbindung zu Situationen, die wir als Kind oder Jugendlicher erlebt haben. Wir gehen als erwachsener Mensch genau dorthin zurück, schauen uns alles an und räumen die Blockaden, die dort ihren Ursprung haben, beiseite. Was entsteht? Ein freier Fluss in unserer Acht. Blockierte und gebundene Energie wird frei. Wir nehmen dich dabei an die Hand. Auf geht's!

BLOCKADEN

„Das kannst du doch nicht leugnen, dass wir in uns stecken wie die Figuren in einem Steinblock.
Man muss sich aus sich herausarbeiten!
Man muss sich gegenseitig dazu zwingen!"

Robert Musil · österreichischer Schriftsteller

Schauen wir uns mal das Wort „Blockade" an. In dem Wort steckt drin, was uns belastet. Ein großer, fetter **BLOCK**. Und dieser Block versperrt alles. Er versperrt uns die Sicht auf die Dinge. Und wir können uns dahinter auch prima verstecken. Wie weiter oben schon beschrieben, lieben wir es, zu verdrängen. Da kommt uns so ein Block doch mal richtig gelegen, oder? „Ich kann nicht hinschauen! Ich sehe ja nichts!" Tja. Der Block steht zwischen uns und dem Erkennen. Der Block steht zwischen uns und der Veränderung. Der Block steht zwischen uns und unserer Freiheit. Der Block versperrt uns nicht nur unsere Sicht auf die Dinge, sondern er blockiert auch den Fluss in unserer Acht.

Hinschauen bedeutet also auch, mehrfach hinzuschauen. Wo sind unsere Blockaden? Und was verbirgt sich dahinter? Was sind überhaupt Blockaden? Wie erkennen wir sie? Woher kommen sie? Und warum sind Blockaden so gefährlich?

Blockaden, die Ansammlungen von Treibholz der Vergangenheit in unserem Fluss, sind letztlich nichts anderes als ein giftiger Cocktail aus uns belastenden und einschränkenden Gedanken – unseren Glaubenssätzen – sowie emotionaler Energie, mit der umzugehen wir nicht gelernt haben. Jeder Gedanke löst eine Emotion aus. Wenn die Emotion negativ ist und ich nicht gelernt habe, damit umzugehen, verdränge ich sie oder projiziere sie ins Außen. Eine so entstandene emotionale Blockade spiegelt sich in körperlichen Blockaden (Schmerzen, Problemen) und Lebensblockaden (Geldfluss, Job, Familie, Beziehungen) wider. Wenn ich zum Beispiel in meiner Beziehung Wut immer hinunterschlucke und stets versuche, es dem Partner recht zu machen, kann nie eine Beziehung auf Augenhöhe entstehen. Die Sache mit den Gedanken schauen wir uns gleich noch genauer an.

Alle belastenden und einschränkenden Gedanken sind in emotional schwierigen Situationen entstanden, in denen wir keine unabhängige Sichtweise einnehmen konnten. Wir waren Kinder oder Jugendliche. Als Kind können wir nicht differenzieren, eine Situation neutral beobachten, sie analysieren oder gar verschiedene Perspektiven einnehmen. Als Kind haben wir noch keine Selbsthilfeseminare besucht, Coach-dich-selbst-Bücher gelesen oder Meditieren gelernt. Nein, als Kind sind wir immer mitten drin statt nur dabei. Als Kind beziehen wir alles, was passiert, auf uns. Zu etwas anderem sind wir noch gar nicht in der Lage.

So können selbst in Situationen, in denen wir gar nicht direkt beteiligt sind, negative Gedanken keimen und später ziemlich fette Wurzeln schlagen. Wenn zum Beispiel die Eltern streiten oder der Vater traurig ist, sucht das Kind oft den Grund im eigenen Verhalten. Es fühlt sich schuldig und verantwortlich. Oder es trifft Entscheidungen, von denen es glaubt, dass sie die traurigen Eltern glücklich machen. So entstehen Glaubenssätze, Blockaden und begrenzende Verhaltensmuster.

Aber wohin führt das? Zur Selbstsabotage. „Wenn Mama so traurig ist, darf ich mich nicht mehr freuen" oder „Ich darf nicht erfolgreicher sein als mein Vater" sind Beispiele für Selbstsabotagen. Was passiert dann? Das Kind lernt, aus falscher Rücksichtnahme auf die Erfüllung seiner eigenen Interessen, seines eigenen Glücks zu verzichten. Oft sogar völlig unbemerkt von den Eltern, die dieses Verhalten von ihrem Kind gar nicht verlangen. Das Kind denkt aber, es müsste so agieren. Denn jedes Kind will nichts anderes, als geliebt und gesehen zu werden. Und so entwickelt jedes Kind unbewusst eine individuelle Strategie, um im Leben klar zu kommen. Eine Strategie kann sein, dass ich immer lieb, brav und nett bin, und dass ich nichts mehr will, als dass es allen um mich herum gut geht. Es gibt aber auch die gegensätzliche Strategie: Ich gehe schon als Kind in den kompletten Widerstand und, sorry, scheiße auf alles. Wieder eine andere Strategie besteht darin, sich über Leistung Anerkennung zu erkämpfen – die Leistungsstrategie. Dann gibt es noch die Clown-Strategie: Wenn alle (über mich) lachen, fühle ich mich gut, und deshalb sorge ich dafür, mich immer und überall zum Affen zu machen. Wieder andere Kinder beginnen, die Aufmerksamkeit gar nicht so sehr bei ihren

Eltern, sondern mehr bei anderen Bezugspersonen wie der Oma oder den Eltern eines Freundes zu suchen.

In unserer ersten Phase widmen wir uns also dem Hinschauen und dem Erkennen dieser unbewussten Blockaden und Selbstsabotagen. Mit unserer Herz-über-Kopf-Methode führen wir dich in eine sanfte Form der Innenschau, wir gehen mit dir zurück in deine Vergangenheit, verbinden dich mit deinem Unterbewusstsein und lassen dich deinen eigenen Film noch mal sehen und erleben. Deine inneren Bilder, die starke Emotionen wie Trauer, Wut, Verzweiflung oder Angst auslösen, sind der Schlüssel zu deinen Blockaden. Genau dort liegen sie. Und genau dort lösen wir sie auf.

Schauen wir uns also noch einmal an, wie erschreckend einfach diese Blockaden entstehen:

Ein Gedanke oder eine Situation löst Angst, Wut, Traurigkeit, Verzweiflung, Ohnmacht, Überforderung oder ein anderes, uns unangenehmes Gefühl aus. Wir wollen das nicht fühlen oder glauben, es nicht aushalten zu können. Denn, logisch, es fühlt sich eben total anstrengend an. Niemand will unangenehme oder belastende Gefühle haben. Wir lernen nicht, dass auch schlechte Gefühle zu unserem Leben gehören. Dass sie durchaus ihre Berechtigung haben und vielleicht gar nicht so schlecht sind, wie wir glauben, und vor allem wissen wir nicht, wie wir mit ihnen umgehen können. Wir lernen nicht, auch diese Emotionen einfach mal da sein zu lassen. Sie komplett zu erfühlen und durch sie hindurchzugehen. Stattdessen wollen wir sie so schnell wie möglich einfach nur weg haben. „Ih, bäh, Ungeziefer! Geh fort!" Wir wollen sie nicht aushalten müssen. Wir wollen gar nicht mit ihnen umgehen. Was tun wir also? Wir verdrängen sie lieber. Wir lenken uns ab. Das kann beim Einen die Schule oder der Job sein, beim Anderen Sport, beim Nächsten Essen oder Sex, Drugs and Rock'n Roll. Oder wir kümmern uns exzessiv um andere Menschen. Das ist übrigens bei angehenden Therapeuten, Coaches und weiteren Menschen in helfenden Berufen gar nicht so selten. Daher richten wir in unserer Inspirations-Coach-Ausbildung[1] den primären Fokus auf die eigene Entwicklung. Denn wer durch seine eigenen Themen gegangen ist, kann anderen denselben Weg sehr viel leichter und authentischer zeigen.

DES KAISERS NEUE KLEIDER
ODER
WELCHE BLOCKADEN VERBIRGST DU?

Aber wie können wir unsere Blockaden erkennen und wahrnehmen? Unsere Blockaden zeigen sich uns eigentlich ziemlich eindeutig. Aber wie im Märchen „Des Kaisers neue Kleider" sehen und spüren wir zwar, was Sache ist, verdrängen es aber. Der Kaiser ist nackt? Nein! Nicht doch! Er ist doch nicht nackt! Er trägt doch die allerschönsten Gewänder!

„Das Märchen handelt von einem Kaiser, der sich von zwei Betrügern für viel Geld neue Gewänder weben lässt. Diese machen ihm vor, die Kleider seien nicht gewöhnlich, sondern könnten nur von Personen gesehen werden, die ihres Amts würdig und nicht dumm seien. Tatsächlich geben die Betrüger nur vor, zu weben und dem Kaiser die Kleider zu überreichen. Aus Eitelkeit und innerer Unsicherheit erwähnt er nicht, dass er die Kleider selbst auch nicht sehen kann, und auch die Menschen, denen er seine neuen Gewänder präsentiert, geben Begeisterung über die scheinbar schönen Stoffe vor. Der Schwindel fliegt erst bei einem Festumzug auf, als

---

1   https://www.inspirations-coach.de

ein Kind sagt, der Kaiser habe gar keine Kleider an, diese Aussage sich in der Menge verbreitet und zuletzt vom ganzen Volk skandiert wird. Der Kaiser erkennt, dass das Volk recht zu haben scheint, entscheidet sich aber, ‚auszuhalten‘, und er und der Hofstaat setzen die Parade fort.

Die Erzählung wird gelegentlich als Beispiel angeführt, um Leichtgläubigkeit und die unkritische Akzeptanz angeblicher Autoritäten und Experten zu kritisieren. Aus Furcht um seine Stellung und seinen Ruf spricht wider besseren Wissens niemand die offensichtliche Wahrheit aus; Vor die Entscheidung ‚Ansehen und Wohlstand oder Wahrheit‘ gestellt, entscheidet man sich letzten Endes gegen die Wahrheit und für die materiellen und ökonomischen Vorteile.“[2]

Genauso gehen wir mit unseren Blockaden um. Aus Eitelkeit und Unsicherheit weigern wir uns, sie zu sehen, obwohl uns zwei verschiedene Spiegel ziemlich eindeutig zeigen, was Sache ist. Und selbst wenn wir unsere Blockaden sehen und erkennen, wie letztlich auch der Kaiser, halten wir oft unnötig aus, weil wir Angst vor den Konsequenzen haben. Wir haben Angst, hinzuschauen. Haben Angst vor der Veränderung. Angst, uns eingestehen zu müssen, dass wir in einer Sackgasse gelandet sind. Wir haben, genau wie der Kaiser, Angst um unseren Ruf, Angst vor der Wahrheit.

Seien wir nicht wie der einfältige Kaiser, der seine Spiegel aus Angst vor der Wahrheit mit einer dicken Decke verhüllt. Schauen wir uns diese beiden Spiegel lieber mal genauer an. Und schauen wir richtig in sie hinein. Wir stellen uns mit dir gemeinsam vor deine Spiegel, du bist nicht allein. Emotionale Blockaden zeigen sich dir in Spiegel Nummer eins, deinem Körper. Und sie zeigen sich ebenfalls in Spiegel Nummer zwei:

---

2 https://de.wikipedia.org/wiki/2 Des_Kaisers_neue_Kleider

deinem Leben. Es ist absolut nicht ungewöhnlich, dass sich emotionale Blockaden gleichzeitig in beiden Spiegeln zeigen.

EMOTIONALE BLOCKADEN: DEIN KÖRPER ALS SPIEGEL

„Die Verarbeitung des Urschmerzes beruht auf der Hypothese, dass frühkindliche, seelische Schmerzen betäubt oder blockiert sind. Wir agieren, weil wir sie nie verarbeitet haben. Und wir können sie nicht verarbeiten, weil die Mechanismen, die für die Blockierung verantwortlich sind (die Abwehrmechanismen) uns daran hindern, unsere Schmerzen überhaupt wahrzunehmen. "

John Bradshaw in „Das Kind in uns"
US-amerikanischer Philosoph und Psychologe

Emotionale Blockaden zeigen sich uns auf der Körperebene. Manche Emotionen sitzen in unserem Körper regelrecht fest. Es ist, als würden die Zellen dort die Wut, Angst, Ohnmacht, Trauer, Schuld oder sonstige belastende Emotionen festhalten, weil wir nicht in der Lage waren, sie anzunehmen. Es ist, als

würde unser Körper die verdrängten Emotionen so lange speichern, bis wir sie endlich herausholen und anschauen, sie endlich wahrnehmen und zulassen. Eigentlich will uns unser Körper damit einen Gefallen tun. Denn hinter jeder verdrängten Emotion steckt eine wichtige Botschaft für uns.

Je mehr wir uns allerdings dagegen wehren, je mehr Widerstand wir aufbauen, desto mehr graben wir diese Emotionen in unseren Körper hinein. Es ist wie ein Splitter, der nicht herausgeholt wird. Er setzt sich immer mehr im Gewebe fest, wandert nach innen und verursacht Entzündungen. Auch wenn es absurd ist, schließlich möchte niemand einen Splitter in seinem Körper haben, tun wir genau das: Wir halten unsere verdrängten Emotionen mit eisernem Griff fest, legen Schicht um Schicht darüber, nur um sie nicht wahrnehmen zu müssen. Das geht allerdings nur eine gewisse Zeit gut, da wir immer wieder neue Energie aufbringen müssen, damit die emotionale Energie sich nicht aus ihrem Gefängnis befreit. Das ist erstens anstrengend, also sehr energieraubend und zweitens nicht wirklich zielführend. Wenn wir dann mit herausfordernden Situationen in unserem Leben konfrontiert werden, fangen diese eingekerkerten Emotionen an, an ihren Gitterstäben zu rütteln. Und auf einmal haben wir alle möglichen Symptome, die sich in unserem Körper zeigen. Meistens sind das Krankheiten, Schmerzen, Ausschläge. Diese können uns Aufschluss über das Thema dahinter, also die verdrängte Emotion und die damit verbundene Geschichte, geben. Der Körper spricht eine sehr ehrliche und deutliche Sprache. Wir müssen nur hinhören!

Wir können Emotionen zwar ganz gut verdrängen. Aber deshalb sind sie nicht weg. Sie sind immer noch da. In unserem Körper gespeichert. Wir räumen sie sozusagen in unseren Keller. Nur ist der irgendwann voll. Und dann quillt, sorry für den drastischen Ausdruck, die ganze Scheiße nach oben. Die verdrängten Emotionen haben die Zeit im Keller genutzt, um sich, wie kleine fiese Transformer, in körperliche Symptome zu verwandeln.

Körperliche Symptome zu verdrängen, ist zunächst einfach. Wir können sie ignorieren oder überspielen, nach dem Motto: Stell dich nicht so an. Nur die Harten kommen in den Garten. Wir können sie aber auch mit allen möglichen Mittelchen der modernen Medizin wunderbar in Schach halten. Schmerzmittel und sonstige Pillen lassen uns in dem Glauben leben, gesund und geheilt zu sein. Ich fühle nichts, also ist da nichts. Logisch, oder? Aber was genau machen wir da eigentlich? Es ist, als würden wir als Pilot im Cockpit eines Flugzeuges die grell blinkenden Warnleuchten einfach herausdrehen oder mit Klebeband zukleben, so dass sie uns nicht mehr nerven. Und dann wundern wir uns, wenn das Flugzeug ins Straucheln gerät, oder schlimmer noch, abstürzt. Warnleuchte? Nö. Da war nix. Ich schwör! Hallo nackter Kaiser.

Unsere Körpersymptome funktionieren im Prinzip genauso wie die Kontrollleuchten eines Flugzeugs. Natürlich müssen wir nicht bei jedem kleinsten Nieser Alarm machen, das wäre wirklich übertrieben. Aber gerade bei chronischen Angelegenheiten sollten wir hinschauen. Nehmen wir die Signale unseres Körpers ernst, lernen wir die Sprache unseres Körpers zu verstehen, denn er zeigt uns ziemlich offen den Weg in unser Unterbewusstsein. Unser Unterbewusstsein macht 95 % unseres Gesamtbewusstseins aus. Unser Körper ist also ein wunderbarer Wegweiser, in unsere Tiefen zu gehen und dort unsere Blockaden zu lösen.

ÜBUNG:
GEH IN DEINEN KÖRPER

Vielleicht fallen dir augenblicklich einige körperliche Dinge an dir auf, bei denen es ächzt und knarzt. Vielleicht hast du kleine Zipperlein, die du bisher nicht wirklich ernst genommen hast. Vielleicht hast du auch ernste, chronische und ungeklärte Krankheitserscheinungen. Aber selbst, wenn du dich topfit fühlst, lohnt es sich, in dich hineinzuspüren.

Schließe deine Augen. Vergegenwärtige dir ein Problem in deinem Leben. Denke an dieses Problem. Wenn du das Problem jetzt so richtig intensiv und piesackend wahrnimmst, richte deine ganze Aufmerksamkeit auf deinen Körper. Vielleicht wirst du sofort bemerken, dass und wie dein Körper auf diesen Problemfilm, den du gerade bewusst eingelegt hast, reagiert. Was empfindest du? Druck, Enge, Zusammenziehen, Stechen?

Gehe jetzt mit deiner Aufmerksamkeit zu dem Teil deines Körpers, der gerade am stärksten reagiert. Verbinde dich mit ihm und spüre nach, welche Emotion sich hier wohl versteckt haben könnte. Schau ehrlich hin: Wie fühlst du dich, wenn du dich ganz mit diesem Körpersymptom verbindest? Was taucht auf? Wut, Trauer, Ohnmacht, Schuld, Scham, Angst, Verzweiflung, Traurigkeit?

Hab keine Angst, diese Gefühle wahrzunehmen. Manchmal hilft es auch, dir ein paar Kopfhörer aufzusetzen und dich von schöner Musik, gern auch Meditationsmusik, tragen zu lassen. Es ist gut, wenn diese Gefühle endlich aus ihrem Kellerloch befreit und im wahrsten Sinne des Wortes losgelassen werden.

In dem Moment, wo wir diese Emotionen spüren, sind wir an der Spitze des Eisbergs angekommen und können ihn zum Schmelzen bringen.

AUF SAMTPFOTEN DURCHS LEBEN SCHLEICHEN: ANNE

„Die Seele sagt zum Körper:
Geh du vor, auf mich hört sie nicht."

Unbekannt

Wir möchten ein Erlebnis aus unserer Ausbildung mit dir teilen. Anne (den Namen haben wir geändert) war Teilnehmerin unserer Ausbildung. Sie hatte knallrote und stark juckende Flecken auf ihren Händen. Wir fragten sie, was in ihrem Leben sie gerade belastet. Sie vertraute uns und erzählte offen und ehrlich von ihrer Beziehung, in der sie sich schon lange nicht mehr wohl fühlte. Sie wusste, dass ihr Partner nicht der richtige Lebensgefährte für sie war, und dies wusste und spürte sie auch schon sehr lange. Aber sie hatte nicht den Mut, sich zu trennen. Sie fühlte sich regelrecht ohnmächtig. Warum? Sie hatte Angst davor, ihrem Partner zu schaden und ihm eine Trennung zuzumuten. Sie fühlte sich völlig machtlos und traute sich nicht, ihre Gefühle ehrlich anzusprechen. Als wir sie fragten, ob sie in anderen Lebensbereichen ähnlich tickt, hielt sie inne und sagte dann: „Ja. Ich glaube, meine größte Angst ist, anderen Menschen zu schaden. Ich will anderen Menschen einfach kein Leid zufügen." Woher diese Angst kam, konnte Anne nicht benennen. Aber der erste Schritt, diese Angst überhaupt erst mal so wie sie war, zu erkennen und anzuschauen, war getan.

Was machte diese Angst mit Anne? Diese Angst, anderen Menschen in ihrem Leben Schaden zuzufügen, sorgte dafür, dass Anne regelrecht wie auf Samtpfoten durchs Leben schlich.

Wir baten Anne, ihre Augen für einen Moment zu schließen und in ihre Hände hineinzufühlen. Zuerst fühlte sie das Jucken und Brennen. Sie blieb für einen Moment mit ihrer ganzen Aufmerksamkeit bei diesem Körpersymptom. Auf die Frage, wie sie sich fühlte, wenn sie ganz bei ihren Händen blieb, schossen ihr sofort die Tränen in die Augen. Sie fühlte sich schuldig und ohnmächtig. Natürlich wollte Anne diese Gefühle nicht annehmen. Sie hatte große Widerstände, dort hineinzufühlen und auch dort zu bleiben. Die Schuld war für sie wie ein riesiger Ballon mit einer hässlichen Fratze drauf. Sie wollte nichts mit ihr zu tun haben, wollte den Ballon nicht sehen, und schon gar nicht die fiese Fratze.

Wir ermutigen Anne, trotz aller Weglauf- und Verdrängungsmechanismen dort zu bleiben. Anne entspannte sich. Sie ließ alles geschehen und schaute sich mutig den Ballon und die Fratze an. Sie erlaubte der Schuld und der Ohnmacht einfach nur da zu sein. Und sie merkte auf einmal, dass, obwohl da dieser Ballon hing, ansonsten nichts Schlimmes passierte. Es war, als könnte sie sagen: Hallo Schuld, hallo Ohnmacht, da seid ihr also, ich schau mir euch mal an. Sie musste die Schuld und die Ohnmacht nicht erklären oder bekämpfen oder etwa den Ballon mit einem Messer zum Platzen bringen. Sie musste gar nicht eingreifen. Das einzige, was sie tun musste, war, dem Ballon zu erlauben, einfach da zu hängen. Sie erlaubte Schuld und Ohnmacht, einfach da zu sein. Sie gab ihnen Raum. Anne spürte, wie der Widerstand in ihr immer geringer wurde, bis er nicht mehr da war. Dadurch entspannten sich ihre Gefühle. Es wurde ruhiger und friedlicher in ihr, und beide Gefühle waren gar nicht mehr so schlimm wie zuvor jahrelang befürchtet. Sie waren sogar irgendwie angenehm, friedlich, sie verwandelten sich in innere Ruhe. Anne konnte sich zum ersten Mal seit vielen Jahren entspannen, und sie stellte fest, dass die Fratze ihren Schrecken verloren hatte. Sie lächelte sogar.

Und genau darum geht es bei unserer Herz-über-Kopf-Methode: Wir lernen, uns in Gegenwart der Emotionen, auch wenn sie uns vielleicht zu Anfang unangenehm scheinen, zu entspannen. Wir können uns sogar in Wut, Schuld oder Trauer hinein entspannen. Wir gehen durch das Gefühl hindurch, tauchen hinein, lassen es fließen. Das geht nur, wenn wir uns entspannen. Wenn wir im Widerstand sind, das Gefühl verdrängen oder gar bekämpfen, verspannen wir. Damit halten wir das Gefühl fest und machen es größer.

Anne begann, einfach in den Moment und in das Betrachten der Emotionen hinein zu sinken. Sie hatte nun keine Angst mehr, die Emotionen wahrzunehmen. Sie fühlte einfach das, was da war. Anne ließ immer mehr los. Sie konnte die abgelehnten Gefühle einfach nur betrachten. Wir konnten regelrecht spüren und sehen, wie weit sich ihr Herz öffnete. Anne beschrieb es hinterher so: „Da war auf einmal ein liebevolles Gefühl für mich selbst, das sich immer mehr in mir ausbreitete. Ein Gefühl, das ich noch nie vorher erlebt habe. Auf einmal fand ich diese Fratze auf dem Ballon gar nicht mehr so bedrohlich. Ich nahm den Ballon und drückte ihn an mich. Es war, als würde ich die schlimmen Gefühle Schuld und Ohnmacht auf einmal umarmen können und lieben. Ich wurde total weich. Und auf einmal entwich, ganz sanft, die Luft aus dem Ballon. Ohne Gewalt."

Jedes noch so stark abgelehnte Gefühl gehört zu uns. Indem wir es ablehnen und wegdrücken blasen wir es auf wie einen Luftballon. Es entsteht Schmerz. Genau dieser Schmerz ist ein guter Indikator für das Nein, mit dem wir einem Gefühl begegnen.

Als Anne am nächsten Tag ins Seminar kam, waren ihre Flecken auf den Händen fast verschwunden. Es gab für ihren Körper einfach keinen Grund mehr, diese Symptome zu zeigen. Denn die Botschaft war angekommen und die emotionale Blockade gelöst. Natürlich stand Anne noch das ehrliche Gespräch mit ihrem Partner bevor. Aber sie hat das Thema aus dem Unbewussten ins Bewusstsein geholt.

EMOTIONALE BLOCKADEN: DEIN LEBEN ALS SPIEGEL

Der andere Spiegel, der uns unsere Blockaden schonungslos zeigt, ist unser Leben selbst. Vielleicht ist dir schon mal aufgefallen, dass sich bestimmte Themen in deinem Leben immer wieder zeigen und sich wiederholen. Vielleicht hast du immer wieder dieselben Beziehungsprobleme, vielleicht bist du ständig knapp bei Kasse oder pleite, vielleicht kommst du beruflich einfach nicht richtig voran. Wenn du ehrlich hinschaust, wird das eine oder andere in genau diesem Moment bei dir aufploppen. Du weißt genau, welches Problem dich hartnäckig verfolgt. Nun könnte man natürlich die Schuld für dieses Problem wunderbar im Außen suchen. Bei den anderen. Der ignorante Partner. Der nervige Chef. Die blöden Umstände. Oder es war einfach nur Pech. Aber natürlich weißt du, dass das eine ziemlich faule Ausrede ist. Du weißt, es hat in erster Linie mit dir zu tun. Allein sich das einzugestehen, ist schon ein wichtiger Schritt.

„Be like water making its way through cracks. Do not be assertive, but adjust to the object, and you shall find a way around or through it. If nothing within you stays rigid, outward things will disclose themselves. Empty your mind, be formless. Shapeless, like water. If you put water into a cup, it becomes the cup. You put water into a bottle and it becomes the bottle. You put it in a teapot, it becomes the teapot. Now, water can flow or it can crash. Be water, my friend. "

Bruce Lee · sinoamerikanischer Kampfkünstler

TREIBST DU NOCH ODER STEUERST DU SCHON?

Bruce Lee sagt, „Sei wie Wasser." Wenn du Wasser sein kannst, kannst du alles sein und dich an jede Begebenheit deines Lebens anpassen. Wir haben dieses wunderbare Bild etwas erweitert. Denn empfinden wir alle es nicht eher so, dass das Leben wie ein Fluss ist und wir auf ihm in einem Boot sitzen? Der Fluss bleibt immer der Fluss. Mal fließt er schneller, mal langsamer. Wir als Kapitäne haben die Macht, unser Boot so zu steuern, dass wir uns ziemlich gut an das, was der Fluss gerade macht, anpassen können. Aber vielen von uns ist diese Macht gar nicht bewusst. Sie haben die Steuermechanismen des Bootes noch nicht verstanden, sozusagen bisher weder Motor noch

Ruder entdeckt. Viele Menschen glauben, sie treiben in ihrer Nussschale auf dem Fluss einfach so vor sich hin, und sind dem Spiel des Flusses hoffnungslos ausgeliefert. Manche versuchen panisch, irgendwie ans Ufer zu kommen, um das Boot dort festzumachen und sich in Sicherheit zu wähnen. Andere treiben voller Angst auf dem Fluss umher und geraten in Panik, sobald das Boot mal wackelt. Wieder andere werden seekrank, hängen über der Reling und kotzen ins Wasser. Natürlich kann man so diese wunderbare Bootsfahrt überhaupt nicht genießen. Lebensfrust entsteht, Überforderung, Angst, Unsicherheit, Sorgen. Und ständig rumoren die Fragen im Kopf: Wann ist endlich Land in Sicht? Wann ist es endlich vorbei? Wann sind wir endlich da?

Macht das Spaß? Nö. Natürlich nicht.

Dabei können wir unser Boot steuern und ihm eine Richtung geben. Wir können Vollgas geben, oder auch in ruhigere Gewässer gleiten. Wir können auf unserem Boot mit dem Wasser mitgehen und damit im Flow unseres Lebens sein. Wir nehmen den Fluss an. Wir sind nicht im Widerstand. Sobald wir akzeptieren und verstehen, dass wir nicht den Fluss ändern können, aber dafür die Route und Geschwindigkeit unseres Bootes, wird alles so viel einfacher und schöner. Wir haben Macht. Nicht über den Fluss, nicht über das Leben. Aber wir haben die Macht, unser Boot zu steuern. Und genau hier liegt unsere Verantwortung. Kümmere dich um dein Boot. Beobachte den Fluss und pass dein Boot daran an. Nicht umgekehrt. Wenn unser Boot zu kentern droht, dann nicht, weil der Fluss unbefahrbar geworden wäre, sondern weil wir nicht mehr ausbalanciert in der Mitte sitzen und das Steuer halten. Das spiegelt sich übrigens ganz oft in festgefahrenen Themen wider. Wir haben in einem Thema eine sehr einseitige Haltung angenommen und die Stabilität ist damit gefährdet.

Wir sind selbst stolze Besitzer eines kleinen Bootes und wohnen direkt an einem See. Wir wissen, dass es Riesenspaß macht, mit dem Boot über den See zu heizen oder sich einfach mit dem Wasser treiben zu lassen. Es gibt kaum etwas Schöneres. Wir lieben es. Und genauso lieben wir unser Leben.

Es gibt den wunderschönen Schlaflied-Klassiker „Row, row, row your boat"[3], der unseres Wissens seinen Ursprung in den USA hat. Vier simple Textzeilen und eine eingängige Melodie, die uns möglicherweise nur eins sagen wollen: „Hab Spaß in deinem Boot und lass dich auf dem Fluss einfach tragen. Hab Vertrauen."

„Row, row, row your boat, gently down the stream.
Merrily, merrily, merrily, merrily. Life is but a dream."

Hör dir hier eine der zig kitschigen, aber wunderschönen Versionen des Kinderliedes an: ► www.tinyurl.com/RowKinder. Oder diese von einem Kinderchor gesungenen Kanon-Version: ► www.tinyurl.com/RowChor. Es ist ein wunderbarer Ohrwurm, der dich vielleicht wieder ins richtige Mindset bringt, wenn du auf deinem Lebensboot mal wieder Panik schiebst.

WAS IST LOS IN DEINEM LEBEN?

Läuft alles in deinem Leben so, wie du es dir wünschst? Bitte beantworte diese Frage ehrlich für dich. Genau dafür sind wir ja hier. Wenn du ein NEIN spürst, dann möchten wir dich ermutigen, hinzuschauen. Wir haben dir vorhin schon die Geschichte von Anne erzählt. Sie hat es geschafft, hinzuschauen

---

3   https://en.wikipedia.org/wiki/Row,_Row,_Row_Your_Boat

und dadurch ihr Leben nachhaltig zu verändern. Also schaffst du das auch!

Beobachte zunächst mal, welches Problem oder welche Situation deinem NEIN zugrunde liegt. Was ist da los? Was ist passiert? Was läuft nicht richtig? Was fühlt sich falsch an? Betrachte die Situation oder das Problem zunächst einmal ganz nüchtern und sachlich, ohne zu analysieren oder zu interpretieren. Beschreibe einfach für dich, was ist.

Im zweiten Schritt gehen wir weiter und schauen, was auf einer Interpretationsebene zutage kommt. Und nein, wir fangen natürlich nicht an, die Schuld für das Problem bei anderen oder im Außen zu suchen. Denn anstatt den anderen oder dem Leben die Schuld zu geben, kannst du, genau wie bei den Körpersymptomen, einfach erst mal nur die Signale wahrnehmen. Und dann schauen wir uns an, was genau da in dir passiert. Denn besonders die Situationen, auf die du sehr stark reagierst – die dich sozusagen triggern –, winken dir quasi mit dem Zaunpfahl, vielleicht sogar mit dem ganzen Zaun, zu. Da steckt eine Flagge drin, auf der steht: „Hallo, das hier ist deine Chance, das Thema dahinter zu ergründen!"

Du darfst deinen Zeigefinger jetzt mal schön umdrehen und auf dich selbst zeigen. Was könnte das Problem mit dir zu tun haben? Woher kennst du das, was da passiert? Erinnert dich die Situation an etwas, das du vielleicht schon öfter erlebt hast?

Machen wir uns nichts vor: Die Ausstrahlung unseres Unterbewusstseins zieht die entsprechenden Dinge in unser Leben. Sind wir gefrustet, ziehen wir nur noch mehr Frusterfahrungen in unser Leben. Sind wir happy, passieren von ganz allein viele schöne Dinge. Wir haben einen maßgeblichen Anteil daran, was in unserem Leben passiert. Wir lassen Probleme entstehen.

Wir steuern unser Boot in seichte und schlammige Gewässer, anstatt es bewusst ins klare, blaue Wasser zu manövrieren.

Alles, was in unserem Leben stattfindet, ist ein sehr ehrlicher Spiegel für uns selbst. Unser Leben zeigt uns, wo wir stehen. Und, so hart das klingt: Auch an Situationen, in denen wir uns wie Opfer fühlen, sind wir beteiligt. Gerade wenn man in der Opferdenke feststeckt, mag einem das wie Hohn vorkommen. Aber wir müssen es so klar und deutlich sagen. Opfer zu sein hat nämlich auch ziemlich viele – scheinbare – Vorteile: „Nö, ich bin nicht Schuld. Die Verantwortung für meine Misere trägt jemand anderes. Ich kann ja nun wirklich nichts tun. Was soll ich hier ausrichten können?" Wenn du so denkst, geben wir dir an dieser Stelle, wie in unserem Einleitungskapitel schon angedroht, einen liebevollen Tritt in den Popo.

SCHAU IN DEN SPIEGEL

Nehmen wir stattdessen die Chance wahr und blicken mutig in den Spiegel. „Spieglein, Spieglein an der Wand, zeig mir bitte schonungslos, was ich lernen und erkennen darf. Warum werde ich immer wieder betrogen? Warum ziehe ich immer wieder cholerische und dominante Chefs an? Warum laufen meine Freunde weg? Warum bin ich ständig pleite?"

Schauen wir hin. So lange, bis wir die Antwort gefunden und die Zusammenhänge verstanden haben. Auch wenn es zunächst noch so sehr weh tut. Das ist dein Erlösungsschmerz. Versprochen.

Dein Leben ist wie ein Spiegel. Alles, was du in diesem Spiegel siehst, hat auch mit dir zu tun. Ganz besonders dann, wenn es dich triggert. Du kannst nur den, der vor dem Spiegel steht, verändern, niemals das Bild im Spiegel. Das wäre, als würdest du dich mit einem schmutzigen Gesicht vor den Spiegel stellen und versuchen, das Gesicht sauber zu bekommen, indem du den Spiegel putzt. Allein bei der Vorstellung muss man doch kichern, oder? Weil sie so absurd und dämlich ist. Aber genau das tun wir ganz häufig in unserem Leben. Wir versuchen ganz oft, Veränderungen in unserem Leben im Außen zu verursachen: Ein neuer Job soll die Rettung sein, ein neuer Partner, neue Klamotten, eine Diät, die neue Wohnung, das neue Auto.

Wenn du in den Spiegel siehst, siehst du zunächst dein schmutziges Gesicht. Dann fängst du an, wie ein Rohrspatz mit dir selbst, aber vor allem auf den Spiegel zu schimpfen. Du hängst ihn vielleicht ab – hallo Verdrängung! Dann schaust du in den nächsten Spiegel und hoffst, dass du etwas anderes siehst. Aber dein Gesicht ist immer noch schmutzig. Erst wenn du endlich damit anfängst, dich zu fragen, warum dein Gesicht schwarz ist und woher der ganze Schmutz kommt, kannst du dahinterkommen, was du mit der Situation zu tun hast. Und dann nimmst du einen Waschlappen und wäschst dein Gesicht. Nichts anderes ist es, wenn du dir deine Themen anschaust. Was hat es denn mit dir zu tun, wenn du immer neurotische Frauen oder Arschloch-Typen als Partner anziehst? Was hat es

mit dir zu tun, wenn du ständig pleite bist oder dich die Chefs immer fertigmachen? Was hat es denn mit dir zu tun, dass du dich nie gesehen fühlst? Was auch immer deine Themen sind, was haben sie mit dir zu tun? Schau nochmal in den Spiegel. Was siehst du jetzt?

DEIN KINO, DEIN FILM

Weil es so wichtig ist, unser Leben dankbar als Spiegel anzunehmen und damit zu arbeiten, möchten wir dir das Ganze, auch wenn das doppelt gemoppelt ist, noch mit einem anderen Gleichnis verdeutlichen und illustrieren.

Stell dir vor, du bist in einem Kino. Es ist dein Kino. Du sitzt gemütlich im Kinosessel, du hast, juhu, das ganze Kino für dich allein und mampfst genüsslich Popcorn. Du schaust dir deinen Lebensfilm an, den du vorn auf der Leinwand siehst. Der Projektor ist wie eine Stirnlampe in deinem Kopf installiert und projiziert deinen Lebensfilm auf die Leinwand. Du siehst deine eigene Version der Wirklichkeit, die du selbst auf die Leinwand strahlst. Du projizierst deine Ich-Wahrnehmung auf die Leinwand des Lebens. Der Beamer zeigt dir die Sicht deines Egos, gefärbt durch die Brille, die du aufhast. Der Beamer ist also verbunden mit deinem Interpreten, deinem Kopf. NICHT mit deinem Herzen. In unserer linken Gehirnhälfte haben wir einen „Geschichtenerzähler", der uns regelrecht zwanghaft den ganzen Tag lang zutextet. Aus allem, was wir in jedem einzelnen Moment wahrnehmen, macht er eine Geschichte. Aus wirklich allem. Er interpretiert, er analysiert, er doziert, erzählt, erklärt. Aha, das ist so, weil … Und das bedeutet jetzt, dass …

Er erzählt uns, wie der Hase läuft. Aber warum macht er das? Letztlich will er nur das Beste für uns. Er will, dass wir sicher sind. Er liefert uns eine Interpretation der Dinge, die wir wahrnehmen, damit wir reagieren können. Denn der Geschichtenerzähler wähnt uns (Hallo Säbelzahntiger!) in ständiger Gefahr. Er will nichts anderes, als uns zu beschützen, damit wir die richtigen Schlüsse ziehen. Aha, rot-weißer Pilz, Vorsicht, giftig! Aber nicht alles um uns herum ist giftig. Wir Menschen fühlen uns vor allem dann sicher, wenn wir verstehen. Wir können Dinge, die wir nicht wissen, die unklar sind, die wir nicht verstehen, weder zuordnen noch aushalten. Das verunsichert uns zutiefst. Genau deshalb fällt es uns ja so schwer, an so etwas wie Quantentheorie zu glauben oder dem Universum zu vertrauen. Unser Kopf versteht das nicht. Deshalb ist ja auch nicht unser Kopf der König, sondern unser Herz. Unser Herz kann so etwas.

Der Geschichtenerzähler ist der Interpret, Produzent und Regisseur unseres Films. Denn das, was unser Geschichtenerzähler erzählt, ist der Film, den unser Projektor abspielt.

Dein Film verschont dich nicht, denn das Leben ist nun mal Action, Horror, Komödie, Liebesschnulze, Comic, Thriller und Drama gleichzeitig. Du siehst also auch Figuren in deinem Film, die dich aufregen, die du nicht magst, die du total ätzend findest, die dich verletzen oder negative Gefühle in dir auslösen. Sie sind wie Stellvertreter  in deinem Film. Sie stehen für Menschen aus deiner Vergangenheit, mit denen du eine emotionale Blockade hast entstehen lassen. Du hast ihnen eine Rolle in deinem Film gegeben und bist Drehbuchautor, Schauspieler und Zuschauer. Anstatt dich jetzt über den schlechten Film aufzuregen und an der Kinokasse dein Geld zurückzuverlangen, kannst du aktiv werden. Du kannst an Ort und Stelle deinen Film umschreiben. Wie? Ganz einfach: Du erkennst die Projektion. Du erkennst dein Thema.

Du erkennst deinen blinden Fleck. Blinde Flecke nennt man deshalb so, weil wir sie eben einfach nicht sehen können. Wie einen Fleck auf der Stirn. Wir brauchen einen Spiegel, um ihn zu entdecken. Witzigerweise halten uns nun genau jene Mitmenschen diesen Spiegel vor die Nase, die wir selbst überhaupt nicht leiden können. Der Psychotherapeut Robert Betz nennt sie „Arschengel".[4] Sie sind am Anfang wirklich echte Ärsche, doch dann entpuppen sie sich als Engel und wir dürfen ihnen dankbar sein. Denn dank ihnen erkennen wir erst unsere Flecken auf der Stirn.

ERKENNE DAS MUSTER

Erinnern wir uns, dass wir wie Magneten sind. Das Universum reagiert nicht auf das, was wir wollen, sondern auf das, was wir sind. Wir ziehen genau das an, was bereits in unserem Leben ist. Wir haben allerdings die erstaunliche und einzigartige Macht, den Magneten in uns umzuprogrammieren. Wir können ihn von „blöd" auf „schön" umprogrammieren. Darauf werden wir in Abschnitt Drei (Umlenken & Kreieren) noch intensiv eingehen. Wir können werden und sein, was wir sein wollen. Wir können uns von „Wollen" auf „Sein" umprogrammieren. Und darauf reagiert das Universum. Wir strahlen immer das aus, was wir sind. Niemals das, was wir wollen. So hat zum Beispiel Visionsarbeit (auch dazu später mehr) nichts mit „Wollen" zu tun, sondern immer mit „Sein".

---

4   https://robert-betz.com/mediathek/robert-betz-in-den-medien/artikel-von-robertbetz/mensch-aergere-dich-nicht/

Das, was wir sind und wie wir im Inneren sind, ziehen wir im Außen an. Wenn ich eine dauerjammernde und ständig motzende Frusteule bin, warum sollte mir das Leben dann schöne Dinge vorbeischicken? Und selbst wenn es das täte, würde ich es höchstwahrscheinlich nicht wahrnehmen. Das Leben selbst will gar nichts, das Leben ist einfach nur. Es fließt. Mal langsam, mal schnell, mal ist da ein Wasserfall, mal sind da Stromschnellen. Aber dem Leben ist das wie dem Fluss ziemlich egal, es fließt einfach durch alles hindurch. Das Leben an sich ist total unabhängig davon, wie du es wahrnimmst. Es lebt einfach. Ist da.

Und genau hier kommt unsere unglaubliche Schöpferkraft ins Spiel. Denn wir haben dieses Geschenk des Lebens, das einfach nur sein und fließen will. Wir können zwar das Leben nicht verändern, doch wir können dem Fluss des Lebens eine Richtung geben. Ja, diese Macht haben wir. Es liegt an uns, das in unser Leben zu holen, was wir möchten, denn wir sind nicht getrennt vom Leben. Wir sind ein Teil davon, und es reagiert auf das, was wir ausstrahlen.

Das Leben bringt uns das, was wir sind. Deshalb stellt es wunderbare Dinge nur vor den Häusern ab, wo schon Freude ist. Das klingt im ersten Moment vielleicht ungerecht, aber im zweiten ist es doch ziemlich logisch, oder?

Das heißt nicht, dass wir immer alles hundertprozentig so „manifestieren" können, wie wir das fühlen und uns vorstellen. Denn unsere Seele hat dabei auch noch ein Wörtchen mitzureden und schickt uns genau die Erlebnisse, die uns dabei helfen, zu dem zu werden, der wir eigentlich sind.

Nicht immer sind diese Dinge angenehm, meistens sogar ziemlich schmerzhaft, oder sie ergeben auf den ersten Blick überhaupt keinen Sinn. Zudem kreiert auch unser Umfeld die ganze

Zeit. Wir sind also gemeinsam in diesem Feld und manifestieren daher auch gemeinsam.

Jetzt, da wir verstanden haben, dass wir Kapitän auf unserem Boot sind, können, können wir uns dafür entscheiden, unser Boot raus aus dem Sumpf ins türkisblaue, klare Wasser zu lenken. Und dann dürfen wir staunen, denn genau dann klopft das Leben auch bei uns an und lädt all die schönen Dinge in Hülle und Fülle vor unserer Tür ab. Aber davor müssen wir aktiv werden. Erwartungshaltung, Opferdasein, Lethargie und Apathie sind nicht angesagt. Einleuchtend?

Wir tragen unsere Themen in unserer Ausstrahlung mit uns herum und glauben, wir könnten sie durch unsere Maske verdecken. Doch die schlechte Nachricht ist: Die Menschen nehmen sie dennoch wahr. Unbewusst zwar, aber sie reagieren auf diese Ausstrahlung. Das Leben lässt sich nicht veräppeln. Es erkennt deine Masken. Es sagt sich: „Du tust nur glücklich, bist es aber nicht." Und dann sagt es: „Nö, ich glaub dir nicht und komme mit meinen Geschenknen lieber später vorbei."

Wie können wir nun in der Praxis unsere Lebensblockaden entdecken? Wenn bei dir mal wieder „die Kacke am Dampfen" ist, frag dich doch mal, ob dir diese Situation irgendwie bekannt vorkommt. Denn ziemlich oft kennen wir die Situation aus unserer Kindheit oder Jugend und haben schon damals stark darauf reagiert. Da wir seinerzeit diese Situation nicht klären konnten, setzt sich, wie früher schon erwähnt, die Emotion in unserem Körper fest. Wir bunkern sie im Keller. Die Emotion will aber eigentlich nichts anderes, als endlich entdeckt, wahrgenommen und aufgelöst werden. So eine Emotion ist am Ende des Tages auch nur ein Mensch und will erkannt, gesehen und liebgehabt werden. Das große Ganze, das Universum, das Leben, Gott oder wie auch immer du diese höhere Kraft nennen möchtest, weiß nun erstaunlicherweise ziemlich gut Bescheid:

Es weiß, dass du eine einsame, nicht verarbeitete Emotion in deinem Keller versteckst. Und das Leben, das Universum, Gott, wie auch immer, kannst du dir wie eine liebevolle Mutter oder Lehrerin vorstellen. Es will, dass du deine Lektionen lernst. Und so schickt es dir immer wieder ähnliche Situationen, damit du endlich die gefangengehaltene Emotion aus deinem Keller holst, dich ihr widmest und sie in Frieden gehen lässt. Wir machen sozusagen unterbewusst absichtlich immer wieder dieselben Fehler, so lange, bis wir unsere Lektion gelernt haben. Manchmal geht das schnell, manchmal dauert es ein Leben lang, manchmal kriegen wir es auch gar nicht auf die Kette. Umso wichtiger ist, dass wir die Muster erkennen, hinschauen, innehalten und uns fragen: Moment mal, warum stecke ich hier schon wieder in der Scheiße? Was ist die Message? Was will mir das Leben damit sagen?

Das Leben schickt uns immer wieder in ähnliche Situationen, damit wir über unsere Wunden der Vergangenheit hinauswachsen und sie heilen können. Das Leben ist ziemlich clever!

Schauen wir hin. Als Coaches führen wir, bzw. die von uns ausgebildeten Inspirations-Coaches,[5] dich über das ursprüngliche Ereignis hin zu deinen emotionalen und gedanklichen Blockaden. Wir führen dich dorthin, wo du die an der versteckten und verdrängten Emotion gebundene Energie wieder freilassen und umlenken kannst.

Dein Körper und dein Leben sind wunderbare Spiegel deines Inneren. An dieser Stelle eine Bitte: Fühle dich in keinem der Momente, in denen du diese Zusammenhänge erkennst, schuldig. Denn Schuld ist eine Währung, in der niemand bezahlen kann. Schuld bringt rein gar nichts. Es bringt nichts, wenn du dich selbst mit Vorwürfen geißelst: „Ich hätte mein Kind anders

---

5   https://www.inspirations-coach.de

erziehen sollen. Ich hätte ein besserer Vater sein sollen. Ich hätte das anders machen sollen." Hätte, hätte, Fahrradkette. Blablabla. Es ist halt einfach nicht so gewesen, und du hast zu jedem Zeitpunkt dein Bestes gegeben. Ganz sicher! Wäre es anders möglich gewesen, hättest du es anders gemacht. Und wenn du dennoch Schuld fühlst, dann fühle sie wenigstens mit offenem Herzen und mit einem JA. Dann bist du voll in der Herz-über-Kopf-Methode.

Was dich aber wirklich nach vorne bringt, ist die Haltung „Es ist, wie es ist, und es war, wie es war. Ich habe alles gemacht, so gut ich konnte. Ja, ich habe Fehler gemacht." Genau damit beginnt die Reise deiner Entwicklung. Denn wenn du erkennst, dass du Fehler gemacht hast, ohne dich dabei im modrigen Bad der Schuld zu suhlen, dann kannst du sagen: „Ich bin bereit, jetzt etwas zu ändern." Du hättest es damals anders und besser gemacht, wenn du gekonnt hättest. Aber du konntest nicht. Und heute bist du so weit.

Du brauchst dir auch nicht die Frage zu stellen, warum du dir den Mist in deinem Leben erschaffen hast. Das führt nur zu Selbstvorwürfen und Grübeleien, was wiederum deinen Heilungsprozess total blockiert. Es geht wirklich vor allem darum, deine Themen und damit auch die Möglichkeiten des Wachstums zu nutzen, um Blockaden zu lösen. Wie lösen wir die Blockaden? Indem wir hinschauen. Hinschauen ist wie ein heißer Strahl, der die Blockade regelrecht wegschmilzt. Wir können es nicht oft genug wiederholen: Hinschauen. Hinschauen. Hinschauen.

AUSSICHTSLOSER KAMPF UM ERFOLG: STEFAN

Wir möchten gern eine Geschichte eines weiteren Teilnehmers unserer Seminare mit dir teilen. Stefan kam total erschöpft, frustriert und unzufrieden zu uns. Er hatte gerade einen Burnout hinter sich und war extrem unglücklich mit sich und seinem Leben. Er wollte unbedingt erfolgreich sein und ganz nach vorne kommen, aber egal, wie sehr er sich abmühte und strampelte, die Nummer eins wurde er nie. Egal, was er anpackte, wie verbissen er auch kämpfte: Er bekam nie den Erfolg und die Anerkennung, die er sich so sehnlich wünschte. Er kämpfte also immer härter, arbeitete mehr, tat immer mehr. Aber es reichte stets nur für die zweite Reihe. Es hätte schon fast komisch gewirkt, wenn es nicht so traurig und frustrierend für ihn gewesen wäre.

Wir wollen in unserer Herz-über-Kopf-Methode immer gemeinsam herausfinden, welches Muster bzw. welche im Keller versteckte Emotion hinter der Situation liegen könnte. Nach einer Weile erzählte uns Stefan von seiner zwei Jahre jüngeren Schwester, die eine sehr erfolgreiche Schwimmerin war. Sie ist deutsche Jugendmeisterin gewesen und war vom Vater trainiert und zu allen Wettkämpfen begleitet worden. Statt stolz auf seine kleine Schwester zu sein, war ihr Erfolg für ihn eine Bedrohung auf vielen verschiedenen Ebenen. Stefan fühlte sich von seinem Vater nicht gesehen und beachtet. Was Stefan tat, war nicht wichtig. Er fühlte sich minderwertig und unbedeutend. Natürlich war er frustriert. Er lebte im Schatten seiner erfolgreichen kleinen Schwester und hatte dem nichts entgegenzusetzen. Alles drehte sich um sie, ihn nahm niemand wahr.

In einer unserer Inspirationscoaching-Sitzungen erinnerte sich Stefan dann an eine Situation, in der er sich als Jugendlicher voller

Wut geschworen hatte, es den beiden zu zeigen. Er wollte unbedingt genauso erfolgreich sein, koste es, was es wolle. Wir konnten seine Wut und Verbissenheit spüren, er war total verkrampft, voller Druck. Es  war keinerlei Leichtigkeit oder Freude in ihm zu spüren, er war regelrecht besessen von dem Drang, um Bedeutung, Anerkennung und Erfolg zu kämpfen.

Im Coaching ermutigten wir Stefan, diesen Kampf endlich aufzugeben und den Glaubenssatz, er müsse es seinem Vater, seiner Schwester und letztlich auch der ganzen Welt beweisen, zu lösen. Aber Stefan schlug nur die Augen auf, starrte uns fassungslos an und sagte aufgebracht: „Das mache ich auf keinen Fall! Was habe ich denn dann noch?!"

Stefan war so besessen von dem Ziel und dem Druck, erfolgreich sein zu müssen, dass er sich immer wieder dasselbe Bild erschuf: Die zweite Reihe – genau wie damals. Der Kampf war zu seinem Lebensinhalt geworden. Natürlich erschöpfte es ihn. Aber er war nicht bereit, zu erkennen, dass er selbst es war, der immer wieder Situationen anzog, in denen er stellvertretend gegen seinen Vater und seine Schwester kämpfte. Das Leben brachte ihm immer wieder genau diese Dinge in sein Leben, damit er endlich dahinter käme, was Sache ist.

Erst später, als er, durch viele Krisen geschüttelt, schließlich doch Frieden mit seiner Vergangenheit machen konnte, wendete sich das Blatt. Stefan erkannte, dass Erfolg vielfältig sein kann. Er war erfolgreich, nur anders als er erwartet hatte. Und auf einmal konnte er die Erleichterung spüren, nicht mehr gegen Windmühlen kämpfen zu müssen.

„Solange Sie sich anstrengen, kämpfen
und sich überarbeiten, um ans Ziel zu kommen,
folgen Sie nicht dem Energiefluß des Universums."

James Redfield in „Die Erkenntnisse von Celestine"

6

VERBUNDENHEIT, TRENNUNG, ANGST

Warum Blockaden entstehen und woher sie kommen, haben wir uns im letzten Kapitel intensiv angeschaut. Doch es gibt noch eine weitere Ursache, die wir hier gern gesondert betrachten möchten. Denn fast jede Blockade lässt sich auf eine ganz bestimmte Angst zurückführen: Die Angst, nicht geliebt zu werden. Die Angst, einsam, verloren und allein in dieser Welt dazustehen. Das Bedürfnis dazuzugehören, mit anderen Menschen verbunden zu sein, ist tief in uns verankert. Kein Wunder, entstehen wir doch, hallo Biologieunterricht, aus der Verschmelzung von Samen und Eizelle, bevor wir im Mutterleib heranwachsen. In der Zeit, in der wir auf wundersame Weise „zusammengebastelt" werden, befinden wir uns im Bauch unserer Mutter. Wir sind IN unserer Mutter, IN einem anderen Menschen. Rein biologisch gesehen ist dies für Säugetiere völlig normal und alltäglich. Betrachtet man es intensiv, ist es aber eigentlich ziemlich verrückt. Und wunderschön.

Wir kommen sozusagen aus einer Verbindung, die kaum stärker sein kann. Darüber, dass ein Fötus mehr als nur eine Verschmelzung und Neuentstehung von Leben ist, sind sich Wissenschaftler längst einig. Das Baby im Bauch nimmt sich, die Welt und vor allem die Verbindung zu seiner Mutter vom ersten Moment an wahr. Das kleine Wunder in uns hat Bewusstsein, das bereits im Mutterleib beginnt, seine ganz eigene Persönlichkeit zu entwickeln. Spannend ist: Während in den westlichen Ländern unsere Lebensjahre vom Tag der Geburt an gezählt werden, wird das Lebensalter eines Menschen in China ganz anders berechnet. An seinem nach der westlichen Zählung ersten Geburtstag wird das Kind nicht etwa zwölf, sondern 21 Monate alt. Die neun Monate im Mutterleib werden zu seinem „Erden-Alter" dazugerechnet. Denn für die Chinesen ist völlig klar: Die vorgeburtliche Entwicklung gehört zum Leben dazu. Leuchtet ein, oder?

RESILIENZ

Forschungen im Bereich der Pränatalpsycholgie belegen, dass das Kind im Mutterleib intensiv am Leben seiner Mutter teilnimmt. Es nimmt die Umgebung wahr, in die es hineingeboren werden wird, sowie alles, was im Leben seiner Mutter geschieht. Und ja, es spürt natürlich auch, ob es Mama gut geht, spürt Sorgen und Ängste, aber auch Glücksgefühle. Das Baby wird über die Plazenta nicht nur mit Nahrung versorgt, sondern es bekommt auch die volle Dröhnung Daten und Informationen – in Form von Gefühlen, verpackt in Hormonen. Ist Mama gestresst, steigt unmittelbar auch der Cortisolspiegel im Organismus des Babys an. Die Babys reagieren unterschiedlich darauf: Die einen hampeln unruhig im Bauch herum, die anderen rollen sich wie zum Schutz zusammen und verkriechen sich regelrecht. Aber nicht nur Stress spiegelt sich im Fötus. Wenn Mama glücklich ist, bekommt das Baby das auch mit, dann wird es über die Nabelschnur regelrecht mit Endorphinen, unseren Glückshormonen, betankt. Babys können also schöne Gedanken und schöne Gefühle ihrer Mutter mitgenießen. Hier wird das Sprichwort „Geteilte Freude ist doppelte Freude" ganz praktisch belegt.

„Das Ungeborene nimmt die seelische Verfassung seiner Mutter wahr, es erspürt ihre Gedanken. Die Gefühle der werdenden Mutter prägen ihr Kind. Wenn ein Mensch im Mutterleib ausschließlich Ablehnung erfahren musste, wird er es später wahrscheinlich schwerer haben, sich selbst zu mögen", so wird in einem Artikel über das Seelenleben des ungeborenen Kindes Dr. Thomas Reinert zitiert, der als Facharzt für psychotherapeutische Medizin an der Klinik Velbert seit vielen Jahren vorgeburtliches Leben erforscht.[6] Spannend ist schon hier die Erkenntnis, dass wir dem Baby nicht helfen, indem wir es vor unschönen Gefühlen zu beschützen versuchen. Denn natürlich machen sich werdende Mütter Gedanken darüber, was alles ihrem Baby guttut und was ihm schadet. Alles, was schadet, soll dann tunlichst vermieden werden. Aber keine Mama kann von sich verlangen, neun Monate auf einer Glückswolke zu schaukeln, neun Monate lang nur schöne Gedanken und schöne Gefühle zu haben. Wir würden dem Baby damit auch gar nicht nützen, im Gegenteil. Denn schon im Mutterleib lernen wir, dass das Leben, das uns da draußen erwartet, eine Achterbahn ist. Und dass das völlig normal und okay ist. Enjoy the ride. Annahme. Zuversicht. Hoffnung. Weitermachen. All das lernen wir nur, wenn wir von den verschiedenen Zutaten und Farben des Lebens nicht verschont werden. Monokulturen in der Landwirtschaft führen zu langfristigen schwerwiegenden Schäden im Ökosystem. Genauso verhält es sich mit Gefühls-Monokulturen. Das dürfen wir unserem Baby vermitteln. „Hallo Baby, mir geht es gerade nicht so gut, aber wir schaffen das. Nach dem Regen kommt auch wieder Sonnenschein. Vertrau mir."

Sonst entstehen vielleicht schon hier die ersten Blockaden und Ängste, indem wir das Baby vor allem Schlechten abschirmen

6   https://www.eltern.de/schwangerschaft/ihr-baby/persoenlichkeitsbildung.html/page/3

wollen. Wir meinen es nur gut. Aber gut gemeint ist eben nicht immer automatisch gut.

Thomas Reinert formuliert es so: „Ungeborene leiden mit, wenn es ihrer Mutter nicht gut geht." Es tut weh, sich das vorzustellen. Aber die Erkenntnisse von Dr. Reinert und seinen Kollegen haben auch viel Tröstliches: Das Baby im Mutterleib lebt sehr im Augenblick. So schnell, wie es mit in eine Moll-Stimmung fällt, so rasch hellt sich sein Gemüt auf, wenn seine Mutter wieder fröhlicher ist. Und: Schon kurze Phasen der Versöhnung mit dem Ungeborenen wirken heilend auf seine Seele. Gehen schwere Zeiten ihrem Ende entgegen, „riecht das Kind im Bauch das Paradies. Es spürt, dass es ein Glück gibt und dass es mit seiner Mutter auf dem Weg ist, diesen Zustand zu erreichen. Schon im Mutterleib macht das seelische Stärke aus: nicht zu verzagen, wenn es mal schlecht läuft. Sondern zuversichtlich auf das nächste Stückchen Glück zu hoffen."[7]

Die Fähigkeit, dem Leben zu trotzen, die Fähigkeit zur Resilienz,[8] also der Kraft, mit Krisen umgehen zu können und gestärkt aus ihnen hervorzugehen, entsteht bereits im Mutterleib.

TRENNUNG

Und dann beginnt es. Das ganze Drama. Wir werden geboren. Werden aus dem Einssein und unserer gemütlichen All-Inclusive-Kapsel herausgeschleudert. Kein Wunder, dass die erste Amtshandlung eines Säuglings ist, sich mit kräftigem Schreien ordentlich zu beschweren. Was für ein Mist aber auch!

---

7   https://www.eltern.de/schwangerschaft/ihr-baby/persoenlichkeitsbildung.html/page/3
8   https://de.wikipedia.org/wiki/Resilienz_(Psychologie)

Unsere Lebensaufgabe besteht vielleicht darin, diese so offensichtliche Trennung zu transformieren. Zu erkennen, dass wir zwar alle Individuen, aber dennoch immer mit allem verbunden sind. Und dass wir durch diese Erkenntnis der Verbundenheit auch mit allen anderen verbunden sind. Dass wir keine biologische Verbundenheit brauchen, um dennoch verbunden zu sein. Diese Erkenntnis steckt im Wort „allein". Wir sind ALL-EIN. Wir sind auf uns selbst gestellt. Allein und doch verbunden mit allem, alles eins.

Suchen wir nicht alle unser Leben lang nach dieser Verbundenheit? Aber wie fühlen wir Verbundenheit? Wir glauben, wir müssten sie im Außen suchen. Gib mir Liebe, gib mir Anerkennung, gib mir Aufmerksamkeit, nur so fühle ich mich verbunden. Verbunden mit dir, und dadurch verbunden mit mir.

Wir glauben, abhängig zu sein. Und das sind wir als Babys zunächst auch. Wir brauchen Menschen, die sich um uns kümmern. Sonst verkümmern wir, sterben. Und wir brauchen nicht nur biologische Zutaten wie Nahrung, um zu überleben, sondern ganz klar auch Liebe, Zuwendung, Wärme, Aufmerksamkeit. Die brauchen wir genauso wie die Luft zum Atmen. Ein dem Stauferkaiser Friedrich II. nachgesagtes grausames Experiment „belegt" dies. Um zu ergründen, welches wohl die „Ursprache" sei, soll er sich sieben Babys aus dem Volk geholt und für diese Ammen angestellt haben, die die Aufgabe hatten, die Babys lediglich zu füttern und zu wickeln. Die Ammen durften ihnen keinerlei sonstige Zuwendung schenken oder mit ihnen sprechen. Das Ergebnis war erschütternd: Alle sieben Babys starben. Sie hatten körperlich alles, was sie brauchten. Aber ihre Seelen und Herzen verkümmerten. Ein Baby, ein Kind, letztlich jeder Mensch braucht so viel mehr als die Erfüllung seiner biologischen Grundbedürfnisse. Wir brauchen Ansprache, Aufmerksamkeit, Kontakt. Wir kommen sogar, wenn's sein muss, ohne Liebe aus, aber die Hauptsache ist, von anderen Menschen selbst als Mensch gesehen und wahrgenommen zu werden.

Ein Beispiel aus unserer beschämenden jüngeren deutschen Vergangenheit belegt den Zusammenhang zwischen vorenthaltener elterlicher Fürsorge und mangelnder psychischer Gesundheit ebenfalls. Bindungsforscher fanden heraus, dass die Erziehungspropaganda des Dritten Reichs, die Eltern eine mitfühlende, warme, emotionale Bindung zu ihren Kindern absprach und regelrecht verbot, noch bis heute – in die dritte Nachkriegsgeneration – negativ nachwirkt.

Die von den Nazis geförderte Ärztin Johanna Haarer veröffentlichte 1934 ihren Ratgeber „Die deutsche Mutter und ihr erstes Kind". Das Buch verkaufte sich 1,2 Millionen mal und wurde zur NS-Zeit eine Grundlage für die Erziehung in Kindergärten und Heimen sowie für die Reichsmütterschulungen. „Reichsmütterschulung", schon allein der Begriff ist furchtbar. In ihrem Werk empfiehlt Haarer Müttern, ihre Kinder möglichst bindungsarm aufwachsen zu lassen. Weine das Kind, solle man es schreien lassen. Übermäßige Zärtlichkeiten seien in jedem Fall zu vermeiden. Das Ziel war, emotionslos, funktionierende Menschen heranzuziehen, die perfekte Soldaten sein sollten. Immer mehr Forscher schlussfolgern, dass diese Vorgaben bei betroffenen Kindern zu einer Bindungsstörung geführt haben die seitdem von Generation zu Generation weitergegeben wird.[9]

---

9   https://www.zeit.de/wissen/geschichte/2018-07/ns-geschichte-mutter-kindbeziehung-kindererziehung-nazizeit-adolf-hitler/komplettansicht

DER KAMPF UM AUFMERKSAMKEIT

Und dann wird auch klar, warum wir so viele Ängste und so viele Dramen erleben. Wir sind alle gewissermaßen süchtig nach Aufmerksamkeit. Wir kämpfen um Aufmerksamkeit. Aufmerksamkeit ist unsere Droge. Gerade in den heutigen Zeiten von Social Media, „Daumen-Hoch" und „Likes" nimmt das alles immer skurrilere und beunruhigendere Formen an. So gesehen sterben wir – wie die armen Stauferkönig-Babys –, den Online-Tod, wenn wir keine Zuwendung in Form von Zuspruch, Kommentaren oder Likes bekommen. Keine Likes: kein Gesehen-Werden, keine Aufmerksamkeit, keine Verbundenheit. Allein. Und meilenweit weit weg von der Erkenntnis, all-eins zu sein.

Und so setzt sich das im Leben fort: Wir rennen durch unser Leben und versuchen verzweifelt, gesehen, anerkannt und gemocht („geliked") zu werden. Schon in das Kind pflanzt sich der giftige Glaubenssatz ein, geprägt von den Regeln unserer Gesellschaft: Aufmerksamkeit gibt es nicht einfach so. Ich muss mir Liebe, Anerkennung, Aufmerksamkeit verdienen, muss also etwas dafür tun. Und so strampeln wir uns ab. Die Methoden, Aufmerksamkeit zu bekommen, sind vielfältig. Wir sind besonders lieb, strengen uns besonders an, sind brav und nett. Aber auch das Gegenteil verhilft uns dazu, gesehen zu werden. Wenn wir uns ätzend verhalten, schockieren, immer wieder Regeln brechen. Es ist der berühmte stumme Schrei nach Liebe. Aufmüpfige und revoltierende Kinder wollen am Ende genau dasselbe wie brave, liebe, angepasste. Nur wählen sie eine andere Strategie, um es zu bekommen.

DEIN INNERES KIND

Die Erfahrungen, Erinnerungen, Muster und Verhaltensweisen – gute wie weniger gute –, die wir seit unserer Kindheit in uns sammeln, das Kind, das wir einmal waren, all das zusammengenommen nennt man „das innere Kind". Der US-amerikanische Psychologe und Autor John Bradshaw prägte den Begriff. Seinen Beobachtungen und Forschungen zufolge ist unser inneres Kind oft Potenzial und Begrenzung zugleich. Wir speichern gute Erlebnisse ab, die uns beflügeln. Wir speichern aber auch die weniger guten Erfahrungen, Verletzungen und Erinnerungen ab, die uns hemmen, blockieren und begrenzen. Unsere Aufgabe als Erwachsene ist, unser inneres Kind zu erkennen, anzunehmen und es von seinen Verletzungen zu heilen.

Den Kontakt zum inneren Kind herzustellen, ist ein Kernpunkt unserer Herz-über-Kopf-Methode. Dies kann durch Rückführungen, Gespräche, Meditationen oder andere (psychotherapeutische) Methoden erfolgen. Das einzige, was unser inneres Kind heilt, ist Liebe. Und zwar die Liebe zu uns selbst.

Je nach Thema zeigt sich dem Klienten während einer Sitzung das innere Kind in unterschiedlichem Alter. Bei diesen Bildern handelt es sich nicht um etwas, was er sich ausdenkt, sondern seine Seele kommuniziert sehr präzise mithilfe dieser Reflexionen. Die Seele wünscht sich Entwicklung, und der Coach oder Therapeut ist der Reiseleiter zu den blinden Flecken. Das innere Kind schützt die blinden Flecke aus gutem Grund. Denn es will die Angst nicht mehr erleben, die es durch seine Strategien zu verhindern versucht. Es ist, als würde das innere Kind das Steuer übernehmen, sobald der Knopf gedrückt wird, der mit der damaligen Situation verknüpft ist. Natürlich gibt es auch prägende Situationen im Leben des Erwachsenen, doch oft hängt der Schmerz mit einer älteren Wunde zusammen, die in der Gegenwart nur gestreift wird. All diese Verknüpfungen prägen die psychologische Brille, die wir tragen.

LEBST DU SCHON ODER DEALST DU NOCH?

„An sich selber so viel zu haben,
dass man der Gesellschaft nicht bedarf,
ist schon deshalb ein großes Glück, weil fast alle
unsere Leiden der Gesellschaft entspringen.“

Arthur Schopenhauer · deutscher Philosoph

STRATEGIEN. Eine Strategie ist laut Wörterbuch ein „genauer Plan für ein Verhalten, der dazu dient, ein (militärisches, politisches, psychologisches o. ä.) Ziel zu erreichen, indem man alle Faktoren von vornherein einzukalkulieren versucht." Wir manipulieren unser Umfeld mit unserem Verhalten. Wir dealen. Wir tauschen ein bestimmtes Verhaltensmuster gegen ein Verhalten, das wir zu bekommen erhoffen. Wir tauschen Leistung gegen Anerkennung. Wir tauschen Brav-Sein gegen Liebe.

Womit hast du als Kind versucht, Aufmerksamkeit von deinen Eltern, deinen Freunden und deinem Umfeld zu bekommen? Und welche Strategien wendest du heute an? Warst und bist du lieb, brav und nett? Oder eher der Rebell? Hast du die Leistungsstrategie benutzt, oder hast du versucht, perfekt zu sein? Hast du Aufmerksamkeit durch durch häufiges Kranksein bekommen oder sie dir lieber von Nachbarn oder Freunden geholt. Vielleicht hast dir auch deine ganz eigene Traumwelt aufgebaut, in der du dich sicher und wohl gefühlt hast? Hast du dich um andere gekümmert und wolltest sie retten, damit du „sein" durftest? Womit dealst du? Es gibt viele Strategien. Und diese Strategien werden zu unseren Verhaltensmustern und damit Teil unserer Persönlichkeit.

Welche Strategie lebst du noch heute als Erwachsener? Welche Strategien begrenzen dich in deiner Entwicklung und deinem Wachstum? Welche Strategien entpuppen ihr hässliches Gesicht und sind eigentlich Blockaden? Ein braves Mädchen, das es den anderen immer recht macht, um geliebt zu werden, wird irgendwann feststellen, dass es die eigenen Bedürfnisse in den Hintergrund stellt und selber unglücklich wird. Aus einer Strategie, die sich einst sehr hilfreich angefühlt hat, ist eine Begrenzung geworden. Das kleine Mädchen hatte Angst, nicht geliebt und nicht gesehen zu werden, und hat alles dafür getan, dass diese Angst nicht zur Realität wird. Die Angst hat die Muster geformt, die sie heute lebt.

Auch der Deal „Leistung für Anerkennung" ist in unserer Gesellschaft weit verbreitet. Was in der Schule funktioniert hat, wird in das Erwachsensein integriert und bestimmt das Leben. Besessen vom Erfolg und süchtig nach der damit verbundenen Anerkennung zu sein, führt allerdings leider oft dazu, dass die Menschen ihre Grenzen nicht mehr wahren und sich komplett für etwas verausgaben, das ihnen gar nicht entspricht. Ein Burnout ist ein Zeichen, dass es so nicht weitergehen kann. Wir dürfen dankbar sein für diese Klatsche. Denn mit ihrer Hilfe können wir aufhören, vor der Frage wegzulaufen, warum wir tun, was wir tun.

WIR SIND VERBUNDEN. IMMER.

Ultimative Freiheit heißt, frei davon zu sein, Aufmerksamkeit von außen bekommen zu wollen. Das bedeutet nicht, dass uns alles egal ist und wir auf alles und alle um uns herum scheißen. Das Gegenteil ist der Fall. Alles und alle um uns herum sind uns extrem wichtig. Denn wir sind all-ein(s). Wenn wir das verstehen und spüren, brauchen wir die Droge Aufmerksamkeit nicht mehr. Beziehungsweise wir müssen nicht mehr um Liebe, Verbundenheit, Anerkennung und Gesehen-Werden kämpfen. Wir SIND all das. Denn all das tragen wir in uns.

Dies zu erkennen, dazu ist ein Baby nicht in der Lage. Aber wir Erwachsenen können das. Wir sind nicht mehr im Leib unserer Mutter. Dafür aber im Mutterleib des Universums.

Verbundenheit ist schon längst da. Sie war nie weg. Sich all-ein zu fühlen, ist unsere Werkseinstellung. Unser natürlicher Zustand. Wir erlangen ihn zurück, wenn wir in die Stille gehen. Im Hier und Jetzt sind. Meditieren. Es sind die unerklärlichen Momente des Verstehens und Sehens, wie der universelle Hase läuft. Es ist alles längst da. Du brauchst keine Strategie. Du musst nicht dealen. Du darfst einfach sein. Du darfst all-ein sein.

„In Momenten vollkommenen Alleinseins, das sich nur dann einstellen kann, wenn alle Fluchtmöglichkeiten und deren eigentliche Bedeutung wahrhaft erkannt worden sind, tritt das Glück des Augenblicks zutage."

Jiddu Krishnamurti in „Freiheit und wahres Glück" · indischer Philosoph

ICH KANN NICHT VERTRAUEN: MELANIE

Gerade in Partnerschaften und bei Beziehungsthemen begegnen wir immer wieder den Themenbereichen Angst und Trennung, Nähe und Distanz. Dem liegt fast immer ein Vertrauensmissbrauch zugrunde. Oft gab es in der Kindheit Situationen, in denen das Vertrauen erschüttert wurde, und in denen das innere Kind seitdem regelrecht gefangen ist. Darauf werden dann destruktive Glaubenssätze aufgebaut: Du kannst niemandem vertrauen! Du bist nichts wert! Genauso ging es unserer Teilnehmerin Melanie. Immer wieder geriet sie in Liebesbeziehungen mit gebundenen Männern, immer wieder spielte sie die zweite Geige, immer wieder war sie die Frau, die verheimlicht werden musste, die es nicht wert war, die Nummer eins zu sein.

In unserem Coaching führten wir Melanie zurück in ihre Kindheit. Sie fand sich in einer Situation wieder, in der sie mit ihrem älteren Bruder in den Wald ging. Sie selbst war damals noch sehr klein, vier oder fünf Jahre alt, ihr großer Bruder ein Teenager, 12 oder 13 Jahre alt. Melanie himmelte ihren großen Bruder an. Aber für ihn war sie nur die kleine, nervige Schwester, um die er sich ständig kümmern musste. Zu beschäftigt mit ihrer Arbeit, baten die Eltern ihn ständig, Melanie zu betreuen. Also musste er sie überall mit hin nehmen. Nicht gerade toll für einen Teenager, dem gerade das wichtigste ist, möglichst cool vor den Kumpels dazustehen. Schon hier lernte Melanie unbewusst: Du bist nicht erwünscht. Du bist nicht willkommen. Weder bei den Eltern noch beim Bruder. Ihr Bruder nahm sie an jenem Tag mit in den Wald, wo er mit seinen Freunden verabredet war und chillen wollte. Die Schwester im Schlepptau war ihm peinlich. Also kletterte er mit ihr auf einen

Hochsitz und sagte ihr, sie solle dort sitzen bleiben, er würde gleich wiederkommen.

Dann ging er zu seinen Freunden. Und vergaß seine kleine Schwester völlig. Als er am Abend wieder nach Hause kam, fragten seine Eltern ihn nach Melanie. Erst in dem Moment wurde ihm bewusst, dass die Kleine immer noch auf dem Hochstand sitzen musste. Sofort rannten er und seine Eltern los. Und da saß Melanie. Aufgelöst, panisch, ängstlich, weinend, total verunsichert. Sie hatte ihrem Bruder vertraut, und er hatte sie stundenlang allein im Wald auf dem Hochstand sitzengelassen. Sie konnte auch nicht alleine runterklettern, dafür war sie viel zu klein. In dieser Verlassenheit beschloss Melanie unbewusst: „Ich vertraue niemandem mehr. Niemals. Schon gar nicht irgendeinem Mann, denn Männer lassen mich ja einfach sitzen, gehen weg und kommen nie wieder."

Diesem Glaubenssatz entsprechend gestalteten sich ihre Liebesbeziehungen. Sie zog genau jene Männer an, für die sie nur eine Affäre war. Die kamen und gingen, wann sie wollten, die sie versteckten und verheimlichten, genauso wie es ihr Bruder damals getan hatte. Melanie hatte sich damit abgefunden, lieber mit Affären vorlieb zu nehmen, als gar keinen Mann abzubekommen. Es war Melanie auch nie gelungen, eine „vernünftige" Beziehung zu leben, denn sie war von ihrem Glaubenssatz „mich liebt eh keiner, ich bin zu viel, keiner will mich" so geprägt, dass sie genau die Männer in ihr Leben zog, die ihr dieses Gefühl, nicht liebenswert zu sein, bestätigten. Sie konnte sich auch gar nicht vorstellen, dass sie überhaupt von jemandem geliebt werden könnte. Zu fest saß in ihr die durch das Erlebnis mit ihrem Bruder ausgelöste Blockade: „Du nervst, ich will dich nicht haben." Erst in der Sitzung konnte sie endlich verstehen, was die Wurzel all dessen war. Gemeinsam konnten wir die Blockade lösen und Melanie zu neuen Visionen und Glaubenssätzen verhelfen.

„Jedes Ding ist, je nachdem, wie man es betrachtet,
ein Wunder oder ein Hemmnis, ein Alles
oder ein Nichts, ein Weg oder ein Problem.
Es immer wieder anders betrachten, heißt,
es erneuern und vervielfältigen.
Daher hat ein kontemplativer Mensch,
ohne sein Dorf je zu verlassen,
gleichwohl das ganze Universum zur Verfügung.
Das Unendliche findet sich in einer Zelle
wie in einer Wüste. "

Fernando Pessoa in „Das Buch der Unruhe" · portugiesischer Schriftsteller

7

WELCHE BRILLE TRÄGST DU?

Hast du noch unsere liegende Acht aus dem vierten Kapitel vor Augen? Diese liegende Acht könnte auch eine Brille sein. Eine ganz besondere, magische Brille. Denn diese Brille beeinflusst ziemlich stark, was du in der Welt siehst und wahrnimmst. Diese Brille hat nämlich zwei Filter, die alles, was um dich herum geschieht, auf gewisse Art und Weise manipulieren. Du siehst nicht einfach das, was ist. Nein, du siehst alles einerseits gefiltert durch deine Vergangenheit (das linke Brillenglas), als auch durch den Filter des rechten Glases: deiner Zukunft, bzw. deiner Überzeugung davon, wie deine Zukunft auszusehen hat. Das, was du in der Vergangenheit erlebt hast, bestimmt, wie du Dinge im Jetzt siehst und wahrnimmst. Und ebenso beeinflusst deine Vorstellung der Zukunft deine Sicht auf das Jetzt.

Diese Brille tragen wir immer, ob wir wollen oder nicht. Auch wenn wir der Meinung sind, keine Brille zu brauchen. Wir können sie nicht absetzen. Denn Vergangenheit und Zukunft sind untrennbar mit uns verbunden. Was wir aber können, ist, uns dieser Brille bewusst zu werden. Machen wir uns bewusst, wie sehr diese Brille alles verzerrt, was wir sehen. Und wir können auch beeinflussen, ob wir das, was uns unsere Brille zeigt, genau so annehmen möchten. Wir können alles, was unsere Brille uns sehen lässt, hinterfragen. Genau hier liegt unsere Macht. Und zudem können wir uns zunutze machen, dass unsere Filter, je nach Blickwinkel auf unsere Vergangenheit und Zukunft, variabel sind. Wie bei Instagram oder Photoshop können wir aus einer Vielzahl von Filtern auswählen, die das Bild auf einmal ganz anders aussehen lassen.

Kennst du diese modernen Virtual-Reality-Brillen, in denen ein Film oder ein Computerspiel abgespielt wird? Wenn wir diese VR-Brillen tragen, sind wir quasi mittendrin statt nur dabei. Wir sind mitten im Film drin, mitten im Game, erleben alles genauso intensiv wie das echte Leben. Dabei zeigt uns die VR-Brille lediglich ein Programm. Und so geil der Film auch ist, so krass das Game, wir wissen in jedem Moment, dass es nur eine Brille ist und nur ein Programm. Warum nicht mit derselben Gewissheit und demselben Bewusstsein unser eigenes Leben betrachten?

Die Welt um uns herum ist niemals, wie sie zu sein scheint. Sie ist immer so, wie du sie siehst, wie deine Filter sie aussehen lassen. Beobachte das mal: Was siehst du? Wie siehst du es? Wen und was bewertest und verurteilst du? Und was entsteht dann daraus? Welche Situationen, Probleme, Momente und Konflikte entstehen nur deshalb, weil unsere Brille mal wieder auf einen fiesen Filter eingestellt ist? Was würde sich verändern, wenn du die Filter wechselst? Oder dir vorstellst, die Brille eines anderen aufzusetzen?

DEINE BRILLE BESTIMMT DEINE WIRKLICHKEIT

„Schwimmen zwei junge Fische des Weges und treffen
zufällig einen älteren Fisch, der in die Gegenrichtung
unterwegs ist. Er nickt ihnen zu und sagt
,Morgen, Jungs. Wie ist das Wasser?'
Die zwei jungen Fische schwimmen eine Weile weiter,
und schließlich wirft der eine dem anderen einen Blick
zu und sagt: ,Was zum Teufel ist Wasser?'"

Aus „Das hier ist Wasser" von David Foster Wallace

Die Brille, die du aufhast, bestimmt deine Gedanken. Die Gedanken, die du denkst, bestimmen deine Gefühle. Deine Gefühle und deine Gedanken wiederum bestimmen deine Realität. Wir wissen, dass du all diese Zusammenhänge kennst und
wahrscheinlich schon zigmal gehört hast. Aber zwischen Kennen und sich dessen wirklich bewusst sein und entsprechend
sein Leben zu gestalten besteht oft eine riesige Diskrepanz. Deshalb kann man das gar nicht oft genug sagen. Und das tun wir
so lange, bis es dir aus den Ohren wieder rauskommt!

Wir können unser Leben beeinflussen. Auch wenn wir im Kapitel 5 im Abschnitt über die Spiegel geschrieben haben, dass vieles, was wir im Spiegel sehen, mit uns selbst zu tun hat, passieren natürlich auch Dinge, die wir gar nicht in der Hand haben,
mit denen wir wirklich nichts zu tun haben. Wenn wir wirklich
ALLES auf uns beziehen würden, würde das einen wahnsinnigen
Druck auf uns ausüben. Wir haben Macht, ja. Aber keine All-
macht. Seele, Gott und Erleuchtung hin oder her, natürlich
beinhaltet das Leben auch einen Zufallsfaktor, den wir nicht
beeinflussen und kontrollieren können. Das ist dann die Kate-

gorie „Shit happens". Was wir aber tun können, ist bewusst mit dem umzugehen, was in unserem Leben passiert. Wir haben nicht immer Kontrolle über das, was passiert. Aber wir haben stets Kontrolle darüber, wie wir damit umgehen, wie wir darauf reagieren.

Das ist vielen gar nicht wirklich bewusst. Viele glauben, das Leben passiert, sie sind da irgendwie hineingeraten, und jetzt eiert man halt irgendwie da durch. Das stärkste Werkzeug, das wir haben, um unser Leben zu formen, sind unsere Gedanken. Wenn wir uns z.B. Veränderung wünschen, können wir bewusst wählen, welche Gedanken wir denken möchten. Wir können uns aber auch einfach dem allgemeinen Gedankensalat hingeben, der uns oft verwirrt und hemmt. Vor allem dann, wenn alte unbewusste und negative Glaubenssätze in Dauerschleife durch unseren Kopf jagen. „Das schaffst du nie! Das darfst du nicht! Das kannst du nicht!" So entstehen furchtbare Ohrwürmer, getarnt als gutgemeinte Ratschläge. Und dann setzen sie sich als Filter auf unserer Brille fest. Und wie oben schon beschrieben, bestimmen diese Filter, wie wir unsere Realität wahrnehmen.

Wenn ich also zum Beispiel einen Vater hatte, der die Mutter schlug und betrog, könnte sich früh ein Glaubenssatz über Männer geformt haben: Männer sind Schweine. Wenn ich dann mit diesem Brillenfilter durch mein Leben marschiere, ist es – welch Ironie –, höchstwahrscheinlich, dass ich genau die Männer treffe und in mein Leben ziehe, die sich wie Schweine verhalten, mich schlagen und betrügen. Ich gehe also mit einer Ausstrahlung durchs Leben, die eine magische Anziehung auf das ausübt, was meinen Gedanken entspricht. Es ist wie mit dem in die Brust eingebauten Beamer, der meine Wirklichkeit auf die Leinwand der Welt projiziert. Und dann erlebe ich – Überraschung! – genau das, was ich innerlich glaube. Und mein Glaubenssatz wird on Top auch noch durch meine Erfahrung im echten Leben bewiesen, verstärkt und gefestigt: Siehste, sag ich doch, Männer sind Schweine! Irgendwann wird der Glaubenssatz ein unverrückbarer Teil meiner Persönlichkeit. Habe ich tief in mir verankert, dass Männer Schweine sind, so strahle ich das mehr und mehr auch aus. Und meine Ausstrahlung beeinflusst die Welt um mich herum. Meine Brille hat einen selektiven Fokus und sortiert die netten Männer einfach aus, da ich der Spezies im Allgemeinen nicht vertraue. Denk noch mal an das Kapitel 5 zurück, wo wir dir diese Zusammenhänge aufgezeigt haben: Das Leben serviert uns eine Sache so lange, bis wir unsere Lektion gelernt haben.

Und wenn wir schon mal bei Ohrwürmern sind, schenken wir dir einen coolen, damit du die Sache mit der Brille nicht vergisst: Den Achtziger-Jahre-Synthesizer-Hit von Corey Hart „Sunglasses at night".[10]

BEZIEHUNG NEU DENKEN: ANNETTE

Unsere Ausbildungsteilnehmerin Annette erzählte uns offen und ehrlich, dass sie noch nie in ihrem Leben eine wirklich erfüllte und glückliche Beziehung hatte. Dabei sehnte sie sich so sehr danach. Sie wünschte sich einen netten Partner, mit dem sie eine Familie gründen könnte. Ihr Wunsch, schwanger zu werden, war riesig. Aber je mehr sie das wollte, desto weniger klappte es. Die Männer, die Annette anzog, wollten alle keine verbindliche Beziehung und schon gar keine Kinder. Annette machte sich immer mehr Druck, sie hörte ihre biologische Uhr laut und schrill ticken und spürte immer mehr Panik.

---

10 https://www.youtube.com/watch?v=X2LTL8KgKv8

Während der Ausbildung bei uns wandte Annette die Herz-über-Kopf-Methode bei sich an. Nach dem Motto „Naja, schlimmer kann's ja nicht mehr werden." Also ging sie relativ unverkrampft an die Sache ran. Annette fing an, ihre eigenen Gedanken zu hinterfragen und zu überprüfen. Sie schaute sich die Brille, mit der sie die Welt sah, sehr genau an. Dann fiel es ihr wie Schuppen von den Augen: Sie konnte gar keine glückliche Beziehung eingehen, denn in ihrer Kindheit hatte sie viele Emotionen verdrängt und in den Keller verfrachtet. Da war vor allem die instabile und wenig verlässliche Beziehung zu ihrem Vater. Und dieser Vater war zum Sinnbild für alle Männer in ihrem Leben geworden. Kein Wunder, dass ihre Beziehungen bisher wenig erfüllt waren. Sie konnte sich in ihrem Gedanken- und Wertesystem gar nicht vorstellen, dass es auch anders geht, weil sie es selbst nie erlebt hatte. Sie hatte keinerlei Vorbilder für eine glückliche, erfüllte Partnerschaft und Familie. Als Annette dies erkannte, konnte sie sich dem stellen und machte einen ähnlichen Loslass- und Akzeptanzprozess durch wie Anne aus dem Beispiel in Kapitel 5.

Heute ist Annette glücklich verheiratet und Mutter. Sie hat ihr Leben in die Hand genommen, ihre unwahren Gedanken überprüft, den Filter ihrer Brille ausgetauscht und ihre Zukunft kreiert.

SELEKTIVE WAHRNEHMUNG: DU BIST DEIN EIGENER PROGRAMMCHEF

Bleiben wir einmal beim Beispiel Annette. Annette wünscht sich, schwanger zu werden. Und was sieht sie? Überall Frauen mit schönen Baby-Kugelbäuchen. Plötzlich ist die Welt voller schwangerer Frauen. Aber sind wirklich auf einmal alle Frauen schwanger? Nein, natürlich nicht. Es ist nur der Filter, den sie in ihrer Brille aktiviert hat, und der den Fokus auf genau das Thema richtet, das sie gerade beschäftigt.

Wir selbst wollten uns z.B. einen Tesla kaufen. Und auf einmal sehen wir überall Teslas! Und in allen Zeitungen und Medien erscheinen plötzlich Artikel und Berichte über Elon Musk. Zufall? Nö. Die Teslas und die Artikel über Elon Musk waren vorher auch schon da. Wir hatten sie nur nicht wahrgenommen. So lange, bis der Tesla für uns zum Thema wurde.

Wir sehen nur das, was vermeintlich wichtig und relevant für uns ist. Alles andere wird ausgeblendet. Das nennt man auch selektive Wahrnehmung. Diese selektive Wahrnehmung ist ein Filter, eine Schutzfunktion unseres Gehirns. Unser Gehirn MUSS filtern, sonst könnten wir all die Reize und Informationen, die jede Sekunde millionenfach auf uns einprasseln, gar nicht verarbeiten. Wir würden komplett durchdrehen. Hilfe, Synapsenalarm!

Und so filtert auch unsere Brille. Sie meint es nur gut mit uns. Ihre Filter lassen uns genau das sehen, was wir mit unseren Ankern markiert haben. Unsere Anker, die wir durch unseren Fokus und durch unsere Aufmerksamkeit setzen. Also sei dir bewusst, wohin du deine Anker setzt. Setzt du deine Anker im klaren, schönen Wasser? Oder im Schlammtümpel? Die gute Nachricht: Du kannst die Anker jederzeit hochziehen und woanders setzen. Es liegt an dir. Du bist der Kapitän auf deinem Boot.

Manchmal kann es auch sinnvoll sein, den Schlammtümpel nach einer Zeit der Bewusstwerdung zu verlassen. Dort zu verharren, immer weiter zu wühlen, wäre ab diesem Moment gar nicht mehr sinnvoll, denn wir können uns auch schlichtweg selbst „retraumatisieren".

Es geht in unserer Herz-über-Kopf-Methode nicht darum, immer wieder in unserem Schlammtümpel zu waten und herumzusuchen und uns in unserem eigenen Unglück suhlen. Wenn wir nach Fehlern und Problemen suchen, werden wir immer etwas finden. Wenn wir nicht aufhören, an der Wunde zu knibbeln, wird sie nie verheilen und immer weiter bluten.

Solltest du dazu tendieren, immer und immer wieder in die Vergangenheit zu schauen, womit du dich selbst letztlich auch begrenzt, dann ermutigen wir dich, damit aufzuhören, förmlich nach Schmerz zu suchen. Hör auf, nach Problemen zu suchen. Hör einfach auf. Hör auf, zum hundertsten Mal deiner Kollegin vorzujammern, wie blöd dein Mann ist. Hör auf, zum hundertsten Mal die Muttermeditation zu machen. Hören wir auf, uns noch tiefer in unserer eigenen Vergangenheit zu verstricken.

Nicht falsch verstehen, es ist ein sehr wichtiger Bestandteil unserer liegenden Acht, zurückzublicken, zu erkennen und zu lösen. Doch dann muss es weiter gehen. Nämlich ab nach vorn. Einen Haken hinter das setzen, was wir gelöst haben. Klappe zu. Schicht im Schacht. Das Hinschauen und Durchfühlen der Emotionen in unserer Vergangenheit bringt uns in den Frieden. Wir fördern nicht das Drama, sondern machen aus unserer Vergangenheit Weisheit. Und richten uns dann auf. Mit dem Blick nach vorn. In die Zukunft. Wir kanalisieren unsere Aufmerksamkeit dahin, wo wir sie haben wollen.

Wir sind nicht nur Kapitän auf unserem Boot, nein, wir sind auch unser eigener Programmchef. Wie oft regen wir uns über all die dummen Shows und Sendungen im Fernsehen auf? Aber schau mal auf dich: Welche Shows produzierst du in deinem eigenen Leben? Wie wäre es, wenn du ab sofort für richtig geiles Programm sorgst?

„Das Gewahrwerden – die bewusste Wahrnehmung –
ist ein wenig wie Magie; es ist die Alchemie, die die
niederen Metalle in Gold verwandelt.
Wenn du wütend bist, so verdränge deinen Zorn nicht;
versuche ihn einfach wahrzunehmen.
Ich bin wütend, ich bin wütend, ich bin jetzt die Wut.
Das Wunderbare daran ist, dass Wut und Gewahrsein
nicht gleichzeitig existieren können.
Die Wut verschwindet. Denn nur wo Unbewusstheit
herrscht, kann es Wut geben.“

Günter Nitschke in „The Silent Orgasm. Liebe als Sprungbrett
zur Selbsterkenntnis“ · deutscher Architekt und Philosoph

WEG MIT DEM SCHIMMEL!

Also einfach neu und anders denken? Leichter gedacht als getan,
Wenn es so einfach wäre, würden es alle tun. Aber was genau
macht diese Veränderung so herausfordernd? Viele glauben, wir
müssten nur positiv denken, und dann flutscht alles im Leben.
Leider funktioniert es aber nur dann, wenn wir in dem Moment, wo wir positiv denken, kein anderes Gefühl oder keinen
negativen Gedanken in uns haben. Es funktioniert nur, wenn
wir eh schon happy sind. Wenn aber gerade stimmungsmäßig
sieben Tage Regen angesagt sind, klappt das nicht. Denn wenn
dem bewusst gedachten guten Gedanken immer noch ein un-
bewusster Glaubenssatz gegenüber steht, hat der positive Gedanke, leider, keine Chance.

Stell dir vor, du würdest frische, weiße Farbe auf eine schimme-
lige Wand streichen. Sieht im ersten Moment super aus. Wie

neu. Juhu, der Schimmel ist nicht mehr zu sehen! Alles gut! Aber nach ein paar Tagen kommt der Schimmel doch wieder durch. Du kannst ihn auch riechen. Du kannst auch noch 'ne dicke Farbschicht drauf klatschen. Aber damit belügst du dich nur selbst. Der Schimmel ist noch da. Egal, wieviel Farbe du da draufschmierst. Du musst an den Schimmel ran. Basta.

Und genauso ist es oft in unserem Leben. Wir verdrängen, packen in den Keller. Aus den Augen, aus dem Sinn? Oh nein, was für ein Trugschluss, denn aus dem Sinn ist gar nichts. Solange wir uns nicht bewusst unserem Schimmel widmen, ihn uns anschauen und Lösungen finden, um ihn zu entfernen, bleibt alles beim Alten. Wir müssen uns auf Entdeckungsreise begeben und die unbewussten Schimmel-Störenfriede entdecken und überprüfen. Und wenn wir sie überprüft haben und erkennen, dass es echt Quatsch ist, was wir da denken, dann können wir sie verwandeln. Denn in dem Moment, in dem wir einen Glaubenssatz überprüfen, fängt unser Gehirn an (und da ist er wieder, unser Geschichtenerzähler), etwas Neues zu denken. Diese Herangehensweise ist etwas ganz anderes als positives Denken. Hierin, in unserem Erkennen, Annehmen und Verwandeln, liegt unsere Super-Power, denn damit erzeugen wir einen Strahl, der den Schimmel regelrecht wegschmilzt.

ANDERE BRILLEN, ANDERE WELTEN

Können wir unsere Brille einfach absetzen? Nein. Leider nicht. Wie oben schon beschrieben, brauchen wir unsere Brille zum einen als Schutz, da wir einfach nicht dafür gemacht sind, Schrillionen von Nervenimpulsen zu verarbeiten. Zum anderen sind wir untrennbar mit unseren Erfahrungen aus der Vergangenheit und unserer Vorstellung davon, wie die Welt zu sein hat, verbunden.

Aber wir können, wie gesagt, die Filter austauschen. Wir können das, was uns unsere Brille zeigt, hinterfragen. Und auf einmal bekommen wir ein sehr wertvolles Geschenk: Wir beginnen, die Welt ganz neu zu sehen. Plötzlich existieren Möglichkeiten, die es vorher einfach nicht gegeben hat. Möglichkeiten, die unsere Brille zuvor ausgeblendet hat. In dem Moment, in dem wir uns selbst und unsere entdeckten Glaubenssätze hinterfragen, sie also nicht mehr automatisch glauben, nehmen wir ihnen schon einen massiven Teil ihrer Kraft. Denn alles, was wir unterbewusst als wahr voraussetzen, ist für uns eine Selbstverständlichkeit. Aber jeder Glaubenssatz, dem wir mit der Frage „Ist das wahr?" begegnen, rutscht automatisch ein Stück weit aus der Wahrheitsschublade heraus. Wir heben ihn so in unser Bewusstsein und können ihn dann nach der Überprüfung verändern.

Unsere eigenen Glaubenssätze zu überprüfen macht richtig Spaß! Denn dabei entdecken wir schnell, welche blödsinnigen Dinge dafür sorgten, dass wir uns unser eigenes Leben mitunter ziemlich schwer gemacht haben, ja, denen wir womöglich jahrelang auf den Leim gegangen sind. Männer sind Schweine! Äh, ist das wahr? Sind wirklich alle Männer Schweine? Besteht die männliche Welt echt nur aus Schweinen? Wohl kaum.

Viele Konflikte, die wir in unserem Leben haben, führen wir auf andere Menschen zurück. Keine Menschen, keine Probleme? Nein, das kann nun auch nicht die Lösung sein. Denn umgekehrt ist es ja genauso: Die schönsten Dinge, die wir in unserem Leben erleben, haben fast immer auch mit anderen Menschen zu tun. Es sind zwei Seiten derselben Medaille. Wenn wir uns bewusst sind, dass jeder Mensch um uns herum seine eigene Brille trägt, hilft uns das enorm dabei, den anderen zu verstehen, seine Perspektive einzunehmen. Jeder Mensch trägt seine eigene liegende Acht mit seiner ganz eigenen Vergangenheit, seiner eigenen Zukunft und seinem eigenen Jetzt auf der Nase. Wenn du mal wieder Stress mit jemandem hast, stell dir einfach kurz vor, wie du dir die Brille, also die liegende Acht, des anderen ausleihst und auf deine eigene Nase setzt. Du wirst die Welt auf einmal ganz anders sehen. Es gibt über sieben Milliarden Menschen auf der Welt. Jeder einzelne Mensch hat seine eigene Brille und kreiert seine eigene Welt. Wir leben alle auf demselben Planeten. Und doch lebt jeder Einzelne auf seinem eigenen Planeten. Sieben Milliarden Menschen. Sieben Milliarden Brillen. Sieben Milliarden Planeten.

> *„Nur wenn wir mit dem Herzen zuhören,*
> *ohne das Gehörte zu kommentieren, lernen wir etwas*
> *über das, was im Innern unseres Partners vor sich geht,*
> *lernen wir die Wahrheit aus einer anderen Perspektive*
> *als unserer eigenen kennen*
> *und erweitern damit uns selbst.“*

Safi Nidiaye in „Das Tao des Herzens" · deutsche Autorin & Meditationslehrerin

8

GEFÜHLE – GEDANKEN, GEFÜHLE – GEDANKEN

„Zweifel ist nichts anderes als ein positiver Wunsch
oder Gedanke, dem ein negativer folgt.
Dadurch wird auf energetischer Ebene eine neutrale
Position erzeugt und nichts erreicht.
Zweifel verhindern jeglichen Fortschritt.“

Jasmuheen in „Resonanz – Das Geheimnis der richtigen Schwingung“

australische Autorin

Schauen wir uns diese Sache mit den Gefühlen und den Gedanken noch mal etwas genauer an. Gedanken und Gefühle sind nicht per se schlecht. Im Gegenteil. Was wäre das Leben ohne Gefühle! Keine Hochs, keine Tiefs, alles wäre ziemlich fad, wie ein trockenes Toastbrot. Wie sähe wohl die Welt aus, wenn dereinst künstliche Intelligenz das Zepter übernähme. Humanoide Roboter, die nur noch aussehen wie Menschen. Androiden, die sich nur so verhalten wie Menschen. Menschenroboter, die programmiert und vorhersehbar „fühlen“, aber niemals wirklich fühlen können. Wollen wir Androiden sein? Nein, wir halten es mit Wolle Petry in seinem Smash-Hit „Wahnsinn“ und grölen laut raus: Fühle! Fühle! Fühle!

Auch Gedanken sind nicht per se schlecht. Gedanken geraten ja immer mehr in Verruf, denn das oberste Ziel aller Meditationsversuche ist schließlich, ins große Nichts zu gelangen. In den unendlichen Raum, in dem wir nichts sind, nirgendwo sind, nichts denken, nichts fühlen, sondern einfach nur als Nichts nichts sind. Ziemlich verwirrend und ziemlich schwer, sich diesen Zustand vorzustellen. Und das Ziel, nichts zu denken, kann enormen Stress auslösen. Wer nicht denkt, ist quasi erleuchtet. Das ist natürlich Quatsch. Denn schließlich sind unsere Gedanken ein wunderbares Werkzeug. Die Frage ist nur, wie wir sie benutzen. Wir können Kopf, Verstand und Gedanken wunderbar nutzen, um proaktiv tolle Dinge in unserem Leben zu gestalten, um Probleme zu lösen, uns Geschichten auszudenken, Kunstwerke zu planen, leckere Menüs zu kreieren usw. Das ist die Kategorie „nützliche Gedanken".

Aber es gibt eben auch die andere Kategorie: Nutzlose Gedanken. Hemmende Gedanken. Begrenzende Gedanken. Das sind genau die Gedanken, von denen wir nach einer Weile, wenn sie uns vollgeplappert haben, selbst völlig genervt sind. Die uns den ganzen Tag mit ihren fiesen Kommentaren zutexten. Stell sie dir einfach vor wie die gehässige Nachbarin, die nur auf Stress und Klatsch und Tratsch aus ist. Solche Gedanken brauchen und wollen wir wirklich nicht. Und unsere Aufgabe besteht genau darin, die nervende Nachbarin in ihre Schranken zu weisen. Denn so lange sie ihr Publikum hat, schimpft und hetzt sie munter weiter.

Aber woher kommen die meisten unserer uns begrenzenden Gedanken, jene, die uns im Jetzt im Weg stehen, uns kleinhalten und daran hindern, unser volles Potential auszuschöpfen? Sie kommen aus der linken Seite unserer liegenden Acht. Aus unserer Vergangenheit. Genau da wurde irgendwann ein giftiges Unkraut-Samenkorn gelegt, das unser Jetzt und unsere Zukunft als ausgewachsene Pflanze regelrecht überwuchert. Dieses

Unkraut, löst immer wieder negative Gefühle aus und vergiftet uns von innen. Oft tragen wir diese fiesen Dinger jahrzehntelang mit uns herum.

UNKRAUT JÄTEN

Zeit, in unserem Garten mal klar Schiff zu machen! Holen wir die Spitzhacke raus und sagen dem Unkraut den Kampf an. Aber warum ist das Unkraut so giftig? Anders gefragt, was macht unsere Gedanken eigentlich so mächtig? Unsere Gedanken sind unser Super-Wonder-Antrieb. Sie können uns in die höchsten Höhen katapultieren, grandiose Dinge entstehen lassen, schönste Sachen kreieren. Aber sie können auch das komplette Gegenteil: Zerstören. Konflikte schaffen. Hemmen. Hindern. Manipulieren. Traktieren. Piesacken. Weh tun. Aber warum, um alles in der Welt, können sie das? Letztlich ist ein Gedanke doch nur ein Gedanke. Ein greifbares und omnipräsentes Nichts. Er wiegt nichts, man kann ihn nicht sehen und nicht hören.

Aber schauen wir mal genau hin. Sehen können wir unsere Gedanken nicht. Aber können wir sie nicht irgendwie fühlen? Wenn wir schöne Gedanken haben, fühlen wir uns federleicht, beschwingt, strahlend Wenn wir hingegen wütend oder verärgert sind, meinen wir dann nicht manchmal, unsere Gedanken schmecken zu können? Sind sie nicht bitter oder säuerlich und machen mit ihren Ecken und Kanten vieles in uns kaputt?

Und genau dies ist das Geheimnis der Kraft der Gedanken. Unsere Gedanken sind per se machtlos. Das, was sie so mächtig macht, ist die emotionale Aufladung. Die Gedanken sind das Auto, die Gefühle das Benzin dazu. Die Gedanken sind wie geschmackloser Reis, und unsere Gefühle geben erst die Würze hinzu. Gedanken sind das Brötchen, Gefühle hingegen der Belag. Das kann mal Marmelade, Honig oder Nusscreme sein. Oder auch Käse, Wurst oder Olivenpaste.

Ohne emotionale Aufladung wären Gedanken einfach nur harmlose Impulse, die uns kaum beeinflussen könnten. Schauen wir uns das Beispiel aus dem letzten Kapitel nochmal an: Was wäre denn der Gedanke „Männer sind Schweine!" ohne emotionale Ladung? Er hätte keinerlei Auswirkung auf dein Leben. Er wäre einfach nur da. Dieser Gedanke bekommt seine enorme Kraft von der emotionalen Bedeutung, die er für dich hat. Aber wie hängt das nun zusammen? Der Gedanke verbindet dich mit der Situation, in der er entstanden ist. Das kann auch unbewusst geschehen, also auch dann, wenn du dich an die Situation nicht mehr erinnerst. Und so wird ein harmloser Gedanke zu einem negativen Glaubenssatz. Und der wiederum löst erneut eine Emotion aus. Und je intensiver die Emotion ist, desto mehr wirkt sich der Gedanke auf dein Verhalten aus. Und was passiert dann? Dein emotional aufgeladener Gedanke programmiert dich in deinem Verhalten. Das Gift aus dem Unkraut ist schon in deinem Blutkreislauf angekommen, und du reagierst unbewusst die ganze Zeit total unentspannt auf das Thema Männer. Du willst nichts mit ihnen zu tun haben. Du kämpfst gegen sie, vielleicht genauso wie du damals gegen deinen Vater gekämpft hast. Projektionsfiguren dieses „Schweins" werden sich zuhauf in deinem Leben zeigen. Dein Partner ist genauso ignorant, dein Chef sowieso ein Arsch, und sogar dein Bruder verhält sich in deinen Augen immer mehr wie ein Schwein. Scheiß Männer aber auch! Nicht selten kämpfen Menschen ihr Leben lang einen Kampf mit einem Ersatzgegner. Dabei ist die Ursache für die Blockade in ihrem Leben eine ganz andere. Der Ersatzgegner dient nur dazu, die zugrundeliegende Blockade zum Thema zu machen. Hier sind wir wieder bei den schon erwähnten Arschengeln. Das Leben schickt sie uns so lange, bis wir das Thema dahinter gelöst haben. Und das Leben ist gnadenlos ehrlich – es lässt nicht locker.

Bei welchem Thema hast du ständig Probleme und spürst Widerstände? Mit welchen Menschen gerätst du immer wieder in Konflikte?

HENNE ODER EI?

Aber was ist nun zuerst da? Das Gefühl oder der Gedanke? Die einen sagen so, die anderen so. Gedanken erschaffen Gefühle, sagen die einen. Gefühle kreieren Gedanken, sagen die anderen. Am Ende ist das gar nicht so bedeutsam. Entscheidend ist aber, dass wir uns dieser Zusammenhänge bewusst sind. Wir können uns bei einem negativen Gedanken fragen, welches Gefühl ihm anhaftet. Andersrum genauso. Fühlen wir uns mies, sind wir frustriert oder verärgert, können wir dem damit verknüpften Gedanken auf den Grund gehen.

Gedankliche Blockaden sind immer auch emotionale Blockaden. Und emotionale Blockaden sind immer auch gedankliche Blockaden. Wenn wir negative Gedanken denken, können wir uns kaum gut fühlen. Wenn wir uns gut fühlen, haben wiederum negative Gedanken kaum eine Chance. Doofe Gedanken machen den Boden unseres Gartens fruchtbar für doofe Gefühle. Wenn wir uns aber gut fühlen, ist das der beste „Unkrautvernichter" gegen fiese Gedanken.

Der US-amerikanische Autor, Psychiater und Arzt David R. Hawkins vertritt in seinem Buch „Loslassen – der Pfad widerstandsloser Kapitulation" den Ansatz, dass Gefühle niemals mit den üblichen Methoden wie Positive Thinking, Ablenkung oder Verdrängung einfach so „weggemacht" werden können. Nein, sie lösen sich in dem Moment auf, in dem wir uns im vollen Bewusstsein den Gefühlen hingeben. Und um Hingabe geht es auch in der zweiten Phase unserer Herz-über-Kopf-Methode.

Wir hatten das in unserem Newsletter einmal so beschrieben: *„Beim Loslassen geht es darum, die Emotion zur Kenntnis zu nehmen, ihr zu erlauben, an die Oberfläche zu kommen, mit ihr zu verweilen und ihr zu erlauben, ihren Lauf zu nehmen, ohne den Wunsch zu hegen, sie verändern zu wollen oder irgendetwas gegen sie zu unternehmen. Loszulassen bedeutet einfach, dem Gefühl zu erlauben, da zu sein, und sich darauf zu konzentrieren, die Energie hinter dem Gefühl herauszulassen. Der erste Schritt ist, dir zu erlauben, die Emotion zu haben, ohne ihr zu widerstehen, sie auszuagieren, sie zu fürchten, sie zu verdammen oder moralisch zu verwerfen. Es bedeutet, jede Beurteilung fallen zu lassen und zu erkennen, dass es nur ein Gefühl ist. Die Technik besteht darin, mit der Emotion zu verweilen und alle Bemühung, sie in irgendeiner Form modifizieren zu wollen, aufzugeben. Lass los, dem Gefühl widerstehen zu wollen. Es ist der Widerstand, der das Gefühl fortbestehen lässt. Wenn du es aufgibst, dem Gefühl zu widerstehen oder es modifizieren zu wollen, wird es sich auf das nächste Gefühl verlagern und von einer angenehmeren Sinnesempfindung begleitet werden. Ein Gefühl, dem nicht widerstanden wird, wird verschwinden, weil die Energie dahinter sich verflüchtigt.“*[11]

Das Wissen um unsere Gedanken-Gefühlskette ist deshalb so wichtig, weil sie unser Leben steuert. Sie steuert, wie wir uns verhalten, was wir denken, was wir fühlen. Sie steuert, was wir aus unserem Leben machen. Gedanken, die wir aufgrund von Situationen in unserer Vergangenheit postuliert haben, lösen im Jetzt Emotionen aus, die bewusst oder unbewusst unser Verhalten bestimmen. Man könnte fast von zombiehaften Anmutungen sprechen. Der Zombie in uns will sein Unkraut weiter

---

11 https://www.newslichter.de/2015/02/der-mechanismus-des-loslassens/

verbreiten. Unser durch den negativen Gedanken und die belastende Emotion bestimmtes Verhalten im Jetzt erschafft immer wieder neue Situationen, die genau diese Sicht der Welt und unsere Gedanken darüber bestätigen und damit auch die zugehörigen Emotionen verstärken. Und dann ist alles klar für uns. Wir beginnen eine Sichtweise auf uns und die Welt zu entwickeln, die nach all den Wiederholungen meist nicht mehr hinterfragt wird. Und genau das ist verdammt gefährlich.

Glaubenssätze lassen sich also auf eine ganz einfache Gleichung herunterbrechen:

Gedanke + intensive Emotion = Glaubenssatz

GEFÜHLE ERLAUBT!

Wenn du mit unserer Herz-über-Kopf-Methode in Phase eins beginnst, kann es sein, dass gleich am Anfang eine ganz entscheidende Emotion hochkommt: Angst. Oder sogar ein Schuldgefühl. Es ist die Angst davor, überhaupt Emotionen zu haben. Die meisten von uns haben einen Widerstand in Sachen Gefühle. Denn den Umgang mit Gefühlen lernen wir in unserer Gesellschaft nicht so richtig. Im Gegenteil. Das Verdrängen von Gefühlen wird gefördert." Freu dich nicht zu früh! Sei keine Memme! Du brauchst doch keine Angst zu haben! Indianer weinen nicht! Behalte deine Gefühle für dich, Pokerface ist immer gut! Das Kind weint? Bloß schnell wieder zum Lachen bringen." Aber wehe, es lacht zu laut im Restaurant: „Bitte benimm dich, was sollen denn die anderen Gäste denken!" Durch unsere Erziehung und gesellschaftliche Glaubenssätze wird eher das Verdrängen von Gefühlen gefördert. Unsere Kinder lernen, dass sie nicht traurig sein müssen und dass Verdrängung die beste Option ist. Als Eltern verbergen wir unsere Gefühle vor den Kindern, denn wir glauben noch immer, wir müssten unseren Kindern rund um die Uhr vorspielen, dass stets alles in Ordnung ist. Natürlich ist es sinnvoll, wenn heftige Auseinandersetzungen nicht gerade neben den Kinderohren stattfinden. Aber es ist auch nötig, den Kids zu sagen, dass man gerade ein Problem miteinander hat, und dass Mama und Papa versuchen, das zu lösen. Es ist auch vernünftig, den Kids zu zeigen, dass das nicht immer einfach ist. Selten sagen Eltern ihren Kindern, dass sie selbst auch mal traurig sind und wie sich diese Emotion eigentlich anfühlt.

Was machen wir stattdessen mit unseren Kindern? Wir halten es selbst kaum aus, wenn sie ihren Gefühlen, die bei Kindern echt heftig sind, freien Lauf lassen. Der erbitterte Wutkrampf, weil Mama einen anderen Tagesplan als der Sohnemann hat. Die maßlose Enttäuschung, weil der Weihnachtsmann das falsche Spielzeug gebracht hat. Die herzzerreißenden Tränen der Tochter, weil sie ihr Lieblingskuscheltier im Park verloren hat. Wir können als Eltern kaum damit umgehen. Zum einen, weil ein schreiendes Kind für Aufmerksamkeit sorgt. Was sollen denn die anderen Leute an der Kasse denken? Die denken doch, ich bin eine schlechte Mutter und hab's voll nicht im Griff. Wir fühlen uns von den ungefilterten Emotionen, die sich bei unseren Kindern einfach ihren Weg bahnen, unter Druck gesetzt und gestresst. Warum? Weil wir selbst nie wirklich den Umgang mit unseren Gefühlen gelernt haben. Zum anderen halten wir es kaum aus, weil uns die Gefühle, der Schmerz, die Wut, der Frust und vor allem die Tränen unserer Kinder Angst machen. Denn die Gefühle übertragen sich auf uns. Nicht umsonst spricht man von „herz-zerreißend" weinenden Kindern. Es zerreißt uns das Herz. Und davor wollen wir uns schützen. Wir halten diese überbordenden Gefühle einfach nicht aus. Und auch das ist ein Grund, warum wir so schnell „Pscht! Alles gut, alles halb so wild!" oder „Jetzt komm mal wieder runter!" zu den Kindern sagen. Wir haben Angst vor unseren eigenen Gefühlen. Anstatt die Emotion einfach durchfließen zu lassen, verdrängen die Kinder schnell das vermeintlich negative Gefühl, indem wir ihnen Spielkonsole Handy, Tablet, Kekse, Gummibärchen oder Schokolade in die Hand drücken.

Und der Umstand, dass Eltern ihre negativen Emotionen vor ihren Kindern verbergen, erschwert den Kindern den Umgang mit ihren eigenen Gefühlen. Denn Kinder spüren so etwas. Immer. Gerade, wenn wir uns streiten oder eine Trennung bevorsteht. Sie nehmen die dunkle Wolke im Raum wahr, auch wenn wir als Eltern noch so fröhlich tun. Das Fatale ist, dass die Kinder sich ganz oft selbst die Schuld dafür geben, wenn sie nicht wissen, warum diese dunkle Wolke im Raum ist. Wenn für sie nicht klar ist, was da gerade passiert. Wenn geschwiegen statt offen miteinander gesprochen wird. Wir können unseren Kindern in dieser Hinsicht viel mehr zumuten, als wir oft glauben. Was wir unseren Kindern jedoch nicht antun dürfen, ist, sie mit ihrem Geschichtenerzähler allein zu lassen, der ihnen einflüstert, sie selbst seien die Schuldigen.

KEINE ANGST VOR DER ANGST!

„Aber sobald mir ein Mensch nahekommt und mich lieben will, tue ich etwas, das es vereitelt. Ich locke sie an, aber dann bekomme ich Angst und renne weg."

Djohariah Toor in „Lieder vom heiligen Berg"
US-amerikanische Familientherapeutin & Autorin

Wir dürfen also auch hinter unsere Angst sehen. Wir dürfen die Angst vor der Angst, oder generell die Angst vor Gefühlen genauso auflösen, wie wir es mit anderen Glaubenssätzen und den anhaftenden Gedanken und Gefühlen tun. Vielleicht kann das sogar die allererste Aufgabe in unserer Arbeit sein. Bevor wir anfangen, unsere Leichen aus dem Keller zu räumen, erst mal die Angst vor der Angst, die Angst vor Gefühlen anzuschauen und wegzuschmelzen.

Wir dürfen gerade den Emotionen, die wir partout vermeiden wollen, eigentlich ziemlich dankbar sein. Denn sie sind der Schlüssel zu unserer Heilung. Hinter jeder Blockade steckt eine Angst, die wir versuchen, zu umgehen. Wir blockieren uns damit doppelt: dadurch, dass wir versuchen, das, was uns beim Lösen einer Blockade Angst macht, zu vermeiden. Knoten im Hirn? Ja. Und wo Knoten sind, fließt es nicht richtig. Wir müssen also mitten rein in unsere dunklen Wälder. Der Weg geht niemals um die Angst herum, sondern durch sie hindurch.

Wenn ich Angst habe, mich zu zeigen und mein Ding zu machen, weil ich abgelehnt oder ausgelacht werden könnte, dann habe ich nur zwei Optionen: Die Angst zu vermeiden, indem ich alle möglichen Gründe und Schuldige erfinde, die mich hindern, mein Ding zu machen. Oder ich kann meine Angst kennenlernen. Und dann meinen Weg gehen. Du weißt selbst, was dich langfristig glücklich macht und erfüllt, oder?

Wie schließen wir jetzt also Freundschaft mit unserer Angst? Wie lernen wir sie kennen? Wir können einfach hinschauen. Uns die Angst ansehen. Letztlich will die Angst – als Überlebensinstinkt betrachtet – nur unser Bestes. Sie will, dass uns nichts passiert. Und genau hier liegt der Hase im Heu – oder war es im Pfeffer? Denn wollen wir wirklich, dass uns NICHTS passiert? Was für ein langweiliges Leben! Willkommen in der Komfortzonen-Vorhölle. Bloß nichts riskieren. Bloß keine Ups und Downs. Nehmen wir unsere Angst mit. Nehmen wir sie an die Hand. Sie ist unsere kleine schüchterne Freundin, der wir zeigen dürfen, wie schön und bunt das Leben ist. Wir treten die

Angst nicht von uns weg. Wir sind lieb zu ihr. Sie ist Teil von uns. Sie darf da sein. Aber sie darf uns nicht länger hemmen. Das machen wir ihr unmissverständlich klar.

Denn weißt du was? Die Angst ist ein Zwerg. Und wir selbst sind es, die sie aufpusten, die aus einem Zwerg einen Riesen machen. Das Aufpusten geschieht durch unser Verdrängen. Dadurch wird sie immer größer und größer. Und schließlich packt uns die zu einem Riesen herangewachsene Angst an der Hand und schleift uns hinter sich her. Der Riese Angst hat uns im Schlepptau und umgeht nun alle Situationen, die wir eigentlich meistern wollen. Was können wir tun, um uns aus dem Griff des aufgeblasenen Riesen zu befreien? Wir lassen einfach die Luft aus diesem Trugbild, das allein durch unsere Verdrängung entstanden ist. In dem Moment, wo ich meine Angst fühle, sie da sein lasse, kennenlerne und umarme, entweicht die Luft aus diesem Riesen und die Angst schrumpft zusammen. Sie ist wieder nur ein Zwerg. Die Angst ist zwar nicht weg, aber sie ist klein. Und jetzt kann ICH sie an die Hand nehmen und kann meine mutigen Schritte gehen. Denn jetzt bin ICH größer als meine Angst.

Wenn wir uns erlauben, die Angst anzusehen, fühlen wir sie auch. Dabei geht es nicht darum, dass wir uns von der Angst durchschütteln lassen. In dem Moment, wo wir die Angst bewusst wahrnehmen, verliert sie schon einen Teil ihrer Macht. Je weiter wir in sie eintauchen, desto mehr entspannt sie sich. Und wir uns mit ihr. Wenn wir die Angst ohne Widerstände immer intensiver fühlen, kann sich die blockierte Energie lösen und wir müssen ihr in unserem Leben nicht mehr ausweichen, da wir sie ja schon kennen. Durch das Wahrnehmen der Gefühle, durch das Eintauchen und „nach Hause holen", durch unsere komplette Hingabe, wird eine Unmenge an Energie frei. Vorher haben wir sehr viel Energie aufgebracht, um die Angst nicht zu fühlen. Nun können wir all diese Energie neu investieren und umlenken. Und das machen wir in Phase drei.

Die meisten von uns schieben ihre Ängste immer vor sich her. Oder verdrängen sie. Erlauben wir uns doch stattdessen, in sie hineinzusinken, uns ihr hinzugeben! Denn hier entsteht Entspannung. Wir lassen uns fallen. Lassen los. In dem Moment, wo wir loslassen und eintauchen, verliert die Angst ihren Schrecken, ihren Schmerz. Wenn ich meine Angst zusammendrücke, z.B. durch Verdrängung, wird sie groß, mächtig und schmerzhaft.

Was ist dieser Schmerz eigentlich? Schauen wir uns auch diesen mal genauer an. Denn der Schmerz, den ich fühle, erfolgt nie aus dem Gefühl selbst. Er entsteht immer aus dem Widerstand gegen das Gefühl. Wenn ich zum Beispiel eine schmerzhafte Trauer spüre, dann ist es das NEIN in der Trauer, das den Schmerz verursacht. Es geht also letztlich immer alles zurück auf eine ganz simple Sache: NEIN oder JA? Es geht immer um dein Nein oder dein Ja. Sagst du „nein" zu deinen Gefühlen? Oder sagst du „ja" zu deinen Gefühlen? Sagst du „ja" zum Leben? Oder sagst du „nein" zum Leben? Sagst du „ja" zu dir? Oder sagst du „nein" zu dir? Ja. Nein. Das ist alles. Ja oder Nein, das ist letztendlich die Kurzfassung unserer Herz-über-Kopf-Methode. Ja heißt immer: aufmachen. Nein heißt immer: dichtmachen. Schon der Ausdruck „ja" ist schließlich ein weiches Wort, ein entspannendes Wort, ein Wort, das fließt. Wenn ich ins „Ja" gehe, lösen sich die Emotionen. Ein „Ja" entspannt. Immer.

Tauche in den See deiner Emotionen ein. Der See ist voll mit Angst. Oder voll mit Wut. Oder voll mit Trauer. All diese Gefühle bestehen aus verdrängter, verneinter Energie. Zusammengeballt zu einer explosiven Ladung. Verdrängte Gefühle, zum Beispiel eine zusammengepresste Wut, sind wie eine Handgranate! Gebe ich der gleichen Energie jetzt ein größeres Gefäß, vermindere ich den Druck und die Handgranate verliert ihre Ladung. Wenn wir uns unsere Gefühle ansehen, geht es darum, unser inneres Gefäß zu weiten. Wir dehnen unser Gefäß aus, wir weiten es. Damit wird die Energie weicher und kann einfacher abfließen.

„Blinder als blind ist der Ängstliche.“

Max Frisch in „Biedermann und die Brandstifter" · deutscher Autor

In unseren Meditationen laden wir die Angst ein und geben ihr sogar eine Form. Vielleicht zeigt sie sich als ein Tier oder eine andere Gestalt vor unserem inneren Auge. So können wir mit ihr reden und ihr näher kommen. Wir können verstehen, wovor unsere Angst Angst hat. So eine Angst will am Ende des Tages auch nur liebgehabt und ernst genommen werden. Deshalb sagen wir ihr vielleicht folgendes: „Liebe Angst, du gehörst zu mir. Komm her, ich will dich fühlen. Wir schaffen das zusammen, okay?"

Es kann sein, dass sich deine Angst als ein verschüchterter, niedlicher Wuschelknubbel mit großen Augen zeigt. Es kann auch sein, dass deine Angst als hässliche Fratze erscheint. Egal wie sie aussieht, sieh sie dir genau an. Frag sie, was sie befürchtet und wovor sie dich beschützen will. Und dann ist es an dir, zu entscheiden, ob du ihr zustimmst oder nicht. Unsere Angst hat eine Daseinsberechtigung, denn es ist völlig okay, wenn sie uns davor warnt, aus dem 10. Stock zu springen. Sie kann uns aber auch massiv in unserem Wachsen behindern.

SPINNENANGST: SVEA

Svea kam für ein Coaching zu uns. Sie hatte gerade ihr Studium abgeschlossen. An
und für sich nichts Besonderes. Aber Svea
hatte für ihr Studium 14 Jahre gebraucht.
Warum? Weil sie Angst davor hatte, in die Firma ihres Vaters ein-
zutreten. Svea blockierte sich selbst komplett. Beziehungsweise
war es Sveas Angst, die sie erstarren ließ.

Die Angst zeigte sich ihr in der Meditation, die wir mit ihr mach-
ten, als eine Spinne. Svea hasst Spinnen, und es fiel ihr schwer, das
auszuhalten und hinzusehen. Svea weigerte sich inständig, diese
Angst anzunehmen. Sie wollte diese Spinne nicht in ihrem Leben
haben. Doch die Spinne war genauso verletzlich wie Svea selbst.
Und je mehr Svea sie ablehnte, desto hässlicher, größer, bedrohli-
cher, wütender und aggressiver wurde ihre Spinne.

Wir unterstützten Svea darin, ihre Angst besser kennenzulernen,
indem sie sich ihr näherte, sie als ihre Angst anerkannte und sie
einfach da sein ließ. So sehr sie während des Coachings auch immer mal wieder gegen die Angst ankämpfte und alles abbrechen
wollte, blieb sie dennoch dran. Sie war bereit, sie zu fühlen, denn
sie wusste, dass sie sich nur so aus ihren selbstgemachten Fängen
befreien würde. Nach einiger Zeit konnte Svea sich entspannen
und öffnen. Sie betrachtete die Spinne. Und sie erkannte in dieser
Spinne sich selbst. Svea konnte ihr sagen: „Okay. Du gehörst zu
mir. Du bist meine Angst." Die Spinne verlor ihr bedrohliches Äu-
ßeres, wurde weicher und ansehnlicher. „Ich habe dich lange verdrängt. Ich bin jetzt bereit, dich zu sehen und kennenzulernen.
Entschuldige, dass ich dich so lange allein gelassen habe!"

Wir dürfen unsere Angst pur fühlen. Lassen wir die Geschichte
der Angst weg. Egal, ob es die Angst vor Ablehnung, die Angst

vorm Verlassenwerden oder die Angst zu scheitern ist, lassen wir uns nicht länger von ihrer Geschichte gefangenhalten. Denn wenn wir in der Geschichte gefangen sind, können wir gar nicht in das „Ja" hineingehen. Wenn wir aber die Geschichte für einen Moment loslassen und die Emotion, die sich in unserem Körper abspielt, fühlen, entsteht in uns eine Weite. Wir können die Verbindung zur Geschichte loslassen und dennoch die Angst spüren. In der neuen Weite können wir die Angst sich bewegen lassen, sich ausweiten lassen, sich vielleicht sogar über unsere Körpergrenzen hinausbewegen lassen. Wir können eintauchen. Loslassen.

Und dann passiert immer wieder dasselbe: In dem Moment, in dem wir den Widerstand aufgeben und loslassen, wird alles in uns weich. Wenn wir hindurchgehen, ist es wie in einer Sanduhr. Oben sinken wir in den Sand hinein. Dann wird es zwar nochmal eng. Aber wenn wir den Engpass überwunden haben, fallen wir unten in einen weiten, weichen Raum. Dort ist alles leicht und friedlich. Dort warten unser Herz und die Liebe. Wir haben die Gefühle befreit. Sie können sich verwandeln. Das Nadelöhr in der Sanduhr können wir nur passieren, wenn wir „ja" sagen. Das „Ja" macht uns leicht, weich und flexibel, wir fließen durch den Engpass hindurch. Wenn wir jedoch „nein" sagen, im Widerstand sind, sind wir hart und sperrig, passen nicht hindurch.

Wenn du aufrichtig bereit bist, dich deiner Angst zu nähern, in sie hinein zu tauchen, wenn du sie einfach nur fühlst, ohne dich um die Geschichte dahinter zu scheren, geschieht immer dasselbe Wunder: Das Bild deiner Angst verändert sich sofort. So auch bei Svea: Die wütende Spinne verwandelte sich letztlich in einen schützenden Regenschirm, auf dem lauter kleine, niedliche Spinnen mit Kulleraugen abgebildet waren. Als wir Svea fragten, ob sie sich vorstellen könne, dass ihre Angst sie eigentlich nur schützen will, konnte sie dies sofort bejahen. Svea war nun bereit, ihre Angst in Form des Schirms überall mit hin zu nehmen. Und sie konnte von nun an entscheiden, ob sie ihn aufspannte oder nicht.

Durch ihren Widerstand hatte Svea die Spinne erst so groß werden lassen. Je mehr sie sich gegen die Angst gewehrt hatte, desto stärker war diese geworden. Meditationen helfen dabei, solche inneren Bilder entstehen zu lassen.

„Da Vergänglichkeit für uns gleichbedeutend ist mit Schmerz, klammern wir uns verzweifelt an die Dinge, obwohl sie sich ständig ändern. Wir haben Angst, loszulassen, wir haben Angst, wirklich zu leben, weil Leben Lernen Loslassen Lernen bedeutet. Es liegt eine tragische Komik in unserem Festhalten: Es ist nicht nur vergeblich, sondern es beschert uns genau den Schmerz, den wir um jeden Preis vermeiden wollten. Die Absicht hinter dem Greifen ist nicht unbedingt schlecht. Es ist an sich nichts falsch an dem Wunsch, glücklich zu sein; weil aber das, wonach wir greifen, von Natur aus ungreifbar ist, schaffen wir uns immer nur Frustration und Leiden."

Sogyal Rinpoche in „Das tibetische Buch vom Leben und vom Sterben"
tibetischer Meditationsmeister

9
GLAUB NICHT ALLES, WAS DU DENKST!

„Wir halten unsere eigenen Gedanken, diese bloßen Bilder der Wirklichkeit, für Wirklichkeit und gestatten unseren Emotionen, darauf zu reagieren. Diese Emotionen erzeugen durch den Wunsch, diese Störung zu beheben, noch mehr Gedanken, und damit schließt sich der tödliche Kreislauf. Ohne Unwissenheit über die Wirklichkeit würden wir nicht über sie nachdenken, ohne den Gedankenstrom gäbe es keine verzweifelten Emotionen, unser Geist wäre in Frieden, und wir bräuchten nicht zu denken.“

Samuel Bercholz und Sherab Chödzin in „Ein Mann namens Buddha"
US-amerikanische Autoren und Verleger

Unser Gehirn ist eine wunderbare, faszinierende und großartige Wundermaschine. Was unser Denkding alles bewerkstelligen und steuern kann, macht uns immer wieder sprachlos. Einfach Wahnsinn. Worin unser Hirn, abgesehen von den vielfältigen biologischen Steuerungsmechanismen, besonders gut ist: Gedanken produzieren. Unser Ge-

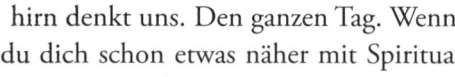

hirn denkt uns. Den ganzen Tag. Wenn du dich schon etwas näher mit Spiritualität beschäftigt hast, dann weißt du sicher auch bereits, dass wir nicht unsere Gedanken sind. Wir sind auch nicht unsere Gefühle. Unser sogenanntes Selbst ist das Ding dahinter. Ich bin der Beobachter, ich bin die Instanz hinter den Gedanken und Gefühlen. Hier passt wieder ganz gut das Bild mit dem Kino. Eigentlich sitzt unser Selbst jeden Tag gemütlich im Kino und schaut seinen Lebensfilm an. Nämlich genau das, was unsere Gedanken und Gefühle auf die Leinwand projizieren.

Können wir unsere Gedanken steuern? Nein, das ist ein Trugschluss. Gedanken kommen und gehen. In allen erdenklichen Farben und Formen fluten sie unser Hirn. Gedanken sind wie Überraschungs-Eier. Wir können zwar nach Lust und Laune einfach mal an einen rosa Waschbären in einem grünen Bikini denken, der einen Cocktail mit Schirmchen in der Pfote hält. Und das Bild erscheint. Aber schon einen Augenblick später kommt der nächste unbekannte und nicht vorhersehbare Gedanke um die Ecke. Und selbst wenn wir unsere Gedanken vielleicht für mehr als nur einen Waschbär-Moment kontrollieren könnten, müssten wir uns die Frage stellen, ob wir so überhaupt leben wollen würden. Wir würden in unserem Leben ja gar nichts mehr auf die Kette kriegen, wenn wir nur damit beschäftigt wären, zu bestimmen, was der nächste Gedanke sein soll. Mal davon abgesehen, dass ein bewusst gedachter Gedanke auch von einem unbewussten Gedanken überlagert werden kann. Du kennst das sicher: Da sitzt du stundenlang vor deinem Rechner, schreibst vielleicht deine Hausarbeit fürs Studium, denkst konzentriert nach, tüftelst an Formulierungen und Formeln, und gleichzeitig ploppen im Hinterkopf Dinge auf wie „Ich habe keine Lust mehr", „Ich muss noch Mama anrufen", „Ich will ein Spaghetti-Eis!" oder „War Blau eigentlich schon immer meine Lieblingsfarbe?"

Der US-amerikanische „Supercoach" Michael Neill[12] beschreibt die Sache mit den Gedanken in seinem Buch „The space within" auf eine witzige und sehr anschauliche Art und Weise. Er sagt, wir alle hätten in unserem Kopf eine Art von niemals stillstehender Play-Doh-Fabrik. Play-Doh hattest du bestimmt auch schon mal in der Hand, das ist diese bunte Knetmasse, die Kinder einfach lieben. Es gibt für Play-Doh unendlich viele verrückte und coole Spiel- und Bastelideen. Unser Hirn ist die Fabrik. Es stellt ununterbrochen Play-Doh her. Und das purzelt in allen möglichen Farben und Formen aus dem Fabriktor. Immer und unendlich. Wir wissen nie, welche Form und welche Farbe als nächstes kommt. Play-Doh ist immer da. Durch Meditation können wir mal kurz auf „Stop" drücken. Die Fabrik unterbricht die Produktion. Aber sobald wir wieder aus der Meditation zurückkommen, brummt die Maschine weiter und produziert und produziert und produziert. Eckhart Tolle sagte mal, Frieden liege zwischen zwei Gedanken. Und vielleicht können wir uns das auch genau so vorstellen: Zwischen zwei Knetstückchen liegt es, das Glück.

Geben wir also den Kampf gegen unsere Gedanken auf. Gegen die haben wir eh keine Chance. Zumindest nicht, wenn wir den Anspruch haben, sie kontrollieren und steuern zu können. Die Fabrik ist übermächtig. Noch niemand konnte sie langfristig zum Stillstand zwingen.

Was wir aber sehr wohl können: Uns der Existenz unserer Gedanken-Knete-Fabrik bewusst sein. Und wir können die Produkte der Fabrik bewusst beobachten. Aber die Fabrik erzeugt nicht uns selbst. Wir können uns sehr genau ansehen, wie das

---

12 https://www.michaelneill.org

Produkt aussieht. Welche Farbe hat es? Welche Form? Vor allem aber können wir uns fragen: Stimmt das alles, was ich da sehe und wahrnehme? Denn das „Hauptproblem" mit unseren Gedanken ist ja, dass wir immer glauben, dass sie wahr sind. In dem Moment aber, wo wir sie beobachten und in die Überprüfung gehen (Stimmt das?), produzieren wir neue Gedanken.

Wir dürfen mit unserem Kopf, unserem Verstand, unserem Hirn versöhnlich umgehen. Denn unser Kopf meint es nicht böse, wenn er uns Gedanken vorsetzt, die uns eigentlich nicht dienen. Aber unser Verstand produziert nichts anderes. Deshalb liegt es an uns, ihn dabei zu unterstützen, andere und neue Gedanken zu liefern. Und genau das geschieht, wenn wir bestehende Gedanken hinterfragen und überprüfen. Wenn du zum Beispiel ständig denkst „Ich bin nicht gut genug", dann produzierst du diesen Gedanken so lange, bis du etwas Neues hast. Deshalb ist das Überprüfen unserer Gedanken so wichtig. Denn dann werden neue Gedanken abgespeichert und mit den entsprechenden emotionalen Ladungen verknüpft.

Unsere Gedankenfabrik richtet ihre Produktion nach dem Input aus, den sie bekommt. Und diesen wiederum liefert ihr die linke Seite der liegenden Acht. Unsere Erfahrungen der Vergangenheit.

DU ERZÄHLST DIR SELBST GESCHICHTEN

„Das Denken ist die Basis von allem.
Es ist wichtig, dass wir jeden unserer Gedanken
mit dem Auge der Achtsamkeit erfassen."

Thich Nhat Hanh in „Die fünf Pfeiler der Weisheit" · tibetischer Gelehrter

Ist das „Denken" nun schlecht? Nein, natürlich nicht. Aber wir können ja einmal ausprobieren, was sich alles verändert, wenn wir uns einfach mal neben den Gedankenstrom stellen. Wir stehen neben dem Fließband. Und beobachten es nur noch.

Letztlich erzählt uns unser Gehirn nichts anderes als Geschichten. Den ganzen lieben langen Tag lang. Unsere Gedanken sind Story-Fragmente. Und wir schnappen uns die Stücke der Gedanken-Knete von unserem Fließband und bauen uns daraus unser Leben zusammen. Und wovon sind die Geschichten abhängig? Von der Brille, die wir tragen. Unsere Brillen und unsere Fabrik sind sozusagen ein Team.

Unser Gehirn hat die Aufgabe, uns sicher durch unser Leben zu bringen. Es interpretiert ständig alle zur Verfügung stehenden aktuellen und auch abgespeicherten Informationen und baut

uns daraus eine schlüssige Geschichte. Unser Gehirn ist ein Profi-Geschichtenerzähler.

Der US-amerikanische Hirnforscher und Neurowissenschaftler Michael Gazzaniga[13] bewies genau das in einer seiner „Split-Brain-Studien". Gazzanigas Hauptinteresse galt dem Gehirn und seiner gespaltenen Beschaffenheit. Er bewies in seiner Studie, dass die linke Seite unseres Gehirns tatsächlich wie eine Art Geschichtenerzähler funktioniert. Die linke Gehirnhälfte erzählt nicht nur Geschichten, sondern interpretiert und analysiert alles, was ihr serviert wird. Gazzaniga arbeitete mit Patienten, deren Gehirnhälften nicht mehr miteinander kommunizieren konnten, da der Verbindungssteg durchtrennt worden war, wie zum Beispiel bei der Behandlung von Epilepsie. Der Wissenschaftler ließ die Patienten mit ihrem linken und rechten Auge jeweils unterschiedliche Bilder wahrnehmen, die rein gar nichts miteinander zu tun hatten. Einen Hühnerfuß und eine Schneeschaufel etwa. Das Gehirn der Patienten ließ sofort eine Geschichte entstehen: Mit einer Schaufel kann ich den Hühnerstall sauber machen.

Man spricht auch von der „Evolution des Denkens", wie es Michael Gazzaniga in einem 1998 erschienenen Artikel beschreibt:

„Der Interpretier-Mechanismus des linken Gehirns arbeitet unausgesetzt hart, um die Bedeutung von Ereignissen herauszufinden. Er sucht unablässig nach einer Ordnung und einem Sinn, auch wenn dergleichen nicht vorhanden ist – und macht dabei so manchen Fehler. Er neigt dazu, übermäßig zu generalisieren, und schafft so häufig eine Vergangenheit, die zwar hätte sein können, aber so nicht war.

---

13 https://de.wikipedia.org/wiki/Michael_Gazzaniga

Zu dieser Deutung passt das erfinderische Verhalten des Menschen in einem einfachen Test, wie George L. Wolford vom Dartmouth-College berichtet. Dabei erscheint ein Lichtfleck auf einem Computerbildschirm bald oben und bald unten, und man soll mittels Knopfdruck voraussagen, wo er wohl das nächste Mal aufblitzen wird. Der Test ist nun so eingerichtet, dass es in acht von zehn Fällen oben aufblitzt, wobei ein Zufallsgenerator die Reihenfolge festlegt. Die Häufung im oberen Teil bemerkt jeder Teilnehmer rasch. Doch praktisch jeder versucht unbeirrt weiter irgendein Muster, irgendeine Regelmäßigkeit zu erkennen. Mit diesem Ansatz ist die Trefferquote aber allenfalls 68 Prozent. Würde man sich generell nur für oben entscheiden, hätte man eine von 80.

Ratten und andere getestete Tiere hingegen machen es sich in solchen Versuchen leichter und erlernen bereitwillig die bequeme Lösung: nur noch den oberen Knopf zu wählen. Gerade so macht es in dem geschilderten Experiment übrigens unsere rechte Hemisphäre: Sie versucht gar nicht erst, das Geschehen zu interpretieren und Sinn darin zu finden. Sie beschränkt sich darauf, den Anforderungen des Augenblicks zu genügen – und behält bei diesem Test in vier von fünf Fällen recht. Fragt man jedoch das linke Gehirn, warum es unbedingt das Muster herausfinden möchte, hat es immer gleich eine Theorie parat, und sei sie noch so weit hergeholt.

Diese besondere Gabe, Geschichten um Tatsachen herum zu erfinden, erklärt sich am besten von der Evolution her. Im Tierreich sind die Fähigkeiten der Gehirne im Allgemeinen nicht lateralisiert; vielmehr gibt es eine Tendenz zu einigermaßen gleich starker Repräsentation in beiden Hemisphären. Sofern bei Affen Anzeichen für eine gewisse Seitenspezialisierung vorliegen, sind sie doch selten und widersprüchlich. [...]

Die Vorteile eines solchen Systems sind offensichtlich. Indem es sich nicht damit begnügt, Ereignisse nur zu beobachten, sondern nach den Ursachen fragt, kann es im Wiederholungsfall besser damit fertig werden. [...]

Nach vielen Jahren aufregender Forschung über das geteilte Gehirn sieht es so aus, dass die erfinderische, interpretationsfreudige linke Großhirnhälfte ein ganz anderes bewusstes Erleben hat als die wahrheitsgetreue, prosaische rechte. Auch wenn man beiden Bewusstsein zusprechen kann: Das des linken Gehirns übertrifft das des rechten bei weitem."[14]

Unsere linke Gehirnhälfte ist also voll der Freak, der es liebt zu puzzlen. Alle Teile unseres Lebens müssen irgendwie zusammengepuzzelt werden. Unsere linke Hemisphäre will sich auf alle Sinneswahrnehmungen einen Reim machen. Das tut sie mit einem hehren Ansatz: Sie will uns damit beschützen. Gerade früher, als wir noch in der Steinzeit unterwegs waren, war dies enorm wichtig. Jeder Fehler konnte uns augenblicklich das Leben kosten. Blaue Beere = gut. Rote Beere = ups, vergiftet. Und auf einmal sind alle roten Beeren gefährlich.

Michael Gazzaniga konnte mit seiner Arbeit auch beweisen, dass unserer linken Hirnhälfte die Wahrheit ziemlich egal ist: Das, was zählt, ist einzig und allein, dass die Geschichte einen Sinn ergibt. Und vielleicht erklärt das auch – eine Bemerkung am Rande – den Erfolg von all den Klatsch-und-Tratsch-Zeitschriften wie „Frau im Spiegel" oder „Bunte". Wir wollen gar nicht die Wahrheit. Wir wollen Geschichten.

Wir können jetzt also viel besser verstehen, dass wir einen Profi-Geschichtenerzähler zwischen unseren Ohren sitzen haben. Ob wir wollen oder nicht, wir haben bei ihm die Geschichten-Flatrate gebucht. 24/7, rund um die Uhr. Der braucht keine Pausen

---

14 https://www.spektrum.de/magazin/rechtes-und-linkes-gehirn-split-brain-undbewusstsein/824991

und keinen Urlaub. Wir kriegen den nicht still. Keine Chance. Vergiss es. Der plappert und plappert und plappert. Aber: Wir können entscheiden, ob wir ihm die Geschichten glauben oder nicht. Lass ihn plappern. Alles gut. Aber glaub nicht alles, was er dir erzählt. Folglich ist einer der wichtigsten Bausteine unserer Methode: Glaub bloß nicht alles, was du denkst.

Es gibt unzählige Beispiele, die diesen Zusammenhang entlarven. Und wir alle fühlen uns immer wieder ertappt dabei. Denn der Geschichtenerzähler ist verdammt gut. Es ist schwer, sich seiner Kunst zu entziehen. Die berühmteste Beschreibung dieses Mechanismus' ist Paul Watzlawicks Geschichte mit dem Hammer.

„Ein Mann will ein Bild aufhängen. Den Nagel hat er, nicht aber den Hammer. Der Nachbar hat einen. Also beschließt unser Mann, hinüberzugehen und ihn auszuborgen. Doch da kommt ihm ein Zweifel: ,Was, wenn der Nachbar mir den Hammer nicht leihen will? Gestern schon grüßte er mich nur so flüchtig. Vielleicht war er in Eile. Vielleicht hat er die Eile nur vorgeschützt, und er hat was gegen mich. Und was? Ich habe ihm nichts getan; der bildet sich da etwas ein. Wenn jemand von mir ein Werkzeug borgen wollte, ich gäbe es ihm sofort. Und warum er nicht? Wie kann man einem Mitmenschen einen so einfachen Gefallen abschlagen? Leute wie dieser Kerl vergiften einem das Leben. Und dann bildet er sich noch ein, ich sei auf ihn angewiesen. Bloß weil er einen Hammer hat. Jetzt reicht's mir wirklich!' – Und so stürmt er hinüber, läutet, der Nachbar öffnet, doch bevor er ,Guten Tag' sagen kann, schreit ihn unserMann an: ,Behalten Sie Ihren Hammer!'"[15]

Oder stell dir vor, du bist bei einem unserer Seminare dabei. Während der Mittagspause setzt du dich mit deinem Teller an

---

15 https://www.spektrum.de/magazin/rechtes-und-linkes-gehirn-split-brain-undbewusstsein/824991

einen Tisch, an dem bereits ein anderer Teilnehmer sitzt. In dem Moment als du dich gerade hinsetzt, steht dieser auf und setzt sich an einen anderen Tisch, an den sich gerade einige weitere Teilnehmer gesetzt haben. Und jetzt lausche mal in dich hinein, hör mal hin. Denn jetzt gibt dein innerer Märchenonkel so richtig Vollgas! Welche Geschichte erzählt er dir jetzt? Du könntest ja einfach nur die Tatsachen sehen, die sachlichen Fakten: Ich setze mich an einen Tisch. Ein anderer Mensch steht auf und setzt sich an einen anderen Tisch. Nicht mehr und nicht weniger. Wie im vorangegangenen Kapitel schon beleuchtet, erlangen unsere Gedanken erst dann Macht, wenn wir Emotions-Etiketten dranhängen. Solange kein Gefühl damit verbunden ist, macht uns das, was gerade passiert, rein gar nichts aus. Was soll es uns auch schon ausmachen? Ich sitze. Jemand anderes ist aufgestanden. Was soll daran schlimm sein? Eben.

Aber dann hat dein Geschichtenerzähler seinen großen Auftritt. Er kann das nicht einfach so unkommentiert und uninterpretiert durchgehen lassen. Auf gar keinen Fall! Und so sucht er nach Mustern und Zusammenhängen. Denn wie wir ja weiter oben schon gelernt haben, will er unbedingt jedes einzelne Teil in sein riesiges Puzzle des Lebens einfügen. Und so schaut er, welche Puzzleteile schon da sind, die passen könnten. Er checkt in Windeseile ab, was dein Gehirn auf seiner Festplatte so gespeichert hat. Und dann legt er los. Und er ist gut:

„Er findet mich doof und will nichts mit mir zu tun haben. Eigentlich finden mich ja hier alle doof. Es war ein Fehler, hierher zu kommen. Das sind hier eh alles Arschlöcher. Ich fahr heim. Die können mich alle mal!"

Vielleicht ist dein Märchenonkel aber auch gnädig mit dir und erzählt dir folgende Variante:

„Ach, vielleicht hat er mit der Person, mit der er jetzt redet, noch etwas zu besprechen. Und eigentlich ist das auch total egal. Ist ja seine Sache. Und eigentlich ist es auch ganz schön, hier alleine zu sitzen und das Seminar zu verarbeiten. Ich brauche eh gerade etwas Ruhe. Eigentlich bin ich froh, dass er weg ist, da muss ich keinen Smalltalk machen."

Mit welcher Geschichte fühlst du dich besser? Welche Geschichte hat auf den weiteren Verlauf deines Tages welchen Einfluss? Und mal ganz ehrlich, wie oft erzählst du dir diese Art Geschichten? Wie oft glaubst du deinem inneren Märchenonkel?

DEIN MANTRA

Glaub bloß nicht alles, was du denkst. Glaub bloß nicht alles, was du denkst.

FRAG DOCH EINFACH MAL NACH: IST DAS WAHR?

Es gibt eine ziemlich einfache und in dieser Einfachheit doch geniale Möglichkeit, unserem Geschichtenerzähler auf die Schliche zu kommen. Unsere linke Gehirnhälfte hat unendlich viele Möglichkeiten, eine einfache Tatsache in jede nur erdenkliche Richtung hin zu interpretieren. Sie kann jede Erinnerung, jedes Gefühl, jeden Gedanken und jeden Glaubenssatz aus der Vergangenheit miteinander kombinieren und daraus ein ziemlich überzeugendes „Aha, so ist das also!" machen. Sherlock Holmes? Von wegen. Eher Baron von Münchhausen.

In dem Moment, wo wir den Geschichtenerzähler in uns erkennen und annehmen, nehmen wir ihm schon einen großen Teil seiner Macht. Wir können uns alle Geschichten, die er uns erzählt, anhören. Müssen wir ja zwangsweise auch, denn er plappert schließlich ohne Unterlass. Aber wir haben nun ein wunderbares Tool zur Hand, welches wir eigentlich immer mit uns führen sollten: das Fragezeichen.

Wir können uns die Geschichten anhören und sie in Frage stellen. Du kannst dich fragen, woher du diesen Gedanken kennst und ob du ihn vielleicht einfach nur unbewusst übernommen hast. Vielleicht existiert dieser Glaubenssatz, dieser Gedanke oder diese Geschichte schon seit Generationen in deiner Familie?

Schließlich hat jeder von uns seinen eigenen Märchenerzähler im Gehirn. Und Märchenonkel lieben es, ihre Geschichten an die kommenden Generationen weiterzugeben. Das wollte schon der Märchenerzähler deiner Großeltern, der seine Storys deinen Eltern erzählte. Und deine Eltern gaben diese Geschichten unhinterfragt an dich weiter. Und du? Was machst du? Steigst du aus aus dieser Serie? Oder hast du auch schon einige deiner Geschichten weitergegeben? An deine Kinder? An Freunde? An deinen Partner? Welche Märchen hast du dir erzählen lassen, und welche hast du schon weiter gegeben?

Der magische Moment tritt ein, wenn wir einen alten Glaubenssatz hinterfragen und dann Beispiele in uns selbst finden, warum auch das Gegenteil oder eine Umkehrung wahr sein könnte, mit der wir den alten Glaubenssatz lösen und überschreiben können. Wir müssen uns einfach weitere, neue, andere Geschichten erzählen. Wir schlagen den Märchenerzähler mit seinen eigenen Waffen. Je mehr Beispiele wir finden, umso besser speichert das Gehirn die neue Erkenntnis ab. Wir programmieren uns regelrecht um.

Fragezeichen sind unser Master-Werkzeug für unser Leben und unser tägliches Miteinander. Sie sind ein magisches Tool. Vor allem, wenn wir sie hinter unsere Gedanken und Überzeugungen setzen. Die in Kalifornien lebende Ikone der Fragezeichen, Byron Katie, hat eine einfache und genial effektive Methode etabliert, mit der wir uns selbst hinterfragen und umprogrammieren können. Sicher hast du auch schon davon gehört: „The Work".[16]

Was ist „The Work"? Diese Methode besteht aus zwei Phasen: In der ersten Phase siehst du dir dein Problem genau an. Ohne Rücksicht auf Verluste kotzt du dich regelrecht darüber aus, was dich an einem anderen Menschen oder einer Situation stört, und schreibst auf, wie es deiner Meinung nach sein sollte. Das dazugehörige Arbeitsblatt stellt Byron Katie kostenlos im Internet zur Verfügung.[17]

---

16 http://thework.com/sites/deutsch/

17 https://thework.com/wp-content/uploads/2019/03/Arbeitsblatt_UrteileUberDeinenNachsten.pdf

Nachdem du dich lang und breit ausgekotzt hast, geht es in die zweite Phase, die Untersuchungsphase. Hier nimmst du dir jeden einzelnen (Glaubens-) Satz aus deiner „Kotztüte" zur Brust. Vielleicht steht da zum Beispiel „Sie liebt mich nicht!"

Diesen einen Satz sezierst du nun mithilfe von vier magischen Fragen und mehreren Umkehrungen. Simple Fragen und Umkehrungen, die dein Denken und dein Leben auf den Kopf stellen können. Damit befreist du dich Stück für Stück von limitierenden und stressigen Gedanken und Glaubenssätzen. Auch dieses Arbeitsblatt stellt Byron Katie kostenfrei zur Verfügung.[18]

Bleiben wir also bei dem Gedanken „Sie liebt mich nicht!" und untersuchen ihn mit folgenden vier Fragen. (Du kannst auch gern einen anderen stressigen Gedanken oder Glaubenssatz nehmen, der dich gerade belastet):

- Ist das wahr?
- Kannst du mit absoluter Sicherheit wissen, dass das wahr ist?
- Wie reagierst du, was passiert, wenn du diesen Gedanken glaubst? (Wie geht es dir? Wie bist du? Was macht das mit dem anderen? Wie ist die Situation?)
- Wer wärst du ohne den Gedanken? (Wie geht es dir? Wie bist du? Was macht das mit dem anderen? Wie ist die Situation?)

Dann geht es an die Umkehrung. Tun wir etwas ganz verrücktes und drehen den Gedanken einfach mal in verschiedenen Richtungen um! Und dann finden wir, pro Umkehrung, mindestens drei Beispiele, warum auch dieser Gedanke wahr sein könnte.

---

18 https://thework.com/wp-content/uploads/2018/02/obaat_de_20jun2017_a4.pdf

Was passiert da? Durch die Beispiele, die wir in uns selbst finden, geben wir dem Geschichtenerzähler neues Material zum Denken. Er hatte bisher nichts anderes, und durch unsere Beispiele dafür, dass auch die Umkehrung des bisherigen Gedankens wahr sein könnte, rütteln wir ihn auf und er bildet neue, positive Geschichten. In dem Moment, in dem er merkt, dass seine alte Interpretation nicht wahr ist, beginnt er die neuen Erkenntnisse abzuspeichern.

Es geht letztlich nur darum, zu erkennen, dass alles eine Frage der Perspektive ist, dass es zig mögliche Wahrheiten geben könnte. Wir erinnern uns: Sieben Milliarden Menschen, sieben Milliarden Planeten, sieben Milliarden Brillen, Sieben Milliarden Wahrheiten. Wir wollen unserem Verstand, bzw. vor allem der linken Gehirnhälfte zeigen, in was für einer Suppe sie schwimmt. Und ihr andere Möglichkeiten anbieten. Genau darum geht es: Andere Möglichkeiten finden.

Wie könnten in unserem Beispiel „Sie liebt mich nicht!" die Umkehrungen aussehen?

- Ins Gegenteil umkehren: „Sie liebt mich." → Finde drei Beispiele, die belegen, dass sie dich sehr wohl liebt.
- Auf mich bezogen umkehren: „Ich liebe sie nicht."→ Vielleicht liebst du sie ja gar nicht so, wie sie es verdient hätte? Finde drei Beispiele, die das belegen.
- In das auf mich bezogene Gegenteil umkehren: „Ich liebe mich nicht." → Vielleicht liebst du dich selbst nicht genug und kannst gar nicht erkennen, wie sehr sie dich liebt? Welche drei Beispiele belegen das?

Zum Abschluss bildest du noch einen „Medizinsatz". Du schaust dir deine Umkehrungen an und spürst nach, welche davon dich am meisten berührt hat. Daraus formulierst du deinen „Medizinsatz", indem du dieser Umkehrung ein „Ich öffne mich … " oder ein „Ich entscheide mich …" voranstellst. Du wandelst dein Nein in ein Ja. Du gehst vom Widerstand in die Annahme und Hingabe. Das kann, um bei unserem Beispiel zu bleiben, sein: „Ich öffne mich für die Liebe zu mir selbst!"

„The Work" kann dir wirklich ein hilfreicher Unterstützer bei kleinen und großen Problemen sein. Probiere es einfach mal aus!

ICH BIN NICHTS WERT: MARCO

„Warum sollen wir uns eigentlich weiterentwickeln – können wir nicht einfach so bleiben, wie wir sind? Die bewusste Wahl, an der persönlichen Entwicklung zu arbeiten, entsteht aus einem tiefen inneren Bedürfnis heraus. Wir sehnen uns danach, ausgetretene Bahnen zu verlassen, um zu innerer Freiheit zu gelangen. Diese Sehnsucht nach Freiheit und Wahrhaftigkeit findet sich in jedem von uns. Wir mögen sie vielleicht geraume Zeit verdrängen können, doch eines Tages klopft sie – möglicherweise gewaltsam – an unsere Tür."

Helen Gamborg in „Das Wesentliche ist unsichtbar"
dänische TCM-Therapeutin

Einer unserer Seminarteilnehmer war Marco. Marco, 19 Jahre jung, war der festen Überzeugung, nichts wert zu sein. Von außen hatte man überraschenderweise gar nicht diesen Eindruck: Er sah gut aus, war sympathisch und stand kurz vor einem Auslandsjahr. In Afrika wollte er bei einer Hilfsorganisation arbeiten. Jeder, der mit ihm sprach, war beeindruckt von ihm. Aber Marco glaubte, nicht wertvoll zu sein, was sehr oft depressive (Ver-)Stimmungen bei ihm hervorrief.

Marco hörte diesen Glaubenssatz – ich bin nichts wert – den ganzen Tag in seinem Kopf hämmern. Aber er konnte nichts daran ändern. Dabei bekam er unglaublich schönes Feedback von seiner Familie und seinen Freunden, die ihm alle sagten, was für ein toller, liebenswerter, intelligenter junger Mann er sei. Aber es war, als wären Marcos Ohren verstopft. Er hörte es nicht. Es kam nichts bei ihm an.

In unserem Seminar baten wir ihn, diesen Glaubenssatz mit Hilfe von „The Work" zu untersuchen. Er schaute sich den Satz „Ich bin nichts wert." erstmals genau an. Zum ersten Mal überhaupt stellte er ihn in Frage. Schon allein das war ein Meilenstein für ihn. Sich die Frage, „Ist das wahr?" zu stellen, mag erst einmal völlig banal klingen. Doch einen sehr vertrauten, vielleicht unterbewussten Glaubenssatz infrage zu stellen, ist ein spektakuläres Ereignis. Wir nehmen ihn sozusagen aus dem unterbewussten Gedankenstrom heraus und halten ihn ins Licht. Allein dadurch verliert er einen Teil der Kraft, die ihm zuvor unser 100%iger Glaube an ihn verliehen hat.

Marco beantwortete die Frage „Ist das wahr?" mit „Ja". Marco glaubte wirklich, dass es wahr sei, dass er nichts wert ist.

Wir stellten Marco also die zweite Frage: „Kannst du dir 100%ig sicher sein, dass dieser Gedanke wirklich wahr ist?" Hier kam Marco zum ersten Mal ins Straucheln. Er konnte nur noch mit neunzig prozentiger Sicherheit bejahen. Dementsprechend war es ein „Nein". Nein, es ist nicht zu 100 Prozent wahr.

Als wir ihm die dritte Frage stellten: „Wie fühlst du dich, wenn du den Gedanken glaubst?", kam einiges in Marco in Gang. Er konnte all die Gefühle wie Minderwertigkeit, Angst und Trauer fühlen. Wir ließen ihm Zeit, alles, was sich in diesem Moment zeigte, bewusst wahrzunehmen. Er sollte es fühlen und annehmen, alles einfach da sein lassen. Wir ließen ihn all diese Dinge erleben, die wir dir in den letzten Kapiteln schon beschrieben haben. Und auch Marco kam genau zu diesem Punkt: Er konnte seine Angst vor diesen Gefühlen wahrnehmen und akzeptieren. Er konnte all diese Gefühle annehmen. Und so war er nun in der Lage, durch diese Gefühle einfach hindurchzugehen.

Sein Minderwertigkeitsgefühl und seine Trauer, woher sie auch kamen – das war an dieser Stelle egal –, konnte er nicht auflösen. Aber er spürte den Widerstand nicht mehr. Er konnte akzeptieren und zulassen. Er begann auch zu verstehen, was dieser Gedanke mit ihm in den Beziehungen zu anderen Menschen machte. Er war immer zurückhaltend, versuchte nicht anzuecken und erfüllte lieber die Wünsche seines Umfelds, auch wenn er es gar nicht wirklich wollte. Er verstand, welche Anstrengungen dieser Gedanke ihm bescherte.

Als wir ihm die vierte Frage stellten: „Wer wärst du ohne diesen Gedanken?", platzte es aus Marco heraus: „Boah, dann wäre ich frei!" Seine Augen leuchteten und er lachte. Vermutlich ahnte er, wie bescheuert und überflüssig es all die Jahre war, sich von diesem Gedanken so drangsalieren zu lassen.

Dann ließen wir Marco seinen Glaubenssatz umkehren. Hier findet die wahre „Umprogrammierung" statt. Hier ist wichtig, nicht einfach nur den neuen Gedanken zu denken, sondern echte, belastbare Beispiele dafür zu finden, dass dieser neue Gedanke auch wahr oder sogar wahrer ist. Mithilfe der Umkehrungen dröhnen wir den Geschichtenerzähler im Hirn regelrecht mit neuen Erkenntnissen zu. Als Marco zur Umkehrung „Ich bin wertvoll!" kam, war er erst einmal minutenlang still. Er fand einfach keine Beispiele, warum er wertvoll sein könnte. Das überraschte uns ehrlich gesagt nicht, denn Marco hatte sich schließlich jahrelang eingeredet, nicht wertvoll zu sein. Sein Geschichtenerzähler hatte also keine Beispiele parat, warum nicht auch das Gegenteil der Fall sein könnte. Marco musste in seinem Hirn erst einmal die verstaubte und lang verborgene Schublade finden, die seinen wahren Schatz aufbewahrte. Dann endlich begann er zu reden. Erst zaghaft, langsam, dann immer schneller und selbstbewusster. Die Beispiele sprudelten nur so aus ihm heraus: „Ich bin wertvoll, weil ich von Herzen gern anderen Menschen helfe. Ich bin wertvoll, weil ich mich um andere kümmere. Ich bin wertvoll, weil ich ein guter Freund bin. Ich bin wertvoll, weil ich ein richtig guter großer Bruder bin. Ich bin wertvoll, weil ich eine geniale Spaghetti Bolognese kochen kann!" Marco wollte gar nicht mehr aufhören. Ihm fielen so viele Gründe ein, warum er wertvoll ist. Es war, als sei seine Wertvoll-Schublade randvoll gefüllt. Marco musste gleichzeitig lachen und weinen. Er war sehr berührt von der Erkenntnis, dass es so viele Beispiele für seinen neuen Gedanken gab.

Am nächsten Tag kam er freudestrahlend an unseren Frühstückstisch und sagte „Ich kann den Gedanken nicht mehr denken! Es geht nicht!" Sein Gehirn hatte durch die Intensität der Erkenntnis die neue Wahrheit abgespeichert. Sein Geschichtenerzähler im Hirn hatte es auch eigentlich gar nicht böse mit ihm gemeint. Er hatte nur kein anderes Geschichten-Material zur Verfügung gehabt.

„Anerkennung des Tatsächlichen, auch wenn dieses beschämend oder bedrückend ist, Anerkennung also der momentanen eigenen Wahrheit und Versöhnung mit ihr: das ist die Einstellung, die zur Entstauung, Befreiung, Entwicklung führt."

Peter Schellenbaum in „Nimm deine Couch und geh! Heilung mit Spontanritualen" · Schweizer Psychoanalytiker

DAS PAKET WEITERGEBEN: STEFFI

Steffi fühlte sich ihr Leben lang wertlos, nicht liebenswürdig, schuldig und hatte ständig das Gefühl, einfach nur eine Last zu sein. In einer Sitzung führten wir sie zurück in ihre frühe Kindheit, und relativ schnell gelangten wir an den Punkt, der die Wurzel dieser Glaubenssätze war. Als Kleinkind war Steffi auf dem Boden herumgekrabbelt, hatte eine alte Haarnadel ihrer Mutter gefunden und diese, neugierig wie sie war, in eine Steckdose neben dem Arbeitstisch ihrer Mutter gesteckt, die dort oft saß und mit ihrer Nähmaschine nähte.

Steffi hatte dadurch einen fast tödlichen Stromschlag bekommen, der durch ihren ganzen kleinen Körper gejagt war. Ihre Hände waren komplett verkohlt, sie hatte Schmerzen und schrie. Auch ihre Mutter schrie. Steffi konnte zum Glück gerettet werden, dennoch plagten sie seitdem die schlimmsten Gedanken. Vor allem nahm sie die Schuld auf sich. Sie war daran schuld, dass sie den Stromschlag bekommen hatte. Sie war daran schuld, dass sich ihre Mutter massive Vorwürfe machte, schließlich hatte diese die Steckdose nicht abgedeckt gehabt. Steffi hatte die Schuld ihrer Mutter auf sich genommen und fühlte sich dafür verantwortlich, dass ihre Mutter sich so schlecht fühlte. Steffi fühlte sich fortan als Last.

Wir ließen Steffi die jahrelang verdrängte Situation sanft noch einmal wahrnehmen, mit all den bisher noch nicht gefühlten Emotionen und nicht geweinten Tränen. Auf die Frage, wie sich die kleine Steffi in dem Moment fühle, sagte sie: „Hilflos, nutzlos, ausgeliefert, schuldig." Hinzu kamen die unerträglichen Schmerzen und auch Todesangst. Dann schrie Steffi auf einmal auf: „Oh Gott! Es ist gar nicht meine Schuld. Es ist die Schuld meiner Mutter!"

Wir forderten Steffi auf, die kleine Steffi in dem Moment der schrecklichen Situation in den Arm zu nehmen und voll und ganz all die Gefühle der kleinen Steffi anzunehmen, ihnen zu erlauben, da zu sein. Steffi schluchzte und weinte. "Es tut mir so leid für die Kleine, sie mit ihren verkohlten und verbrannten Händen, sie war noch so klein!"

Wir luden die erwachsene Steffi ein, der kleinen Steffi zu zeigen, was trotz dieses Unfalls aus ihr geworden ist, dass alles gut und okay ist und dass sie es überlebt hat und trotz allem seitdem viel Schönes in ihr Leben gezogen hat. Steffi lächelte und sagte: „Ich kann sogar mit meinen verkrumpelten Fingern stricken, und der kleine Finger, der immer etwas absteht, hilft mir sogar dabei und sorgt dafür, dass die Maschen nicht immer runterfallen."

Dann ermutigten wir Steffi, sich vorzustellen, ein großes Paket zu packen. In dieses Paket durfte sie bewusst alles reinpacken, was nicht zu ihr gehörte und nicht mehr länger ihr Thema sein brauchte. „Lass alles abfließen, all die Schuld, all die Last, all die Ängste, all die Sorgen, alles, was nun endlich mal gehen darf, deine Gefühle, deine Glaubenssätze, pack alles da rein!" Dann sollte Steffi das Paket an ihre Mutter zurückgeben. Doch Steffi stockte. „Das kann ich nicht! Das schafft meine Mutter nicht!" Steffis Mutter war schon verstorben, und noch immer fühlte sich Steffi für sie verantwortlich.

„Steffi, verbinde dich mal auf der Seelenebene mit deiner Mama. Lass dich in sie hineinfließen, und zwar in das, was sie wirklich ist und nicht in das, was du aus ihr gemacht hast. Deine Mama bekommt gerade mit, was hier passiert. Deine Mama spürt, dass ihre Tochter Steffi nun dabei ist, alles loszulassen, vor allem die Schuld, die sie jahrelang erdrückt hat", ermutigten wir Steffi. „Deine Mama hat das alles mitbekommen und auch gesehen. Bist du jetzt bereit, das Paket loszulassen und an deine Mama zu übergeben?"

Steffi atmete weiter, sie konnte sich jetzt darauf einlassen. Sie atmete sich in ihre Mama hinein. „Was fühlt deine Mama gerade?", fragten wir sie. „Sie wäre stolz auf mich", sagte Steffi, „aber sie hat auch Angst. Sie hat Angst, das Paket anzunehmen." „Hm", hakten wir ein, „macht das Sinn, dass es euch beiden nicht gut geht? Sollen wir nicht doch mal langsam jedem seinen Teil des Paketes zumuten? Vielleicht reicht deine Mutter das Paket ebenfalls weiter, noch weiter zurück in der Ahnenreihe – auf der Seelenebene. Denn vielleicht gehört das, was in dem Paket ist, auch nicht alles zu ihr?" Steffi zögerte. Sie schaute sich ihr Paket noch einmal an, dann sagte sie: „Okay. Ich bin bereit, es loszulassen. Ich gebe es meiner Mutter zurück" Steffi atmete tief durch. Dann übergab sie ihr Paket an ihre Mutter. In dem Moment zitterte und zuckte sie. Sie sagte weinend: „Ich kann das Gefühl dahinter sehen, das all das bedingt. Es ist ganz alt!" „Was macht deine Mutter mit dem Paket?", fragten wir Steffi. „Sie macht es auf, nimmt sich ihren Teil aus dem Paket, lässt aber auch ganz viel darin. Und dann reicht sie es weiter zurück. An ihre Mutter." Wir ließen Steffi mit dieser Erkenntnis einen Moment lang sitzen. Dann beschrieb Steffi, was sie fühlte:"Ich fühle Weite, einen weiten Raum. Es fühlt sich gut an, es ist angenehm, ich spüre Leichtigkeit und kann viel besser atmen. Meine Mama erscheint mir auf einmal auch viel gelöster und größer. Aber die kleine Steffi ist immer noch traurig."

Wir ermutigten Steffi, zusammen mit der kleinen Steffi für immer aus der Situation herauszugehen. „Welche Entscheidung triffst du jetzt?", fragten wir sie. „Ich sehe einen Hochofen vor mir", erzählte Steffi von den Bildern, die in ihr entstanden, „da ist heißes Feuer drin. Und ich schmeiße diese Haarnadel jetzt dort hinein" Steffi schluchzte und weinte, aber dann wurde sie ruhig. Sie lächelte. „Es fühlt sich gerade alles so frei an. Als hätte ich diese Nadel gerade aus mir selbst herausgezogen." Wir ließen Steffis Nadel in ihrem imaginären Hochofen ein für alle Mal schmelzen und verglühen, bis nichts mehr davon übrig war. „Welche Energie spürst du gerade, welche Farbe hat sie?", fragten wir Steffi. „Ich spüre Liebe für die Kleine und sie ist rot", antwortete sie. Wir ließen Steffis Rot überall hinfließen. Das Rot der Liebe ließen wir in die kleine Steffi fließen, in Steffis Mama. Wir ließen die Kleine wissen, dass sie sich ausruhen darf. Die Herzenergie ließen wir durch Steffis ganzen Körper fließen. Diese Energie wird von nun an immer durch Steffi fließen, unaufhörlich. Die Blockade ist gelöst, es fließt fortwährend. Es ist ein Strom an heilender Energie und Wärme, die Steffi von nun an von innen wärmt, heilt und nährt.

„*Es gibt nur ein einziges Interesse an der Welt, dass es sich zu haben lohnt: die Fähigkeit, vollkommen frei erschaffen zu können, in vollem Gewahrsein dessen, wie die Erschaffung der Wirklichkeit funktioniert.*"

Deepak Chopra in „Das Buch der Geheimnisse" · US-amerikanischer Autor

10

LASSEN, LÖSEN, BEFREIEN

Herzlich willkommen in **PHASE ZWEI!** In Phase eins haben wir schon einiges geschafft: Wir haben unsere Blockaden erkannt, haben verstanden, wie Gedanken und Gefühle sich gegenseitig beeinflussen und wie sehr wir – versinnbildlicht durch unsere liegende Acht – in jedem Moment mit unserer Vergangenheit und unserer Zukunft verbunden sind. Wir haben kapiert, dass wir die Welt nie so sehen, wie sie ist, sondern dass unsere Brille alles filtert. Wenn wir das einmal verstanden haben, können wir unser Leben ganz anders leben und gestalten. Das Leben lebt uns nicht mehr, sondern wir leben unser Leben. Wir wechseln von der passiven auf die aktive Seite. Doch bevor wir ins aktive Gestalten und Kreieren kommen (Phase drei), haben wir noch einen Zwischenschritt vor uns. Es gibt noch eine sehr wichtige Aufgabe zu bewältigen: Wir dürfen uns von unserem „alten Ich" verabschieden. Dazu in Kapitel 13 mehr. Aber zunächst schauen wir uns an, warum das Lenken frei gewordener Energie so wichtig ist.

Denn wie nutzt du deine Energie? Wir Menschen lieben Logik. Besser gesagt, unser Verstand liebt Logik. Es ist erstaunlich, wie leicht es uns automatisch fällt, etwas zu glauben und zu verinnerlichen, sobald wir es nur logisch begreifen können. Deshalb tun wir uns zum Beispiel so schwer damit, die unerklärlichen Dinge, die wir uns in Kapitel 13 anschauen werden – Universum, unendliches Potential, Gott, Quanten – anzunehmen. Wir können sie mit unserem Verstand kaum begreifen.

Umso schöner, wenn es Zusammenhänge gibt, die ganz einfach sind: Blockaden und limitierende Glaubenssätze können unser Leben bestimmen und beeinflussen. Im eher negativen Sinne. Sie hemmen uns. Hindern uns. Sie tun das, was Blockaden eben so tun. Sie blockieren. Und jetzt wird das Ganze spannend. Denn jetzt drehen wir den Spieß einfach mal um: Wenn Blockaden uns behindern, ist es doch nur logisch, dass die durch das Lösen dieser Blockaden frei gewordene Energie uns beflügeln kann, oder? Wenn negative Gedanken und Gefühle die Macht haben, uns runter zu ziehen, haben gute Gedanken und Gefühle die Macht, uns nach vorne zu bringen. Wenn wir sie mit gleicher Intensität neu ausrichten, können wir die frei gewordene Energie, bestehend aus Gedanken und Emotionen, nutzen, unser Leben positiv zu gestalten.

Wir schnappen uns also die aus den Blockaden befreite Energie und richten sie neu aus. Wir erleben nicht nur die bisher hinter den Blockaden verbarrikadierte Person, die wir wirklich sind. Nein, wir können auch die Person erschaffen, die wir wirklich sein möchten. Frei von inneren und äußeren Zwängen und Blockaden.

ENERGIE UMLENKEN – WIE GEHT DAS?

Aber wie lenken wir unsere Energie? Wie soll das gehen? Der Witz ist: Du tust das die ganze Zeit. Schon immer. Energie folgt immer deiner Aufmerksamkeit. Ärgerst du dich über den nervigen Kollegen, dann lenkst du deine Aufmerksamkeit genau dort hin. Und deine Energie folgt ihr. Dein Ärger laugt dich aus, deine schweren Gedanken und Gefühle laugen dich aus.

All deine Verhaltensmuster, nach denen du auf bestimmte Situationen reagierst, wiederholen sich in Dauerschleife. Reaktion folgt auf Reiz und kostet Energie. Genau darin besteht die Blockade. Wir geben unserer Aufmerksamkeit keine Chance, aus der Schleife auszubrechen. Wir schleusen unsere Energie durch immer den selben verschmutzten Kanal. Und wundern uns, dass es uns nicht gut geht. Je mehr unserer Energie in Richtung Angstvermeidung fließt, desto anhaltender wird sie in dieser Dauerschleife gefangen sein. Sie wird sich dort festsetzen. Sie zu lösen wird immer schwerer. Die Blockade ist im vollen Gange.

Nun lernen wir, dass wir kämpfen müssen, um etwas zu erreichen. Wir müssen uns anstrengen. Wir müssen diese Blockade weghauen! Aber was passiert dabei? Wir sind im Widerstand. Wir bauen eine Blockade gegen die Blockade auf. Und unbewusst bauen wir aus einer einfachen Mauer – gut gemeint, aber schlecht gemacht – eine doppelte Mauer. Wir machen es nur schlimmer. Es ist wie bei der Hydra, dem vielköpfigen Schlangen-Fabelwesen. Haut der tapfere Ritter ihr einen Kopf ab, wachsen zwei neue nach. Er hat keine Chance.

„Die Hydra gilt als sprichwörtliches Gleichnis für Situationen, wo jeder Versuch einer Eindämmung oder Unterdrückung nur zur Ausweitung einer Eskalation führt. Die Hydra steht also für das, was man nur ‚kleinhalten' kann, indem man es unberührt lässt.“[19]

19 https://de.wikipedia.org/wiki/Hydra_(Mythologie)

Und genauso wenig haben wir eine Chance, wenn wir versuchen, uns mit Widerstand und Kampf unserer „Hydra" entgegenzustellen. Also alles hoffnungslos? Ich schmeiß alles hin und werd Prinzessin? Nein. Denn welche Kraft gewinnt in jedem Märchen am Ende? Richtig, die Liebe.

Das, was unsere Energie aus der Blockade löst, ist niemals der Kampf. Es ist immer die Liebe. Unser Energietransformator heißt Liebe. Liebe überwindet Grenzen. Wenn wir die Mauern, die uns umgeben, nicht mehr bekämpfen, sondern sie wahrnehmen und akzeptieren, wenn wir anerkennen, dass sie da sind, und ihnen erlauben, da zu sein, dann ist dies nichts anderes als Liebe; und die Mauern brechen in sich zusammen. Wir stützen unsere Mauern mit unserem Widerstand und unserem Kampf. Wenn wir genau das sein lassen und die Stützen abbauen, fallen unsere Mauern in sich zusammen, sie haben keinen Halt mehr. Genau das ist die Hingabe, die wir zuvor schon verschiedentlich erwähnt haben und uns in Kapitel 13 genauer anschauen werden.

„Die Grundhaltung des Sich-Lassens gibt einem heiteren Lebensgefühl Raum. Nicht zufällig wird als einziger Religionsstifter Buddha mit einem feinen inneren Lächeln und in China auch mit einem offenen, freien Lachen dargestellt. Heiterkeit ist Ausdruck von Sich-Lassen, von Freiheit. Buddha war frei vom Absolutheitsanspruch anderer Religionsstifter."

Peter Schellenbaum in „Nimm deine Couch und geh! Heilung mit Spontanritualen" · Schweizer Psychoanalytiker & Autor

LET IT BE

Wenn wir die Hydra in Ruhe lassen, sie so akzeptieren, wie sie ist, wenn wir sie mit ihren vielen Köpfen einfach da sein lassen, wird sie nicht größer. Kein Kopf wächst zweifach nach, weil wir einen abgeschlagen haben. Auf einmal darf genau das sein, was wir bisher bekämpft oder verdrängt haben. Wir bleiben stehen. Schauen es uns einfach an (siehe auch Phase eins).

Genau an dieser Stelle beobachten wir immer wieder, wie sich in Menschen eine neue Blockade, eine neue Mauer bildet. Denn eben dies ist für viele unvorstellbar: Wie, „das Böse in uns" einfach da sein lassen? Nicht verstecken? Nicht bekämpfen? Das kann doch gar nicht sein! Wir lernen in unserer Gesellschaft nicht, Dinge einfach so sein zu lassen.

Lass es sein. „Let it be". Einer der bekanntesten Beatles-Songs. Und während viele glauben, es handele sich dabei um eine Hymne auf das Aufgeben, ist das komplette Gegenteil der Fall: Es ist eine Ode an die Hingabe. AUFgeben und HINgeben liegen so nah beieinander, und doch bespielen sie zwei völlig unterschiedliche Energiefelder. Aufgeben ist das Feld der Apathie, Angst und Trauer, des Opferseins, Frusts und Ärgers. Laut David Hawkins' Theorie der Schwingungsfrequenzen unseres Bewusstseins[20] finden sich hier die niedrigsten Schwingungen. Wir ziehen uns und unser Umfeld regelrecht runter. Hingabe hingegen bespielt das Feld der Freude, der Liebe, der Akzeptanz – alles Felder, die höchste Schwingungsfrequenzen haben.

Zurück zu den Beatles. „Let it be" meint eben nicht „Lass es sein", sondern „Lass es geschehen." Es geht um Hingabe. Paul McCartney erklärte in Interviews auf die Frage, wie „Let it be"

---

20 https://andreasmitleider.de/die-skala-des-bewusstseins/

entstanden sei, er habe damals eine schwierige Zeit gehabt, vor allem Stress mit der Band, er habe sich viele Sorgen gemacht. Und dann habe er geträumt, dass in dieser dunklen Stunde, seine Mutter Mary, die gestorben war, als er 14 war, zu ihm gekommen sei und ihm versichert habe: Hey, mach dir nicht so viele Sorgen, alles wird gut. Und alles ist gut. Lass einfach alles geschehen, und alles wird gut. Und in diesem Moment, so erzählte er, habe er die Stärke ihrer Worte gefühlt, den Halt und das Vertrauen, dass alles gut werde. Und vielleicht sogar schon längst gut war. Er wachte morgens auf und dachte: Wow, alles wird gut, ich muss es nur geschehen lassen. Und dann schrieb er den Song „Let it be". „Let it be" heißt also nicht, dass du aufgeben sollst, wie so viele denken. „Let it be" heißt, es geschehen zu lassen. Uns voll und ganz hinzugeben.

Genau das ist für viele unvorstellbar. Denn wir sind es gewohnt, uns abzustrampeln und zu kämpfen. Zu erkennen, dass wir unsere Blockaden verstärken, wenn wir versuchen, sie zu bekämpfen, ist erst mal verwirrend.

HINEIN, HINDURCH, HINWEG

„Der Schlüssel zur Heilung liegt darin, das
ursprüngliche Trauma noch einmal durchzugehen und
es erneut zu durchleben, ihm leidenschaftlich und
vorbehaltlos zu begegnen und es zu einer Lösung zu
führen. Auf diese Weise wird das festgefahrene
Verhaltensmuster gesprengt, die Blockade löst sich auf –
und dann kann die Lebensenergie wieder frei fließen. "

Strephon K. Williams in „Durch Traumarbeit zum eigenen Selbst"
holländischer Psychologe & Autor

Auch wenn es für uns kaum zu begreifen ist, lösen und befreien wir die Energien aus unseren Blockaden, wenn wir mitten rein gehen. Und dann durch. Wir sind unser eigener Speer, der, in dem er in die Blockade hineingeht, die Blockade samt Energie aufsticht,sodass alles abfließen kann.

Begleiten wir unsere Klienten bei diesem Prozess, ist spannend, dass die meisten natürlich nicht gerade „Juhu!" schreien, wenn wir sie dazu ermutigen, in ihren dunklen Wald hineinzugehen. Schließlich wollen wir mit ihnen nun in genau die Ängste, Themen und Blockaden hineingehen, die sie jahrelang zu verbergen oder zu bekämpfen versucht haben. Unsere Klienten haben dann meist Angst vor der Angst. Eine Blockade vor der Blockade. Wie überwinden wir diesen Widerstand am besten? Genauso, wie wir die eigentliche Blockade lösen: Indem wir auch hier hineingehen. Indem wir auch diesem Widerstand erlauben, einfach da zu sein. Allerdings ohne ihn weiter mit unserem „Nein" und unseren alten Geschichten und Glaubenssätzen zu füttern. Wenn wir ihm erlauben, einfach da zu sein und bereit sind, ihn zu fühlen, wird er kleiner, bis er sich schließlich ganz aufgelöst hat.

Wenn wir das erlebt haben, wenn wir einfach durch den Widerstand hindurchgegangen sind, können wir auch die in der Blockade gefangene Energie befreien. Wir müssen dafür nicht kämpfen, kein Schwert zücken, kein Kung-Fu anwenden. Alles, was wir tun müssen, ist, uns komplett in uns selbst, in den Widerstand, in die Blockade, in die Emotionen hinein zu entspannen und alles zu fühlen. Wir lassen die Welle durch uns hindurchschwappen. Vertraue uns, du tauchst wieder auf und kannst Luft holen. Besser denn je zuvor. Wenn du deine Angst durchfühlt hast, wird sie dir keine Angst mehr machen. Im Gegenteil. Du beginnst sie zu lieben, zu akzeptieren. Du nimmst sie an die Hand. Du machst sie zu deiner Freundin, die dich auf deinen neuen Wegen begleitet. Du gehst vor, die kleine Angst im Schlepptau. Es ist nicht mehr wie zuvor, als die riesige Angst sich dir in den Weg gestellt und alles verbarrikadiert hat. Du liebst deine kleine Angst, du bist mitfühlend zu ihr und weißt, dass sie dich immer schon einfach nur unterstützen wollte.

Überhaupt ist das Gehen eine magische Fähigkeit. Kaum einer anderen simplen Tätigkeit wird so viel Heilungskraft zugesprochen, wie dem Gehen. So beschreibt es auch der britische Autor und Forscher Paul Devereux in seinem Buch „Die Seele der Erde entdecken": *„Die rhythmische Aktivität des Körpers, namentlich das Gehen, sein natürliches Schrittmaß und der offene Kontakt mit der Umgebung, die man durchwandert, helfen dabei, mentale Knoten zu lösen. Wie das lateinische Sprichwort so treffend sagt: solvitur ambulando: Du kannst es durch Gehen behandeln."*

Ergo: Solvitur ambulando!
Du kannst dich durch dein (Hinein- & Hindurch-)Gehen selbst behandeln.

RÜCKENWIND & ANTRIEBSKRAFT

Wenn wir in unsere Blockaden hinein- und durch sie hindurchgehen, erkennen wir fast immer auch ihre Ursachen. Ziemlich
oft werden uns hier Situationen aus unserer Kindheit und Jugend gespiegelt, in denen wir Scham, Trauer, Ohnmacht,
Kleinheit und Minderwert erleben mussten. Die unterschiedlichsten Anlässe können dabei Auslöser gewesen sein: Ein ge-
meiner Kommentar vom Vater, Mobbing in der Schule, unschöne Familienverhältnisse, Konflikte, Stress mit der ersten
Freundin. Hier zeigt sich unser inneres Kind, das noch heute in
uns verborgen all die Verletzungen spürt. Es meint es gut mit
uns und möchte diese Verletzungen nicht noch einmal erfahren. Deshalb macht es dicht, schottet sich ab und bringt sich in
vermeintliche Sicherheit. Es zerrt und zieht an unserem Ärmel
und möchte uns vor jeder ähnlichen Gefahr bewahren. Leider
ist gut gemeint nicht immer gut für uns. Unser inneres Kind
kann uns mit seinem Sicherheitsbedürfnis in manchen Themen
durchaus ein stückweit blockieren. Zugleich liegt in ihm all das
Potential, das in unserem heutigen Ich ebenfalls schlummert.
Dazu später mehr.

Wir durften schon oft Zeugen und stille Beobachter des Prozes-
ses sein, wenn unsere Klienten in ihre Blockaden und Emotionen hinein und durch sie hindurch gehen. Wenn sie sich erlauben, alles zu fühlen, verbinden sie sich mit der Energie ihres
Herzens. Und schlagartig verändert sich das innere Kind. Dorthin, wo vorher die Angst herrschte, in die dunkelsten Ecken,
dorthin, wo es sich abschottete, fallen auf einmal warme Son-
nenstrahlen. Das innere Kind streckt sich, spürt die Wärme,
öffnet die Arme, lacht auf einmal, springt herum und schöpft
neuen Mut. Denn es spürt, dass es endlich erkannt und wahrgenommen wird. Allein das ist ein großer Akt der Liebe. Der
Erwachsene begegnet seinem inneren Kind, seinem verletzten

Teil, nimmt es in die Arme und schenkt ihm seine Liebe und Annahme. Einen intensiveren, wichtigeren und schöneren Akt der Selbstliebe gibt es nicht. Genau an diesem Punkt geschieht Heilung: Wenn wir unser Herz öffnen, für uns selbst und besonders für unser verletztes inneres Kind. Anstatt ein Leben lang darauf zu warten, dass diese Liebe von außen kommt, schenken wir uns diese Liebe selbst. Was für eine Macht, was für eine Freiheit.! Wir sind voll und ganz bei uns selbst angekommen und unabhängig.

Doch wir heilen nicht nur unser inneres Kind. Zusätzlich kann aus unserer Verbindung mit unserer Herz-Energie eine weitere atemberaubende Verbindung entstehen: Wenn wir unser inneres Kind geheilt haben, uns so, wie wir sind annehmen und lieben, unser Herz geöffnet haben, können wir uns mit dem universellen Feld verbinden. Wir stehen vorm Meer aller Möglichkeiten. Wir können wieder auf unser gesamtes Potential zurückgreifen. Sehen viel klarer und unvoreingenommener. Alles ist möglich. Alles darf möglich sein. Bediene dich in deinem Supermarkt des Lebens.

Egal, welche Ursache zugrunde liegt, es passiert immer dasselbe: Ein limitierender Glaubenssatz entsteht, der unser gesamtes Weltbild und unser gesamtes weiteres Wachstum maßgeblich prägt und lenkt. Aus dem Samen „Glaubenssatz" wächst ein Spross, der zu unserem Verhalten wird. Unser Verhalten sorgt wiederum dafür, dass wir immer wieder in Situationen geraten, die unseren Glaubenssatz bestätigen. Aus dem Spross wird ein fetter Stamm, unsere Verhaltensmuster festigen sich mehr und mehr. Es ist wie in unserer liegenden Acht. Wir begießen uns selbst mit dem Wasser, in dem sich die Samen der limitierenden Glaubenssätze befinden. Unser Stängel, unser Verhaltensmuster wird so genährt und wächst, wird immer kräftiger. Erkennen wir dies, finden wir den ersten der damals gelegten Samen, sind wir an der Wurzel dessen, was sich heute in unserem Leben zeigt.

Jetzt haben wir die Chance, die Blockade zu lösen und uns komplett neu auszurichten und uns mit dem Meer an Möglichkeiten zu verbinden. Die befreite Energie schicken wir nicht weiter nach links in unsere liegende Acht, wodurch wir immer wieder die Vergangenheit durchlaufen und alles aus dem Gestern mit ins Heute nehmen würden. Nein. Wir sagen an dieser Stelle Stopp. Wir lenken die Energie in eine neue Richtung. Wir lenken sie auf die rechte Seite unserer liegenden Acht, in die Zukunft. Hier fangen wir an zu kreieren und zu gestalten. Die freigewordene Energie ist unsere Antriebskraft, unser Rückenwind.

Genau das wird bei vielen Coaching-Methoden übersehen oder vergessen. Und das ist auch der Grund, warum viele Menschen nach Therapie- oder Coaching-Sitzungen dann doch wieder recht schnell in alte Muster zurückfallen. Sie erkennen und verstehen zwar, warum sie das Problem haben und woher es kommt, haben aber entweder die darin gebundene Energie nicht losgelöst, oder sie nutzen die freigewordene Power nicht als Antrieb für die neue Ausrichtung. Es entsteht ein Gefühl von Leere: „Aha. Und was jetzt?"

Nutzen wir die Energie. Um unser befreites Potential kraftvoll umzuleiten, dürfen wir unser altes Ich loslassen. Alles Wollen, alles Müssen, alles Kämpfen, alle Sehnsüchte nach Veränderung und auch die Gefühle von Mangel können wir mithilfe dieser Energie hinter uns lassen. Wir tauchen ein in die neue Verbindung. Wir schmelzen unsere Muster der Vergangenheit, holen unser Kind aus der damaligen Situation ab, nehmen es an, umarmen es, lieben es. Dann lassen wir gemeinsam den alten Glaubenssatz los und richten uns kraftvoll neu aus.

11

TSCHÜSS, ALTES ICH!

„Wer sein Leben so einrichtet,
dass er niemals auf die Schnauze fällt,
der darf eben nur auf dem Bauch kriechen."

Heinz Riesenhuber · deutscher Politiker

Zu verstehen, wo unsere Blockaden liegen und warum wir die Welt so sehen, wie wir sie sehen, bedeutet noch nicht, dass wir einfach so munter drauf los ins neue Leben marschieren können. Verstehen und Erkennen sind das eine. Dies jeden Tag wirklich zu leben, zu verinnerlichen und anzuwenden, ist etwas ganz anderes. Verstehen und Wissen stehen immer auf einem ganz anderen Blatt als das tatsächliche, entsprechende Handeln. Worte sind gut. Taten sind besser.

Zum Beispiel wissen wir doch alle, wie das geht, mit der gesunden Ernährung und einem gesunden Lebensstil. Und doch sind Diäten, Abnehmtipps und der Kampf für einen astreinen Beachbody Dauerthema auf dem Bücher- und Zeitschriftenmarkt. Komisch, oder? Warum ist das so? Weil Wissen allein nicht genügt. Wir müssen ins Handeln kommen. Und dazu alte Gewohnheiten und Denkmuster durchbrechen und loslassen. Und genau das ist die Krux.

HILFE, NEULAND!

In der zweiten Phase unserer Herz-über-Kopf-Methode lassen wir unser altes Ich mit seinen blockierenden Mustern und Verhaltensweisen ganz bewusst hinter uns.

Nun könnte man meinen, dass dieser Schritt unnötig ist, aber er ist extrem wichtig. Denn Altes zu verlassen und Neues zu wagen, verlangt uns viel ab. Wir sind noch wackelig auf den Beinen, ängstlich, unsicher. Überstürzt zu handeln wäre kontraproduktiv. Denn dann geraten wir ins Stolpern, fallen auf die Schnauze, holen uns blutige Knie und sagen uns: So ein Mist mit dem neuen Leben! Und schwupp, flüchten wir auch schon wieder in unsere vermeintlich sichere Welt, die wir eigentlich verlassen wollten. Und sind ganz schnell wieder gefangen in unseren Denkweisen und Verhaltensmustern, die uns auch noch recht geben. Das Neue wagen? Nee, lieber nicht, viel zu gefährlich!

Damit so etwas nicht passiert, nehmen wir ganz bewusst von unserem alten Ich Abschied. Wir lassen all die Dinge los, die wir nicht in unsere Zukunft mitnehmen möchten. Wir nehmen kein Treibholz und keinen Ballast aus Blockaden und Hindernissen mit. Wir leeren unseren Rucksack, befreien unseren Fluss von allem Überkommenen. Sich dessen wirklich bewusst zu sein, ist wichtig. Denn wir haben unsere negativen Gedanken so oft gedacht und uns entsprechend oft blöd verhalten und reagiert, dass es nicht reicht, sich einfach gedanklich neu zu entscheiden. Es ist ein wichtiger Anfang, das auf jeden Fall. Aber wir dürfen vor allem den emotionalen Druck, der zu gewissen Gedanken und Entscheidungen geführt hat, nicht unterschätzen. Da wirken Mächte, die uns über Jahre gnadenlos im Griff hatten.

All diese Dinge hinter uns zu lassen und vor allem loszulassen, ist kein mentaler Prozess. „Och ja, lass ich das alles halt los" –

sinniere mal über diesen Gedanken. Glaubst du dir wirklich? Nimmst du dir ab, dass es damit getan ist? Wahrscheinlich nicht. Deshalb müssen wir andere Kaliber auffahren. Die Aufgabe: Wir müssen über unser altes Ich regelrecht hinauswachsen. Erst dann betreten wir wirklich neues Land. Nichts leichter als das, oder?

Hm, Pustekuchen. Denn genau davor haben wir Angst. Wir haben Schiss, uns zu verändern. Denn wenn wir uns verändern, verändert sich auch die Welt um uns herum. Vieles bricht weg. Womöglich stehen wir erst mal allein da. Zweifel plagen uns. Ist es das wirklich wert? Was, wenn ich alles hinter mir lasse, und dann gefällt mir das neue Leben gar nicht? Die meisten Veränderungsprozesse scheitern an genau diesem Punkt: Wir wollen einfach kein Risiko eingehen. Wir trauen uns nicht.

Warum trauen wir uns nicht? Weil Risiken zu vermeiden ein tief in uns verankertes Verhaltensmuster ist. Es steckt uns regelrecht in den Genen. Keine Risiken einzugehen ist eine Überlebensstrategie. Stammt noch aus der Steinzeit, als hinter jeder Ecke echte Gefahren lauerten. Wir waren ständig auf der Hut. Und das war auch wichtig, wenn wir damals überleben wollten. Fehler zu machen konnte schnell tödlich enden. Und wir brauchten den Schutz der Gruppe, mussten mit jedem zurechtkommen und dafür sorgen, dass wir in der Gruppe akzeptiert sind, denn sonst hätten wir allein in der steinzeitlichen Steppe dagestanden und hätten allein mit allen Gefahren (Säbelzahntiger!) klarkommen müssen. Dieses Muster tragen wir noch heute in uns. Unser Gehirn braucht dringend ein Update. Denn die Welt hat sich radikal verändert. Wir leben heute im Überfluss, müssen uns keine Sorgen um unsere tägliche Nahrungsversorgung machen. Tiger lauern nun wirklich nicht hinter jeder Ecke. Und wir kommen auch wunderbar zurecht und sind nicht gleich vom sicheren Tod bedroht, wenn uns die Kollegin oder der Nachbar nicht mag. Für unser Überleben ist der Anschluss an eine Gruppe mittlerweile völlig irrelevant geworden. Es ist ein Nice-to-Have. Aber kein Must-Have.

FREIHEIT? GAR NICHT SO EINFACH ...

Trotzdem wird nach wie vor jeder, der sich aus bestehenden Systemen „befreit", von der Gruppe argwöhnisch beäugt. Es wird gelästert. Und nicht mal selten werden denjenigen, die sich neu erfinden und ihr eigenes Ding machen, auch absichtlich Steine in den Weg gelegt. Genau das macht es so anstrengend. Und da wir Menschen, ebenfalls durch das Steinzeithirn bedingt – schließlich musste man damals mit seiner Energie haushalten – die Anstrengung scheuen, wählen wir oftmals den bequemen Weg. Bleiben in unseren alten Mustern stecken. Bloß nicht ausbrechen, bloß nicht anecken, bloß nicht auffallen, bloß nicht das bunte Schaf in der ansonsten grauen Herde sein.

Es gibt eine schöne Anekdote dazu: Ein Krabbenfischer nimmt einen Freund mit auf seine Tour. Der Freund wundert sich, als er sieht, dass der Fischer alle Krabben in einem Korb sammelt, dieser aber keinen Deckel hat. „Du musst einen Deckel draufmachen", sagt der Freund, „sonst entkommen die Krabben doch!" Der Fischer lächelt nur: „Hier entkommt keine Krabbe. Die regeln das untereinander. Beobachte einfach mal, was passiert." Der Freund wunderte sich, setzte sich aber dennoch neben den Korb und staunte. Denn wann immer eine Krabbe versuchte, nach oben zu klettern und zu entkommen, hefteten sich sofort andere Krabben an sie heran und zogen sie wieder herunter.[21]

Der spirituelle Lehrer Mooji[22] verdeutlicht dies: *„Nobody wants you to be free, because when you are free, nobody can control you anymore. "*[23]

Wir leben in einer Gesellschaft, die von unseren Zweifeln und Ängsten profitiert: Je mehr wir zweifeln, je unsicherer wir uns fühlen, desto mehr suchen wir im Außen, vor allem im Konsum, nach Dingen, die uns vermeintlich helfen. Tatsächlich liegt diesen Ängsten aber die Missgunst zugrunde –hallo Krabbenkorb! –, die ein Ausbrechen einzelner verhindert. Und genau deshalb fällt es uns auch so schwer, diese alten Muster zu verlassen. Aber wenn wir das einmal „durchschaut" haben, können wir uns mutig auf den Weg machen, ohne Angst zu haben, allein dazustehen. Denn statt mit denen, die im Krabbenkorb verbleiben, können wir uns als herausgekrabbelte Krabbe mit anderen entkommenen Krabben zusammentun. Auf einem ganz neuen Level. Einem Level des gegenseitigen Supports statt Runterziehens.

RUNTER VOM BREMSPEDAL!

In Phase eins haben wir unsere Blockaden erkannt. Wirklich gelöst sind sie allerdings noch nicht. Unser Fuß befindet sich noch immer auf dem Bremspedal, statt rüber aufs Gaspedal zu wechseln. Denn wir haben noch viel zu viel Respekt vor dem, was uns erwartet. Das Neue und Unbekannte macht uns Angst.

---

21 https://business-schamane.de/krabbenkorbeffekt/

22 https://mooji.org

23 https://www.youtube.com/watch?v=4xTKhpty07I

Wir fürchten uns vor der Verabschiedung vom wohlbekannten Konsens im Krabbenkorb. Wir sind noch nicht im Vertrauen.

Im Internet haben wir einen Text gefunden, dessen Verfasser leider unbekannt ist, den wir aber dennoch gern mit dir teilen möchten:

Das Dilemma

Wenn man lacht, riskiert man, wie ein Dummkopf daher zu kommen.

Wenn man weint, riskiert man, ein Jammerlappen zu sein.

Wenn man sich um jemanden kümmert, riskiert man, sich zu viel zu involvieren.

Wenn man Gefühle investiert, riskiert man Zurückweisung.

Wenn man über seine Träume spricht, riskiert man, sich lächerlich zu machen.

Wenn man liebt, riskiert man, nicht zurück geliebt zu werden.

Wenn man trotz Zweifel einfach losmarschiert, riskiert man zu scheitern.

Aber: Wir müssen Risiken eingehen. Denn nichts zu riskieren, ist das größte Risiko überhaupt.

Jeder, der nichts riskiert, tut nichts, hat nichts, ist nichts. Vielleicht vermeidet jeder, der nichts riskiert, blaue Flecken, Rückschläge und Schmerzen. Aber er lernt nichts, wächst nicht, fühlt nichts, verändert nichts, liebt nicht.

Wer den sicheren Weg gehen will, ist sein eigener Sklave.

Nur wer etwas riskiert, ist frei.

Nichts zu riskieren, ist das größte Risiko überhaupt. Du riskierst mehr, wenn du mit Bleifuß auf dem Bremspedal stehen bleibst, als wenn du den Fuß aufs Gaspedal nebenan setzt und Vollgas gibst. Wir können dich mit allen unseren Mitteln und Methoden zwar immer wieder daran erinnern. Den Fuß wechseln aber musst du selbst. Niemand kann in dein Lebensauto kriechen, unter deine Beine, deinen Fuß anheben und ihn aufs Gaspedal setzen. Das können wir nicht. Und das können nicht deine Eltern. Nicht deine Freunde. Nicht deine Kinder. Nicht dein Partner. Nur du allein kannst das.

Wie fühlt es sich an, wenn du mit einem Schlitten Vollgas den Berg runter rast? Oder auf Skiern? Wie fühlt es sich an, auf einer freien Autobahn Vollgas geben zu können? Ziemlich geil, oder?

SCHALTE DEN AUTOPILOTEN AUS!

Das ist das Verrückte: Wir kommen erst dann ins Vertrauen, wenn wir loslassen. Wir wähnen uns in Sicherheit, so lange wir mit angezogener Bremse durchs Leben tuckern. Aber wir bremsen ja gerade immer dann, wenn wir nicht vertrauen. Erst wenn wir die Bremsen lösen, können wir lernen, zu vertrauen. Vertrauen entsteht durch Loslassen. Vertrauen entsteht durch Gas Geben. Vertrauen entsteht durch Hingabe. Augen auf und durch!

Die Herausforderung besteht jedoch nicht nur darin, unseren Fuß vom Bremspedal aufs Gaspedal zu setzen. So lange der Autopilot – ein weiterer Hebel unseres Lebensautos – eingeschaltet bleibt, können wir unser neues Wissen nicht umsetzen.

Denn was hält unseren Fuß auf dem Bremspedal? Was blockiert unser Vertrauen? Es sind unsere alten Muster und unsere alten Glaubenssätze. Diese dürfen wir immer wieder hinterfragen. Wie das geht, haben wir uns schon im vergangenen Kapitel angeschaut.

Nun sind zwar gerade in den heutigen Zeiten selbstfahrende Autos, bei denen wir uns voll und ganz darauf verlassen, dass der Autopilot uns dahin bringt, wohin wir wollen, in aller Munde. Aber das funktioniert nur auf den Straßen. Nicht im wahren Leben. Im echten Leben können wir niemals unsere Verantwortung abgeben. Kein Chauffeur fährt uns. Wir sind der Fahrer. Eigentlich.

Und doch krabbeln wir allzu gern auf den Beifahrersitz unseres Lebens. Das hat viele Vorteile: Es ist bequem. Wir müssen nicht fahren, müssen keine Entscheidungen treffen, haben keinerlei Verantwortung und können uns schön kutschieren lassen. Und dann beschweren wir uns noch, wenn das Leben nicht dahin fährt, wohin wir wollen. Motzen rum, wenn es nicht schnell genug geht oder die Straße holprig ist. Wenn das Reiseerlebnis nicht unseren Erwartungen entspricht, schieben wir alles auf die anderen: 2Es sind die Umstände, die Anderen, meine Vergangenheit, meine Eltern, die mich davon abhalten, mein Leben in die Hand zu nehmen." Und und und. Um Ausreden sind wir selten verlegen.

Wie wäre es also, statt in unserem Lebensauto weiter planlos übers Land zu juckeln, einfach kurz anzuhalten und die Seiten zu wechseln? Du kannst nämlich jederzeit anhalten und dich ans Steuer setzen. Du kannst nicht nur. Du solltest. Du musst.

Schalten wir unseren Autopiloten aus. Denn unser Autopilot sorgt dafür, dass wir auf dieselben Dinge immer gleich reagieren. Nicht falsch verstehen, manche Routinen sind gut. Routinen sind nicht per se schlecht. Es ist gut, dass manche Dinge vollautomatisch ablaufen und wir nicht an jeder roten Ampel nachdenken müssen, was das jetzt eigentlich bedeutet. Die Frage, die wir uns aber stellen sollten, ist: Sind die Routinen in meinem Leben gut für mich oder eher schlecht? Bringen sie mich voran oder hemmen sie mich? Die Routine, jeden Morgen Sport zu machen und sich gesund zu ernähren, ist eine großartige Routine. Hier dürfen wir gern im Autopiloten bleiben!

Aber oft sorgt unser Autopilot dafür, dass destruktive Verhaltensmuster sich in uns immer mehr festigen. So wie der Wasserstrahl einer Gießkanne eine tiefe Rille im Sand erzeugt. Wenn wir immer wieder nachgießen, wird die Sandrille immer tiefer. Der Autopilot ist wie ein Programm, das unterbewusst die ganze Zeit in uns weiterläuft. Wenn sich beim Bäcker jemand vordrängelt, auf der Autobahn das Auto vor uns links fährt, obwohl rechts alles frei ist oder der Partner schon wieder nicht auf unsere Fragen antwortet – unser Programm läuft und interpretiert das Erlebte. Und wir interpretieren es immer so, wie wir es schon immer interpretiert haben. Wir gießen das Wasser in die immer gleichen Rillen. Die im Gehirn verschalteten Synapsen feuern auf den alteingefahrenen Bahnen, und wir reagieren immer gleich. Dabei können wir unserem Gehirn noch nicht mal einen Vorwurf machen. Denn es reagiert auf die stärksten Synapsen-Verbindungen, sprich, auf die tiefsten Rillen im Sand. Unser Gehirn kann nicht anders. Aber wir können anders!

Denn wir können uns entscheiden, auch auf andere, noch un-
berührte Stellen im Sand zu gießen und neue Rillen zu erzeugen. Dadurch verschwinden nach und nach die alten Verhaltensmuster, die wir nicht länger bedienen. Die Rillen, in die wir
kein Wasser mehr gießen, füllen sich wieder mit Sand. Du hast
die Gießkanne in der Hand. Du entscheidest, wohin du gießt
und welche Rillen du erzeugst.

DU HAST DIE MACHT

Du hast die Macht. Du musst sie nur nutzen wollen. Wir gestalten unser Leben. In jedem Moment. Mit unseren Gedanken und Emotionen strahlen wir nach Außen und wundern uns dann, dass die Welt genau so ist, wie wir über sie denken. Jeder, der auf „doof" programmiert ist, wird 1.000 Gründe finden, die ihm bestätigen, dass die Welt immer schlimmer wird. Jeder, der auf „geil" programmiert ist, findet 1.000 Gründe, dafür dass die Welt großartig ist. Wir programmieren uns selbst. Es liegt an uns, die richtige Standardeinstellung zu wählen.

Wenn wir die Dinge so tun, wie wir sie schon immer getan haben, bekommen wir die Ergebnisse, die wir schon immer hatten.

Wenn wir die Dinge anders tun, bekommen wir neue, andere Ergebnisse, Gefühle, Erlebnisse, Gedanken, Eindrücke.

Wenn wir nichts tun, bekommen wir gar nichts.

Du entscheidest.

„Der Kosmos ist überwiegend leer, aber diese Leere ist eine lebende Leere, die im endlosen Rhythmus von Erzeugung und Vernichtung pulsiert. Diese Leere ist voll von Ch'i, wie die Chinesen die geheimnisvolle Lebenskraft nennen, weshalb es so etwas wie Nichts nicht gibt."

Christa Zettel in „Das Geheimnis der Zahl"
österreichische Journalistin und Autorin

12

LASS DICH FALLEN

Im letzten Kapitel haben wir dich dazu angestiftet, den Bremshebel zu lösen, Vollgas zu geben und den Autopiloten auszuschalten. Wir haben dir ziemliche Flausen in den Kopf gesetzt, oder? Mit Vollkaracho rein ins Unbekannte! Auweia! Echt jetzt? Ja, echt jetzt! Wir haben im letzten Kapitel auch die eine oder andere Angst entlarvt. Eigentlich solltest du jetzt also gewappnet sein, dich ohne Angst in dein neues Leben zu stürzen.

Wobei: Moment mal! „Sich in etwas rein stürzen" ist eine Redewendung, die wir allzu oft ohne viel Bedacht so dahinsagen. Und doch bringt „sich ins neue Leben stürzen" ein Thema, das dich vielleicht noch zurückhält, ziemlich gut auf den Punkt. Denn ja, du darfst dich hineinstürzen. Du darfst dich fallen lassen. Und genau hier kommt uns wieder unsere große Angst vor dem Unbekannten in die Quere.

Denn in was fallen wir? In was stürzen wir uns? Ins Unbekannte. Ins Nichts. Schon allein bei dem Gedanken daran kann einem ganz schwummerig werden. Unbekanntes macht uns Angst. Das große „Nichts" können wir kaum begreifen. Und alles, was wir nicht begreifen können, macht uns ebenfalls Angst. Es ist immer wieder diese Angst, die uns blockiert. Schauen wir uns also einmal genauer an, wodurch diese Angst ausgelöst wird: Was ist denn dieses „Nichts"?

NICHTS? ALLES? HÄH?!

Du stürzt dich also ins Unbekannte, in einen unbekannten Raum. Du stürzt dich ins Nichts. Und verrückterweise bietet sich dir genau dort, wo du es nie und nimmer erwarten würdest, ein Halt. Du wirst tatsächlich gehalten. Denn Nichts ist Alles. Und Alles ist Geist. Und Alles ist Energie. Was soll also passieren, wenn wir uns genau dort hineinfallen lassen? Das Nichts ist unser Zuhause. Wir haben alle so eine immense Angst vor dem Nichts. Dabei ist das Nichts alles.

Neurowissenschaftler Joe Dispenza, an dessen Seminaren und Workshops wir regelmäßig teilnehmen, leitet seine Teilnehmer immer wieder an, ins große Nichts einzutauchen. Denn dort liegt unser unendliches Potential. Joe Dispenza nennt es „the infinite black", also das „unendliche Schwarz" oder „the void", was man mit „die Leere" übersetzen kann. Im „echten Leben" haben wir alle Angst vor dem Nichts. „Du bist ein Nichts!" ist eine Beschimpfung. Wir haben Angst, nichts zu sein, keine Bedeutung, keine Wichtigkeit zu haben. Joe Dispenza sagt, es sei im Gegenteil das Nichts, was uns befreit. Denn wenn wir ins große Nichts eintauchen – become NOthing, be NOwhere, become NObody (werde nichts, sei nirgendwo, werde niemand) – betreten wir den Raum der unendlichen Möglichkeiten. In diesem Raum von Nichts steht uns alles offen. Wir betreten den Supermarkt der unendlichen Optionen. Und dort nimmst du dir einfach alles, was du willst. Ende der Geschichte.

So einfach? Ja. So einfach. Klingt nach Humbug? Da müssen wir deinen inneren Skeptiker enttäuschen. Denn all das ist wissenschaftlich von den klügsten Köpfen unserer Zeit belegt. Sag Hallo zur Quantenphysik. Keine Sorge, wir machen nur einen kurzen Ausflug in diese Hirnknoten-Sphären. Der ist deshalb so wichtig, weil eine Idee davon zu haben, was hinter all diesem

„mystischem Zeug" wirklich steckt, uns hilft, es anzuwenden und umzusetzen. Wir tun uns schwer mit Vertrauen und wollen lieber wissen und verstehen. Tun wir uns also diesen Gefallen.

QUANTENPHYSIK, ENERGIE, UNENDLICHKEIT

„Das Bewusstsein ist die Schaltstelle, die die Welle eines in Potentia existierenden Quantenobjekts zum Kollabieren bringt, um es in der Welt der Manifestationen zu einem immanenten Teilchen werden zu lassen. "

Amit Goswami in „Das bewusste Universum" · indisch-amerikanischer Physiker

Alles hängt miteinander zusammen, so auch das menschliche, nicht greifbare Bewusstsein mit der greifbaren, festen Materie. Zu dieser Erkenntnis verhalf uns die Quantenphysik. Zuvor galt das Gegenteil als unwiderrufliches Gesetz: Geist und Materie sind voneinander getrennt. Materie ist den physikalischen Gesetzen unterworfen und durch nichts anderes beeinflussbar. Schon gar nicht durch das menschliche Bewusstsein.

Doch dann entdeckten Quantenphysiker, dass das gesamte Universum nicht etwa aus fester Materie besteht, sondern aus Energie. Es ist ein wahnsinnig komplexer und kaum greifbarer Zusammenhang, in den wir dich an dieser Stelle ein kurzes Stück mit hineinnehmen möchten, um das Ganze so anschaulich wie möglich zu erklären. Also, schnall dich an.

Das grundlegende Gesetz der Quantenphysik ist, dass alles Nichts ist. Und nichts Alles. Häh, wie jetzt? Die Erklärung liefert die Physik. Denn alles, was wir in der uns bekannten „festen, physischen Welt" sehen, anfassen und im wahrsten Sinne des Wortes be-greifen können, besteht aus Atomen. Das wissen wir noch, wenn wir im Physikunterricht halbwegs aufgepasst haben. Atome sind unsere Bausteine, unsere kleinsten gemeinsamen Nenner. Dein Frühstücksbrot besteht aus Atomen. Das Bett, in dem du schläfst. Dein Hund. Dein Auto. Das Wasser, das du trinkst. Sogar dein Schatzi ist nichts anderes als ein Atomhaufen. Und, na klar, du selbst auch.

Atome sind winzig. Noch winziger wiederum sind die Bausteine, aus denen Atome bestehen. Jedes Atom beinhaltet einen Atomkern. In diesem Atomkern wiederum schwirren Protonen und Neutronen. Und wenn wir jetzt noch weiter rein zoomen, also Protonen und Neutronen in ihre Bausteine zerlegen, landen wir bei den Elementarteilchen. Die nennt man auch „Quarks". Und jetzt wird's tricky. Denn Wissenschaftler fanden heraus, dass alle Teilchen, die um den Atomkern herum verteilt sind, allesamt mit ihren Quarks im Bauch, keine feste Materie mehr sind. Alles ist Energie. Und wenn du dich noch an den Physikunterricht erinnerst, siehst du vielleicht auch das Bild vor Augen, wie winzig klein der Atomkern im Verhältnis zu seiner Hülle ist. Wir bestehen also weitaus mehr aus Energie als aus allem anderen. Man kann behaupten, alles ist Energie. Und diese Energie ist das große Nichts und das große Alles. Und auf genau dieser Energieebene befinden sich die Quanten. Sie sind die kleinste Energieeinheit. Könnten wir Atome zusammenquetschen und den leeren Raum entfernen, so würde ein ganzes Dorf in unsere Hand passen.

Ziemlich verrückt, oder? Etwas, was DA ist, was wir sehen, fühlen, anfassen können, wird zum NICHTS. Wenn du z.B. dein Smartphone in seine kleinsten Bestandteile zerlegst, oder das Buch, das du jetzt gerade in deinen Händen hältst, wird es zum NICHTS. Beziehungsweise es wird vielmehr zu Energie. Diese Erkenntnisse haben auch bei den Wissenschaftlern, die dies untersucht und erforscht haben, für ordentlich Haareraufen und viele Fragezeichen gesorgt. Es ist ja auch für unseren Verstand ziemlich unvorstellbar, dass alles sich verflüchtigt, je weiter wir es in seine kleinsten Bestandteile zerlegen.

Da den Quanten nun diese unglaublichen Eigenschaften zugeschrieben werden, schauen wir uns die kleinen Kerlchen doch mal genauer an:

Quanten sind ziemlich irre Zeitgenossen. Die machen, was sie wollen. Und sie hassen es, gemessen zu werden. Es ist schlicht unmöglich, zu messen, wie schnell sie sich z.B. bewegen und gleichzeitig herauszufinden, wo sie gerade sind. Quanten können auch in der Zeit reisen, vor und zurück und sonst wohin. Für Quanten gelten die Gesetze der „normalen" Physik einfach nicht. Quanten kennen keine Zeit und keinen Raum. Quanten ist das alles ziemlich schnurzpiepegal.

Im sogenannten Doppelspaltexperiment[24] konnte auch nachgewiesen werden, dass wir Quanten mit unserem Bewusstsein beeinflussen können. Legt man die normalen physikalischen Gesetze zu Grunde, kann etwas immer nur einen Zustand oder eine Form haben. Etwas kann fest sein oder flüssig. Aber niemals beides. Die Quanten aber können genau das. Sie können beides sein. Sie sind einerseits Energie (also „Nichts") und andererseits festes Teilchen (also „Alles") gleichzeitig. Quanten befinden sich permanent im sogenannten Superpositionszustand (Überlagerungszustand), in dem immer alle Möglichkeiten, alle Zustände enthalten sind. Die Krux ist aber: Sie sind weder das eine, noch das andere. Als würden sie sich nicht entscheiden können, wer oder was sie sein wollen. Quanten sind also wie Frauen morgens vorm Kleiderschrank mit der leidlichen Frage „Was soll ich nur anziehen?"

---

24 https://de.wikipedia.org/wiki/Doppelspaltexperiment

Das alles ist schon ziemlich unfassbar. Aber jetzt kommt das eigentlich Unglaubliche: Denn wenn wir eine Messung durchführen, wenn es also zu einer Beobachtung kommt, dann „entscheiden" sich die Quanten für einen Zustand. Sie werden von der energetischen Welle zum festen Teilchen. Auch das ist wie bei der Frau vorm Kleiderschrank: Wenn der Mann daneben steht und Druck macht – „Schatzi, wir müssen jetzt wirklich los!" – dann schnappt sich die Frau endlich irgendein Teil.

Wenn das Quant sich unbeobachtet fühlt, ist es „alles". Wenn man hinschaut, nimmt das Quant eine Form an. Die Frage ist jetzt natürlich: Woran „merkt" das Quant, dass es beobachtet wird? Hier kommt wiederum die schöpferische Macht des Beobachters in Spiel, der, zumindest im Zustand des reinen Bewusstseins, offensichtlich die Macht hat, das Quant zu beeinflussen.

Eine der grundlegenden „Verhaltensweisen" von Quanten ist aber auch, dass sie immer in Bewegung sind. Quanten haben vielleicht das berühmte Zitat des Autors Max Frisch im Kopf – „Stillstand ist der Tod". Und was bedeutet es, wenn etwas immer in Bewegung ist? Es ist immer Energie da. Quanten können nie die Energie „null" haben. Eigentlich. Denn tatsächlich gibt es doch eine „Nullpunktenergie" auf Quantenebene. Nämlich dann, wenn Quanten „sterben" oder zu existieren beginnen, also „geboren" werden.

Aber wie sterben Quanten? Und wie werden sie geboren? Tja, willkommen beim großen Geheimnis des Universums. Denn das weiß niemand, das tun die Quanten wohl völlig spontan. Sie kommen und gehen, wie sie wollen. Das unterliegt keinerlei Kontrolle, keinerlei Steuerung, keinerlei Vorhersehbarkeit. Und hier kommt nun Gott ins Spiel. Gott?! Ja, richtig gelesen. Gott. Denn die Nullpunktenergie wird auch als schöpferische Urkraft interpretiert. Es ist genau die Kraft, aus der alles entsteht. Aus „Nichts" wird Alles. Aus sich selbst heraus. Allein von sich aus. Die Nullpunktebene könnte (wir verwenden hier ganz bewusst das Wort „könnte") also Gott sein. Und was ist Gott? Reines, pures Bewusstsein. Und aus diesem Bewusstsein entsteht alles. Aus diesem Bewusstsein heraus können wir alles erschaffen. Physik und Spiritualität liegen also verdammt nah beieinander.

UND WAS HABEN WIR JETZT DAVON?

„Gott würfelt nicht, das war für Einstein ein Grundsatz, der unerschütterlich feststand, an dem er nicht rütteln lassen wollte. Bohr konnte darauf nur antworten: Aber es kann doch nicht unsere Aufgabe sein, Gott vorzuschreiben, wie er die Welt regieren soll."

Werner Heisenberg in „Der Teil und das Ganze"
deutscher Wissenschaftler & Physik-Nobelpreisträger

Was nützen uns jetzt all diese Erkenntnisse, die uns die Quantenphysiker beschert haben und die so unglaublich unvorstellbar für uns sind? Was bringt mir das jetzt, fragt der Verstand, außer einem rauchenden Kopf? Die Erkenntnis ist „ganz einfach": Menschliches Bewusstsein kann das Verhalten von Materie beeinflussen und sie sogar umstrukturieren. Bewusstsein schafft Materie. Anders ausgedrückt: Unser Bewusstsein beeinflusst unsere Welt. Was wir denken, wird Realität. Nein, du kannst einen Tisch nicht kraft deiner Gedanken in ein Kaninchen verwandeln. Aber wenn du ein Kaninchen haben willst, kannst du alles dafür tun, ein Kaninchen zu bekommen.

Die Autorin Saskia Winkler führt dies in ihrem Buch „Eventuell spirituell" weiter aus:

„Die Experimente in der Quantenphysik lassen schlussfolgern, dass die Unbestimmtheit, also der Zustand, in dem alles und nichts möglich ist, die Grundlage unserer Realität ist. Das ist die physikalische Erklärung für „Sein". Sein bedeutet nicht, einfach unterm Baum sitzen und vor sich hin meditieren, sondern wertfrei Dinge beobachten. Und alles so sein zu lassen wie es ist. Doch nicht nur das. Denn der Beobachter, der diese Realität wahrnehmen kann,

also beobachten und messen, übernimmt dabei eine ganz entschei-
dende Rolle. Denn erst wenn der Beobachter beobachtet, kippt das
unbestimmte Alles-und-Nichts in sich zusammen und wird zu ei-
ner manifesten, also eindeutigen, Realität.

Wenn man etwas manifestiert hat, wird es uns auf dem Silberta-
blett serviert. Hier kommt jetzt aber die größte Krux an der Ge-
schichte, hier ist der heikle Punkt: Wenn unsere Gedanken, also die
Bewertung, in Richtung „das kann doch nicht sein!" gehen, dann
kracht das ganze Ding zusammen. Dann schrauben wir uns unsere
Realität wieder nach unten. Genau bis dahin, wo der aktuelle Be-
wusstseinszustand es erlaubt. Es schenkt uns zum einen die Magie
und die Zauberkraft, das Bewusstsein, dass wir die Meister und
Herren in unserem Leben sind. Unser Bewusstsein und unsere dar-
aus entstehenden Entscheidungen schaffen unsere Realität. Wir kre-
ieren die Welt, in der wir leben, jeden Moment aufs Neue. Wir sind
rein gar nichts ausgeliefert, wie so viele immer denken und danach
handeln, bzw. eben nicht handeln. Und hier geben sich Spirituali-
tät und realistischer Pragmatismus die Klinke in die Hand: Es geht
um Eigenverantwortung. "

Warum ist es so wichtig ist, sich dessen bewusst zu sein? Weil
wir oft gar nicht wissen, welche Macht wir haben. Wir haben
die Macht zu kreieren. Alles ist Nichts, und Nichts ist Gott.
Und Gott hat Macht. Und vielleicht sind wir alle Gott.

Alles, was du denkst, manifestiert, also zeigt sich in deinem Leben. Glaubst du nicht? Dann beobachte dich und andere doch
mal. Deine Schwester, die immer und ständig über alles
rumjammert, zieht komischerweise auch immer die selben
Dinge in ihr Leben: Anstrengende Freunde, einen nervigen Job,
einen ätzenden Chef. Deinem Bruder wiederum, dem immer
irgendwie die Sonne aus dem Arsch scheint, scheint alles mühelos zu gelingen. Und Spaß hat er auch noch dabei. Glaubst du
wirklich, da gäbe es keinen Zusammenhang? Das Witzige ist,

man muss noch nicht mal an den Zusammenhang glauben. Ob du daran glaubst oder nicht, er ist einfach da und wirkt. Immer. Aber je mehr du dir dessen bewusst bist, desto mehr kannst du ganz konkret und zielgerichtet dein Leben gestalten. So, wie du es dir wünschst. Wie das geht, schauen wir uns in Phase drei an.

13

GIB DICH HIN

„In dem Augenblick, in dem man sich endgültig einer
Aufgabe verschreibt, bewegt sich die Vorsehung auch.
Alle möglichen Dinge, die sonst nie geschehen wären,
geschehen, um einem zu helfen.
Ein ganzer Strom von Ereignissen wird in Gang gesetzt
durch die Entscheidung, und er sorgt zu den eigenen
Gunsten für zahlreiche unvorhergesehene Zufälle,
Begegnungen und materielle Hilfen, die sich kein
Mensch vorher je so erträumt haben könnte.
Was immer Du kannst, beginne es. Kühnheit trägt
Genius, Macht und Magie. Beginne jetzt.“

Johann Wolfgang von Goethe · deutscher Dichter

Sich, wie im vorherigen Kapitel beschrieben, ins große
Nichts-und-Alles fallen zu lassen, fällt uns meist kopfge-
steuerten Menschen, uns Kontrollfreaks, aber gar nicht so
leicht. Loslassen verlangt von uns Vertrauen und Hingabe.

Aber was ist Hingabe eigentlich? Wortwörtlich betrachtet geben
wir uns hin: In eine Situation. Ins Leben. Wir geben uns. Wir
(ver-)schenken uns. Hingabe und Vertrauen gehen Hand in
Hand. Hingabe heißt aber niemals, sich zu ergeben. Sich erge-

ben bedeutet, aufzugeben, zu resignieren. Hingabe hingegen heißt, anzunehmen, was ist. Zu lieben, was ist. Vertrauen darauf, dass sich aus dem, was ist, genau das Richtige für jeden von uns entspinnt. Sich zu ergeben bedeutet, den Weg mit eingezogenem Kopf, verschlossenem Herzen, schwerfällig und mit angstverzerrtem Gesicht zu gehen. Hingabe hingegen lässt uns unseren Weg hüpfend, lächelnd, mit ausgebreiteten Armen und offenem Herzen gehen. Spannend ist, dass gerade in der deutschen Sprache Begriffe mit dem Wortstamm „geben" eine so gegensätzliche Bedeutung haben. Hingeben, ergeben, aufgeben.

„Nur ein Mensch voller Hingabe hat spirituelle Kraft. Durch Hingabe wirst du innerlich von der Situation frei. Dann kann es passieren, dass die Situation sich völlig ohne dein Zutun verändert."

Eckhart Tolle in „Jetzt! Die Kraft der Gegenwart"

deutsch-kanadischer spiritueller Lehrer & Autor

Wir können loslassen und uns hingeben, wenn wir vertrauen. Im sechsten Kapitel haben wir bereits die Angst, nicht verbunden zu sein, entlarvt. Wir konnten hoffentlich vermitteln, dass wir nichts von außen brauchen, sondern alles in uns ist. Wir haben das All-ein-Sein entdeckt und verstanden. Wir sind verbunden mit uns selbst. Deshalb dürfen wir vertrauen. In uns selbst. Wir dürfen der universellen Verbundenheit vertrauen, loslassen und uns ihr voll und ganz hingeben. Wir lösen uns aus dem Griff unserer Angst, und die freigewordene Energie kann umgeleitet werden (Phase drei).

STURM, LIEBE, HINGABE

All das ist größer als unser Ich, unser Ego, unser Verstand. Wir finden Hingabe in unserem Herzen, das eine Verbindung zum universellen Feld und damit zum Meer aller Möglichkeiten darstellt. Die Essenz dieser Energie, die unser Herz genauso wie das Universum durchdringt, die uns atmen und die Welt sich drehen lässt, ist Liebe. Wenn wir unser Herz öffnen und das Alte umarmen und lieben lernen, lösen wir es aus dem Griff unserer Angst. Die freigewordene Energie kann nun umgeleitet werden. Wohin wir sie umleiten, schauen wir uns in Phase drei an. In dem Moment, wo wir uns mit dieser Energie verbinden, in sie eintauchen und mit ihr wie ein Tropfen Wasser mit dem Ozean verschmelzen, kann Neues entstehen. Wir können uns rückverbinden mit dieser Essenz und dem Urvertrauen, das in ihr ruht, und das wir oft gerade in den problematischen Situationen unseres Lebens nicht mehr spüren können.

„Wer liebt, hat alles", schreibt der Autor und spirituelle Lehrer Gerd Ziegler in seinem gleichnamigen Buch. *„Sobald wir mutig durch alle Schichten unserer Ängste und Befürchtungen gegangen sind, führt uns dies an den äußersten Punkt unserer schrecklichsten inneren Szenarien. Hier können wir uns nur noch hingeben und uns mitten in der Auflösung unserer materiellen Form als unverletzliche und unsterbliche Freiheit erfahren. Hier erkennen wir: Unsere Ängste und alle herausfordernden Lebenserfahrungen haben letztlich nur den Sinn, aufzuwachen und wahrhaft lieben zu lernen. Die Erkenntnis unserer Wesensnatur öffnet unser Menschsein für die göttliche Liebe. Auf diese Weise verbinden wir den Himmel mit der Erde. Ist dieser Schritt vollzogen, erfahren wir unser essenzielles Eins-Sein mit der ganzen Existenz. Das lässt unsere Bereitschaft wachsen, jeder weiteren und tieferen Schicht, die in unserem Zellgedächtnis abgespeichert ist, erneut offen und bereitwillig zu begegnen. Es ist die ständige Hingabe an das, was wir in*

jedem Moment sind und erleben, die uns schließlich die befreiende Erkenntnis schenkt, dass Liebe unsere wahre Natur ist.

Stellen wir die Idee, dass Angst die Quelle unserer Sicherheit ist, in Frage. Das Gegenteil ist der Fall. Was unser Überleben sichert, ist die Abwesenheit von Angst und an ihrer Stelle die Anwesenheit einer allumfassenden bedingungsfreien Liebespräsenz. Wir haben es geschafft trotz unserer Ängste zu überleben, nicht wegen ihnen, woran viele Menschen immer noch glauben. Doch in dem Maße, wie wir beginnen, mit den Augen des Herzens zu sehen und Entscheidungen aus Liebe und nicht länger aus Angst zu treffen, beginnen wir, die große Wahrheit zu verstehen. Es ist die Liebe, die als höchste Macht in diesem Universum wirklich alles erschafft und lenkt."

David Hawkins beschreibt Hingabe als das vollständige Eintauchen in das Meer der Gefühle. Statt Verdrängen oder Kämpfen oder Überspielen: einfach volle Kanone rein. Er ermutigt uns, in unsere Ängste hineinzugehen. Lenken wir uns nicht länger ab, sondern gehen wir in das Auge des Sturms. Denn dort ist es ruhig. Dort können wir den Sturm von innen in Ruhe betrachten, ohne im Außen vor ihm wegzulaufen oder ihn wie auch immer bekämpfen zu wollen.

Wir wissen alle, man kann keinen Sturm bekämpfen. Mit keinen Mitteln der Welt. Man kann sich ihm auch nicht entgegenstellen. Das eine, was wir tun können, ist weglaufen. Aber das hindert den Sturm nicht, weiter Chaos und Zerstörung anzurichten. Das andere, was wir tun können, ist in den Sturm hineinzutreten.

„Endlose Weite ängstigt den Menschen.
Und so sucht er endlich vor der Weite das Weite."

Andreas Tenzer · deutscher Lehrer, Philosoph und Coach

Hingabe ist das Grundprinzip der Angst-Transformation. Lassen wir den Drang los, die Angst bewältigen oder die uns umgebende äußere Situation verändern zu müssen. Halten wir stattdessen einfach inne. Halten wir an. Geben wir uns dem Hier und Jetzt hin. Geben wir allem, was ist, außen und innen, seinen Raum. Lassen wir jeden Widerstand los. Lassen wir unsere Bemühungen und Anstrengungen, uns befreien zu müssen los. Gelingt uns dies, schmelzen die angstvollen Gedanken. Ruhe, Frieden und Liebe breiten sich in uns aus. Doch nicht nur in uns. Wir stecken damit auch unsere Umgebung an. Den Menschen, mit dem wir gerade sprechen und mit dem wir vielleicht eben noch im Konflikt waren. Die bedrohliche Situation, die auf einmal nur noch „eine Situation" ist, keine bedrohliche mehr. Die Liebe und die Freude fressen die Angst.

Probier es mal aus! Nimm dir ein belastendes Gefühl. Ein richtig schweres Gefühl. Eine Angst. Eine Sorge. Ein piesackendes Gefühl wie Neid, Eifersucht, Ohnmacht, Gewissensbisse. Was auch immer. Und statt es wegzudenken, zu verdrängen, zu beschwichtigen, schönzureden oder mit noch mehr fiesen Gedanken anzufeuern, halte inne. Und dann geh rein. Geh in dieses Gefühl rein. Gib dich ihm voll und ganz hin. Es ist schwer, das zu beschreiben. Aber du wirst deinen Weg mitten in dieses Gefühl hinein finden. Was spürst du? Eine Energie? Siehst du Farben? Formen? Vielleicht hast du auch einen Geschmack im Mund? Hast du körperliche Wahrnehmungen oder Reaktionen? Entspann dich. Lass immer mehr los. Nach einer Weile wirst du merken, dass es überhaupt nicht schlimm ist, in diesem Gefühl zu verweilen. Im Gegenteil, du wirst spüren, wie gut es tut, nicht mehr kämpfen zu müssen. Du spürst Frieden, Ruhe und Liebe. Das Gefühl schmilzt. Einfach nur durch dein Da-Sein.

Du musst gar nichts weiter tun. Nur dich hingeben. Und einfach sein. Probier es aus. Es ist magisch.

DU MUSST NICHTS TUN

Ist es nicht verrückt, dass genau das uns so wahnsinnig schwer-fällt? Es ist so offensichtlich, geradezu lächerlich einfach, und dabei so mächtig, so wirkungsvoll. Einfach sein. Nichts tun. Nicht abstrampeln. Gar nichts müssen. Es fällt uns deshalb so schwer, weil es zu einfach ist. Wir vertrauen dem Einfachen nicht.

Wir glauben, wir müssten unglaublich viel tun. Aber wie wäre es denn, wenn wir einfach aufhören zu strampeln, wenn wir viel weniger tun, wollen, müssen, dürfen – und doch gleichzeitig viel mehr erreichen?

Weniger tun? Das ist natürlich provokant in der heutigen Ma-cher-Tschakka-Zeit. Dabei ist es wirklich so einfach. Und nein, es bedeutet nicht, passiv, faul oder apathisch zu sein. Aber wir stellen uns dem Leben auch nicht länger in den Weg. Die meis-ten unserer Probleme und Dramen sind eigenkreiert. Hausge-macht. Wir erzählen uns Geschichten. Gefärbt durch unsere Brillen.

Loslassen und Hingeben heißt, aus uns selbst heraus zu han-deln, aus unserem Herzen heraus. Alles ist miteinander verbun-den. Alles ist eins. Kehren wir zu diesem Ursprung zurück. Da-für müssen wir viel seltener, als wir glauben, überhaupt in dieses Prinzip eingreifen. Was geschehen muss, geschieht einfach. Es entfaltet sich durch uns. Wenn wir diesem Entfaltungsprozess vertrauen, werden wir auf ganz natürliche Weise von den Din-gen, Ereignissen und Umständen angezogen, in die wir unsere Energie und Aufmerksamkeit gerne investieren. Wir geben dem unendlichen Potenzial, das uns umgibt, die Möglichkeit, sich zu entfalten. Wir folgen dem natürlichen Lauf der Dinge. Und alles wird so viel einfacher.

In einer Gesellschaft, die uns lehrt, voll mit Erwartungen zu sein, Absichten und Ziele zu haben, immer und ständig etwas zu wollen und zu tun, ist das natürlich echt komisch. Aber: Wir dürfen verlernen, zu sehr zu wollen. Wir dürfen verlernen, zu viel zu tun. Wir können eigentlich viel mehr ver-lernen als neu lernen. Wir können lassen statt tun. Wir können uns fallen lassen. Loslassen. Uns hingeben.

Statt zu viel zu tun, kommen wir so in unsere reine Klarheit. Wer sind wir wirklich? Wo wollen wir wirklich hin? Wie wollen wir leben? Wir setzen einen Magneten und lassen uns von der Vision unserer Zukunft anziehen. Anziehen lassen statt abstrampeln, das ist die neue Strategie. Wir wählen aus dem Meer der Möglichkeiten aus, wohin unsere Reise geht. „Du musst nichts tun" bedeutet, dass du nicht länger hinter deiner Zukunft und dem, was du willst, her rennst. Du bist schließlich kein Esel, der einer Karotte hinterher trabt. Nein. Du lädst stattdessen dein neues Ich auf mit deinen Vorstellungen, Gefühlen und Visionen. Das wirkt wie ein Magnet. Natürlich lehnst du dich dann nicht zurück und liegst faul im Liegestuhl. Natürlich gehst du dann auch die mutigen, erforderlichen Schritte.

HINGABE, VERTRAUEN, KLARHEIT

Hingabe erfordert Vertrauen. Vertrauen in unsere innere Stimme. Vertrauen schenkt uns Klarheit. Wie oft sehnen wir uns nach Klarheit? Haben wir nicht den meisten Stress dann, wenn unsere Gedanken und Gefühle diffus und verwirrt sind? Entscheidungen sind so lange nervenaufreibend, bis sie getroffen sind. Stell dir das Ganze wie ein Glas mit verschmutztem Wasser drin vor. So lange keine Entscheidung getroffen wird, ist der Schmutz im Glas aufgewirbelt. Du kannst nicht hindurchsehen, wenn du das Glas gegen das Licht hältst. Ist die Entscheidung getroffen, sinkt der Schmutz auf den Boden, da wirbelt nichts mehr herum. Du siehst klar.

Der Schlüssel zu Hingabe und Klarheit ist, im Außen stehenzubleiben und sich nach innen zu wenden. Aufzuhören zu kämpfen. Anzunehmen was ist, egal, wie herausfordernd die Situation gerade ist. Während das „Nein, es soll nicht so sein" die Türe zur Lösung zuhält, ermöglicht die Klarheit ein „Ja, es ist jetzt so", das die Tür öffnet.

„Ja oder nein?" – Die Herz-über-Kopf-Methode schafft mit dieser einfachen Frage Klarheit. Ja zur Situation oder Nein zur Situation. Ja zu deinen Gefühlen oder Nein zu deinen Gefühlen. Ja zu dir und zum Leben oder Nein zu dir und zum Leben. Das Nein hält die Energie fest. Das Ja leitet sie um, hinein in ein neues Leben.

„In Wahrheit ist nichts in uns, was uns verletzen kann;
nur die Angst vor unseren eigenen Gefühlen
kann uns gefangen halten.
Wenn etwas Ungewöhnliches oder Unerwartetes
während der Meditationen auftaucht, ist es am besten,
es einfach voll anzuschauen, dranzubleiben und es so
intensiv wie möglich zu spüren.
Du wirst feststellen, dass es dich von da an nicht mehr
negativ beeinflusst. Wir leiden unter Ängsten, weil wir
uns bestimmten Dingen nicht stellen wollen.
Wenn wir einmal bereit sind, den Ursprung einer Angst
ohne Ausflüchte und Wenn und Aber anzuschauen,
dann verliert sie ihren Schrecken. "

Shakti Gawain in „Kreativ Visualisieren" · US-amerikanische Autorin

„Der gewöhnliche Mensch ist in eine Handlung
verwickelt, der Held handelt.
Der Unterschied ist gewaltig. "

Henry Miller · US-amerikanischer Schriftsteller

14

DU BIST DER BOSS

Herzlich willkommen in Phase drei. Bis hierhin haben wir schon richtig viel geschafft. In der ersten Phase haben wir uns erlaubt, unsere Blockaden zu erkennen. Wir haben hingeschaut. In der zweiten Phase haben wir uns voll und ganz hingegeben, uns fallen- und losgelassen. So konnten wir die Blockaden lösen. In diesen beiden Phasen haben wir uns um die linke Seite unserer liegenden Acht gekümmert. Um unsere Vergangenheit. Jetzt wandern wir rüber in die rechte Seite unserer liegenden Acht. Wir gehen ins Jetzt und darüber hinaus in unsere Zukunft.

Phasen eins und zwei sind geprägt von Erkennen, Annehmen, Hingeben und Lösen. Es ist, als würden wir uns auf gewisse Art und Weise freischaufeln. Und genauso beschreibt es auch der Autor und ehemalige Chief Business Officer bei Google X, Mo Gawdat, in seinem Buch „Die Formel für Glück": Glücklich zu sein ist unsere Werkseinstellung. Wir sind von Haus aus glücklich. Es lagern nur zig fette Brocken aus Zweifeln, Sorgen und begrenzenden Gedanken und Gefühlen auf uns und unserem Glück. Wir müssen nichts weiter tun, als diese Brocken wegzuschaffen und uns zu befreien. Und dann liegt es vor uns, unser Glück. Die Brocken haben wir in den Phasen eins und zwei weggeräumt. Schon allein das bewirkt eine immense Veränderung. Endlich wieder frei durchatmen. Freiheit.

Aber was fangen wir jetzt mit unserer Freiheit, unserem befreiten Glück und nicht zuletzt den befreiten Energien an? Jetzt kommt der eigentlich schönste Teil unserer Herz-über-Kopf-Methode. Jetzt dürfen wir den Pinsel rausholen und unser Leben so zeichnen, wie wir es möchten. Wir kreieren. Wir gestalten. Wir nutzen unsere frei gewordenen Energien, um unser Wunschleben zu erschaffen. Keine Blockaden, keine limitierenden Glaubenssätze hindern uns mehr daran.

Ab sofort lenkst du all deine gelöste Energie und Aufmerksamkeit in die rechte Seite deiner liegenden Acht: In deine Zukunft. Das ist einfacher getan als gesagt, indem du anfängst, dir folgende Fragen zu stellen:

- Wie sieht mein neues Ich aus? Wie fühlt es sich an?
- Wie fühlt sich mein neues Ich an, wenn es sich aufgrund der neuen Entscheidung neu ausrichtet?
- Wie fühlt es sich an, mit der kleinen Angst an der Hand den neuen Weg zu gehen?
- Wie fühlt sich mein Herz an, das sich immer mehr für mich öffnet?
- Wie fühlt es sich an, mit Herz und Intuition stärker denn je verbunden zu sein?
- Wie fühlt es sich an, den eigenen Weg ganz ohne Kampf in Liebe und Zuversicht gehen zu dürfen?
- Wer will ich sein?
- Welche Version meiner Zukunft will ich wirklich leben?

Je mehr dieser Fragen wir uns stellen, je mehr Antworten wir finden und wirklich spüren können, desto größer und begeisternder wird die Vision von unserem Leben, unserem Weg, unseren Möglichkeiten und unserem neuen Ich. Das Entscheidende hierbei ist: Wir nehmen endlich das Steuer in die Hand. So lange wir durch Blockaden und limitierende Glaubenssätze in der linken Seite unserer liegenden Acht herumeierten, irrten wir wie auf Autopilot, im Blindflug von unserem Unterbewusstsein gesteuert, irgendwie durchs Leben. Wie oft antworten vornehmlich ältere Menschen auf die Begrüßungsfloskel „Wie geht's?" mit „Ach ja, es muss." Stets seufzend und fast apathisch vorgetragen. Das Leben ist aber auch eine ach so starke Bürde und eines der schlimmsten sowieso. Hat schließlich noch nie einer überlebt. Man muss halt irgendwie so durchkommen und sich dem Schicksal ergeben. Es ist, als würden die Herrschaften ihr Leben nur noch absitzen, nicht mehr aktiv leben. Vielleicht haben sie es auch nie wirklich gelebt. Vielleicht sind sie ihr Leben lang durch die linke Seite der liegenden Acht gekreist, ohne jemals in die Vogelperspektive zu gehen und zu erkennen, „Moment mal, da gibt es auch eine rechte Seite, eine Zukunft, die ich aktiv gestalten kann. Wow, wie toll, was ist das denn und wie geht das?" „Es muss. Ach ja." Es ist erstaunlich: Während wir uns diese Szenerie vorstellen und diese Zeilen schreiben, merken wir augenblicklich, wie unser Energie- und Schwingungslevel nach unten geht. Hängende Schultern, heruntergezogene Mundwinkel, puh, ist das alles hart mit diesem Leben. Ach ja, es muss. Nö! Es ist wirklich so unglaublich schade, wie viele Menschen in genau diesem Modus leben. „Wir geben uns eben mit den kleinen Dingen des Lebens zufrieden", sagen viele. Natürlich ist es großartig und wichtig, die kleinen Dinge des Lebens wertzuschätzen. Aber das heißt nicht, dass wir uns nicht erlauben dürften, auch nach den großen Dingen zu streben.

Denn verdammt, nein! Es muss gar nichts. Es darf! Was für ein Geschenk ist unser Leben doch! Übernehmen wir endlich Verantwortung für dieses Geschenk. Und lassen wir die größte und begeisterndste Vision unseres Lebens entstehen. Wechseln wir vom Beifahrersitz auf die Fahrerseite. Schalten wir den Autopiloten aus. Geben wir die Koordinaten selbst ein und steuern und fahren wir ab sofort selbst. Du bist der Boss.

DOCH. ALLES IST MÖGLICH.

„Es wäre denkbar, dass morphogenetische Felder unendlich sind. Sie sind einfach vorhanden und durch nichts Anderes erklärbar. Dies würde bedeuten, dass morphogenetische Felder von allen chemischen Stoffen, Kristallen, Tieren und Pflanzen, die es je auf der Erde gab oder geben wird, sogar schon vor der Entstehung dieses Planeten in latentem Zustand vorhanden waren. "

Rupert Sheldrake in „Das schöpferische Universum" · britischer Autor & Biologe

Wir sind umgeben von Unendlichkeit. Alles ist unendlich. Wir sind Alles und Nichts. Jeder Augenblick unseres Lebens besteht aus unendlich vielen Möglichkeiten. Da auch wir letztlich aus Energie bestehen und fast keine Masse haben (sag das mal deiner Waage!), sind wir mit dieser Unendlichkeit und dem Meer der Möglichkeiten immer verbunden.

Das Problem ist nur, dass wir durch unsere Brille (siehe Kapitel 7) eine dermaßen beschränkte Sicht auf die unendlich vielen vor uns liegenden Möglichkeiten haben, dass wir uns den Gedanken „Alles ist möglich" gar nicht erlauben und es uns damit verunmöglichen, diesen beflügelnden Glaubenssatz zu entwickeln und tief in uns zu verankern. Denn natürlich gibt es nicht nur hinderliche und begrenzende Glaubenssätze. Genauso wie wir uns hemmende Glaubenssätze entwickeln können, können wir uns antreibende und ermutigende Glaubenssätze entwickeln.

Alles ist möglich. Für die meisten ist das unvorstellbar. Es kommt ihnen geradezu unverschämt und frech vor, mit dieser

Haltung durchs Leben zu gehen. Schließlich werden wir noch immer mit Regeln und Sprüchen wie „Schuster, bleib bei deinen Leisten" oder „Bescheidenheit ist eine Zier" erzogen. Jeder, der „Ich will alles" sagt, gilt als gierig. Gierig nach Leben und Neuem zu sein, gilt nicht als Tugend, sondern als Laster.

Du bist der Boss. Das heißt auch, dass du nicht länger hinnimmst, nur das zu sehen, was deine Brille dich sehen lässt. Lenken wir unsere Energie und Aufmerksamkeit nicht länger ausschließlich auf das das, was wir kennen. Denn damit trennen wir uns mehr und mehr von den unendlich vielen Möglichkeiten, die das Leben für uns bereithält. Wir sortieren sie bewusst oder unbewusst aus. Wir gestehen weder uns noch anderen zu, über den Brillenrand hinauszuschauen. Und irgendwann vergessen wir auch ganz, dass das überhaupt möglich ist. Welches Signal senden wir dann an die Welt, das Universum und unser „Feld"? Genau: „Ich bin versorgt. Ich brauch nix. Ich will nix. Ich bleib hier in meiner kleinen Welt." Wenn du das Universum wärst, wie würdest du darauf reagieren? Würdest du dich dir mit all deinen Schätzen und Gaben aufdrängen wollen? Richtig: eher nicht. Denn das Universum ist eine Diva. Es verschenkt sich und seine unendlichen Möglichkeiten natürlich nur an die, die mit offenen Armen und offenem Herzen bereit sind, zu empfangen. Auf jemanden der motzig und mit verschränkten Armen dasteht hat das Universum keine Lust. Warum auch sollte es mit dir spielen und dich reich beschenken wollen, wenn du gar nicht willst? Wenn du immer wieder mantra-artig wiederholst: „Also ich bin auch mit den kleinen Dingen des Lebens zufrieden." Und dann wunderst du dich, warum dein Leben so klein und bescheiden ist, und immer nur die anderen Glück und Erfolg haben? Komisch, oder?

Hast du denn wirklich alles versucht? Ein weiterer Grund dafür, dass sich dein Leben nicht so entwickelt, wie du es dir insgeheim wünschst (warum eigentlich insgeheim? Genau da fängt es an!), liegt an der Ebene, auf der du versuchst, Glück und Erfolg in dein Leben zu ziehen. In Kapitel 12 haben wir schon gelernt, dass unsere Welt nicht nur auf der stofflichen Ebene existiert (Hallo Newton!), sondern auch auf der quantenphysischen. Das heißt, wir können auf beiden Ebenen, in beiden Welten erschaffen und kreieren. Die stoffliche Welt ist die Welt, die wir kennen und ganz gut verstehen. Wir können das meiste darin im wahrsten Sinne des Wortes be-greifen. Diese Welt ist berechenbar, planbar und folgt relativ einfachen Regeln. Übersetzt heißt das, ich muss, um von A nach B zu kommen, die Strecke x zurücklegen und die Energie y aufwenden. Das Ganze wird die Zeit t dauern. Die logische Schlussfolgerung daraus, die so viele Erfolgstheorien lehren: Arbeite hart und du wirst erfolgreich sein. Setz dir ein Ziel, und dann beweg dich auf dieses Ziel zu. Wenn du etwas in deinem Leben verändern möchtest, versuche, gemäß dieser Gesetze, dein altes Selbst und die Welt um dich herum zu verändern.

„Für uns gläubige Physiker hat die Scheidung zwischen Vergangenheit, Gegenwart und Zukunft nur die Bedeutung einer wenn auch hartnäckigen Illusion."

Albert Einstein · deutsch-amerikanischer Physiker

Aber wie sieht es auf der quantenphysischen Ebene aus? Gemäß den Gesetzen, oder besser gesagt den letzten Erkenntnissen der Quantenphysik, gibt es auf der Quantenebene keine Zeit, wie wir sie kennen. Alles ist immer. Alles war immer. Alles wird immer sein. *„Eine von einem Moment zum nächsten fortschreitende Zeit gibt es in dieser Quantengravitation so wenig, wie es in der herkömmlichen Quantenphysik den Flug eines Teilchens entlang einer bestimmten Bahn gibt. Die Zeit ist lediglich eine innere Eigenschaft der universellen Funktion und unsere Zeitwahrnehmung nichts als das Ergebnis unseres beobachtenden Blickes auf die Welt",* schreibt Physiker und Forscher Prof. Dr. Claus Kiefer in seinem Buch „Der Quantenkosmos: Von der zeitlosen Welt zum expandierenden Universum". Die These vieler Quantenphysiker: Alles lässt sich auf die Wechselwirkungen kleinster Stücke von Information zurückführen.[25] Informationen aus der Vergangenheit prägen unser Jetzt und unsere Zukunft. Ändern wir also die Informationen aus der Vergangenheit.

Wenn wir die Energieblockaden in unserer Vergangenheit lösen, ändern wir den Informationscode für unser Jetzt und unsere Zukunft. Wir lösen die Bremsen und können unser altes, blockiertes Selbst loslassen. Wir machen den Weg frei für jede mögliche Zukunft, die wir uns wünschen.

> *„Gegenwärtig ist Unendlichkeit für uns ein imaginärer Begriff. Aber wenn wir das innere Herz, unser spirituelles Herz entdecken, bleibt Unendlichkeit nicht länger eine bloße Vorstellung, sie ist Wirklichkeit."*
>
> Sri Chinmoy in „Große Meister Indiens" · indischer spiritueller Lehrer

FÜR MICH SOLL'S ROTE ROSEN REGNEN

Machen wir einen Quantensprung – weg von den Quanten und hin zu den Rosen. Denn „alles ist möglich" heißt vielleicht nichts anderes, als jeden Tag für sich selbst Rosen regnen zu lassen, so wie es Hildegard Knef in ihrem berühmten Lied besingt. Hildegard Knef galt als kompromisslose Frau, die sich aus dem Korsett der gesellschaftlichen Regeln und Zwänge befreite. Das

---

25 https://www.spektrum.de/news/die-struktur-von-raum-und-zeit-wird-vonastrophysikern-und-quantenforschern-untersucht/1435484

war damals in den 50ern sicher noch herausfordernder als in den heutigen vermeintlich offenen und aufgeklärten Zeiten. „Hildegard Knef war Sünderin und Sängerin, Hollywoodstar und ein Hit am Broadway. Sie liebte einen Nazi und heiratete einen Juden. Sie kämpfte in den Ruinen Berlins um ihr Leben und fühlte sich an der Park Avenue zuhause. Vom deutschen Publikum gleichermaßen verehrt und verachtet, wurde ihre Autobiografie das erfolgreichste Buch der Nachkriegszeit. Ihre Konzerte sind Legende. Sie war eine deutsche Ikone. Und sie war sehr, sehr cool", heißt es in der Beschreibung des Trailers für ihre filmische Autobiografie.[26] Hildegard Knef war ihr eigener Boss. Sie lebte das Motto „alles oder nichts" wie kaum jemand sonst. Was hindert dich daran, Rosen für dich regnen zu lassen?

Für mich soll's rote Rosen regnen
(Hildegard Knef / Hans Hammerschmid)

Mit 16, sagte ich still:
ich will,
will groß sein, will siegen,
will froh sein, nie lügen.

Mit 16, sagte ich still:
ich will,
will alles oder nichts.
Für mich soll's rote Rosen regnen,
mir sollten sämtliche Wunder begegnen,
die Welt sollte sich umgestalten
und ihre Sorgen für sich behalten.
Und später, sagte ich noch:

———

26 https://www.youtube.com/watch?v=08Ig8c6q3qA

Ich möcht verstehen, viel sehen, erfahren, bewahren.
Und später, sagte ich noch: Ich möcht
nicht allein sein und doch frei sein.

Für mich soll's rote Rosen regnen,
mir sollten sämtliche Wunder begegnen,
das Glück sollte sich sanft verhalten,
es soll mein Schicksal mit Liebe verwalten.

Und heute, sage ich still:
Ich sollt
mich fügen, begnügen,
ich kann mich nicht fügen,
kann mich nicht begnügen:
will immer noch siegen.
will alles, oder nichts.

Für mich soll's rote Rosen regnen,
mir sollten ganz neue Wunder begegnen,
mich fern vom alten neu entfalten,
von dem, was erwartet, das meiste halten.
Ich will, ich will.

HEILSAME PANIKATTACKEN: MARGIT

Margit hat es geschafft. Sie hat eine ihrer größten Lebenskrisen bewältigt – und hat sich mittlerweile von uns zum Inspirations-Coach[27] ausbilden lassen, um ihre Erfahrungen weiterzugeben und anderen Menschen in ähnlichen Situationen helfen zu können. Was wie eine geradlinige Geschichte aussieht, war allerdings alles andere als einfach.

Denn Margit kam zu uns auf dem Höhepunkt ihrer Lebenskrise. Sie war vom Jetzt-Zustand ihres Lebens völlig überfordert, von Trauer überwältigt, voll mit Wut und Ablehnung sowie von umfassender Apathie gelähmt. Ihr Mann, die große Liebe ihres Lebens, war aufgrund einer schweren Krankheit gestorben. Er hatte Margit nicht nur mit der gemeinsamen kleinen Tochter zurückgelassen, sondern auch mit der Firma, die er über viele Jahre mit Margit zusammen aufgebaut und geleitet hatten. All dem auf einmal allein ausgesetzt zu sein, fühlte sich Margit nicht gewachsen. Ihr Mann war für sie wie ein Stützpfeiler gewesen. Nun, da er weg war, sackte Margit regelrecht in sich zusammen. Sie litt unter schweren Panikattacken und konnte das Haus kaum noch verlassen. Margit konnte nicht nur weder für sich noch für die Firma die Verantwortung übernehmen, sondern leider auch für ihre kleine Tochter nicht, die somit mehr oder weniger sich selbst überlassen war.

Margit erzählte uns: „Ich war so wütend. So frustriert. Aber das war keine Wut, die mich antrieb, sondern eine Wut, die immer mehr in Apathie abrutschte. Ich fühlte

27 https://www.inspirations-coach.de

mich vom Leben verraten, weggeschwemmt und zurückgelassen mit einem Haufen verbrannter Erde." Margit gab den Ärzten die Schuld daran, dass ihr Mann viel zu früh gestorben war. „Die haben ihn nicht richtig behandelt!", erzählte sie uns traurig, verbittert und trotzig zugleich. Margit war gänzlich in der Opferrolle gefangen. Alles war doof. Nun, wer konnte es ihr verdenken! Das Leben spielte nun wirklich gerade die eher dunklen Karten für Margit. Und sie erkannte (noch) nicht, dass sie zwar keine Schuld an der Misere hatte, aber durchaus die Macht besäße, sich da Stück für Stück wieder hinaus zu manövrieren. So suhlte sich Margit in den Vorwürfen und Schuldzuweisungen. Ganze vier Jahre lang. Vier Jahre lang entschied sich Margit mehr oder weniger unbewusst dafür, noch mehr ins Drama hineinzukriechen.

Margit kam erst zu uns, als die Panikattacken immer extremer geworden waren. So extrem, dass das Jugendamt schon bei ihr auf der Matte gestanden hatte und ihr die Tochter wegnehmen wollte. Obwohl seit dem Tod ihres Mannes vier Jahre vergangen waren, hatte Margit nichts unternommen, um die Probleme und Herausforderungen zu bewältigen. Für sie war es, als sei ihr Mann erst gestern gestorben. Sie spulte die immer gleichen Gedanken in sich ab, Gedanken von Frust und Vorwürfen. Sie verharrte im Widerstand, ihr Nein zu allem, was geschehen war, hielt die Tür zu einer möglichen Lösung und einem neuen Leben fest verschlossen und verriegelt.

Jeder verarbeitet Trauer und traumatische Erlebnisse anders. Und natürlich müssen wir nach einschneidenden dramatischen Ereignissen nicht sofort wieder funktionieren. Wir dürfen erst einmal wie Margit reagieren. Das ist völlig normal und menschlich. Aber: Wir müssen uns auch nach einer gewissen Zeit davon verabschieden. Raus aus der Misere. Sonst geraten wir, ähnlich wie Margit, immer tiefer in die Apathie- und Opferfalle. Wir müssen das Geschehene aktiv verarbeiten und bewältigen. Wir müssen uns trauen, ehrlich hinzuschauen, uns dem

Ganzen zu stellen. Tun wir das nicht, sondern verdrängen wir, verschließen die Augen, sucht der Körper einen Weg, das Geschehene zu kanalisieren. Er entwickelt Symptome, die letztlich nichts anderes als Warnsignale sind. Solche Symptome mögen zunächst nur leicht sein, werden aber stärker, wenn wir weiterhin nicht bereit sind, die Zeichen der Seele wahrzunehmen, die sich deshalb nur noch über den Körper ausdrücken kann. Genau so war es bei Margit. Die Panikattacken wurden so schlimm, dass sie endlich ins Handeln kommen musste. Margit wollte einfach nur noch, dass sie verschwinden, damit sie wieder ihren täglichen Pflichten nachgehen kann. Sie waren der Schlüssel zu ihrer Heilung.

Mithilfe der Herz-über-Kopf-Methode konnten wir Margit liebevoll und sorgsam in ihren Schmerz hineinbegleiten und gemeinsam die entstandenen Blockaden und Glaubenssätze auflösen. Entscheidend war aber vor allem, dass Margit endlich erkannt hatte, dass sie all die Zeit in der Vergangenheit gelebt hatte, was aber ihren Mann auch nicht wieder lebendig machen konnte. Sie konnte sich endlich aus dem Erlebten lösen, das sie so stark festgehalten und blockiert hatte. Zum ersten Mal überhaupt konnte Margit alles annehmen und daraufhin auch loslassen. Das entspannte ihren von all dem Festhalten erschöpften Körper, sie konnte sich langsam wieder regenerieren, sich ganz in Ruhe ihren bisher in ihr weggeschlossenen Gefühlen öffnen und ihre Lebensenergie wieder zum Fließen bringen.

Die Panikattacken hatten nun keine Aufgabe mehr und ließen immer mehr nach. Margit fand immer weiter zurück ins Leben. Nach wenigen Coaching-Sitzungen verstand sie immer mehr, konnte Frieden machen mit ihrer Vergangenheit, sich wieder um ihre Tochter kümmern und ihr eine liebevolle Mutter sein. Sie schöpfte neuen Mut und ist mittlerweile glücklich und neu verheiratet. Ihre Tochter ist erwachsen und studiert, die alte gemeinsame Firma ist verkauft. Margit hat ihr Leben in die Hand genommen und sich wieder dafür geöffnet, glücklich sein zu wollen. Durch das Visionieren und das Befreien der alten, blockierten Energien hat sie neue Lebenskraft geschöpft. Doch nicht nur das. Sie absolvierte die Ausbildung zum Inspirations-Coach[28], um ihrerseits Frauen zu unterstützen, die ebenfalls einen solch schweren Schicksalsschlag erleiden mussten.

---

28 https://www.inspirations-coach.de

„Positive Zukunftsbilder sind eine mächtige und magnetisch wirkende Kraft. Es entsteht ein Wechselspiel zwischen uns und diesen Bildern. Sie ziehen uns voran und geben uns Energie, Mut und Willenskraft, in wichtigen Augenblicken die Initiative zu ergreifen. Negative Vorstellungen der Zukunft haben ihren eigenen Magnetismus: Sie ziehen unsere Lebensgeister hinunter auf den Weg der Verzweiflung und Kraftlosigkeit."

David Feinstein & Stanley Krippner in „Persönliche Mythologie: Die psychologische Entwicklung des Selbst" · US-amerikanische Psychologen

15

DEINE VISION

Alte Blockaden lösen, Energien befreien, das innere Kind heilen. Alles schön. Alles gut. Und alles wichtig. Aber reicht es, sich nur zu entscheiden, wer man NICHT mehr sein will? Das ist ein Anfang. Ganz klar. Aber wer willst du denn stattdessen sein? Wie soll dein Leben aussehen, wie soll es sich anfühlen? Wie sieht deine Zukunft aus? Was wünschst du dir? Diese Fragen können viele Menschen nicht nur nicht beantworten, viele stellen sich diese Frage gar nicht erst. Wir lernen das auch nicht wirklich. Es wird uns (bisher) nicht beigebracht, unser Leben aktiv zu erschaffen und zu gestalten. Unserer Meinung nach sollten bereits Kindern im Kindergartenalter die dafür nötigen Tools und Methoden gelehrt werden.

Schau doch mal in deine Zukunftskugel. Trau dich. Was möchtest du sehen? Wem willst du dort begegnen? Visionen helfen uns, unser zukünftiges Leben aktiv zu gestalten. Eine Vision ist ein Wegweiser, der uns immer wieder daran erinnert, wohin wir eigentlich wollen. Lenk dein Leben doch einfach dahin, wo du hin willst! Das geht? Ja, das geht. Visionen helfen dir dabei.

HABEN & SEIN, ZIEL & VISION

Ist die Vision so etwas wie ein Ziel? Nein. Nicht ganz. Und diese Unterscheidung ist wichtig. Also was ist der Unterschied zwischen Vision und Ziel? Wir alle hören immer wieder „Um erfolgreich und glücklich zu sein, muss ich mir nur große Ziele setzen; dann marschiere ich einfach drauf los, haue jedes Hindernis aus dem Weg und irgendwann komme ich dann an meinem Ziel an." Juhu! Champagner und Konfetti! Es gibt viele verschiedene Ziele-Modelle, z.B. das SMART-Modell,[29] mit dem vorrangig im Projektmanagement gearbeitet wird. Wir alle haben die Formel schon zigmal gehört und beten sie jetzt noch mal zusammen nach: Ein Ziel muss spezifisch, messbar, attraktiv, realistisch und terminiert sein. Eben SMART.

Meistens beziehen sich Ziele auf Dinge im Außen. Materielles. Ich kann z.B. das Ziel haben, einen Ferrari zu besitzen. Und wenn er dann in meiner Garage steht, habe ich mein Ziel erreicht. Und – glücklich? Vielleicht im ersten Moment. Na klar jubeln wir, die Aufregung ist groß, ein Ferrari ist ein geiles Geschoss. Aber das ist wie in unserer Kindheit mit dem Spielzeug, das wir uns ein Jahr lang so sehnlich zum Geburtstag gewünscht hatten. Als es endlich auf unserem Geburtstagstisch stand, beleuchtet von Kerzen, war die Freude riesig. Wir spielten zwei, drei Tage lang aufgeregt und ununterbrochen damit. Wir waren stolz, bewunderten es. Und dann, nach ein paar Tagen, flog es in die Ecke. Auf einmal war es normal und langweilig geworden. Der Zauber war verflogen. Das ist das Frustrierende an Zielen: Sie machen nicht langfristig glücklich. Wir reden uns immer ein, wenn wir dieses und jenes Ziel endlich erreicht hätten, wären wir glücklich.

---

29 https://de.wikipedia.org/wiki/SMART_(Projektmanagement)

Bei einer Vision geht es um etwas ganz Anderes. Ziele drehen sich oft ums „Haben". Bei Visionen geht es ums „Sein". Ziele und Visionen dürfen Hand in Hand gehen. Und es ist auch absolut nicht verwerflich, sich materielle Dinge zu erträumen, auf die Erfüllung dieser Träume hinzuarbeiten und damit erfolgreich zu sein. Nur sollten wir nicht allein auf dieses Pferd setzen. Bei einer Vision geht es darum, wer und wie du in Zukunft sein und leben möchtest. Es geht um Gefühle. Es geht um ein ganz konkretes Bild, das beflügelnde und schöne Gefühle in dir auslöst. Um eine Vision entstehen zu lassen, können wir bei den Zielen anfangen. Ziele sind toll, solange du nicht von ihnen verlangst, dass dich das Erreichen glücklich macht. Frag dich einfach, was dir das Ziel geben soll, wenn du es erreicht hast. Sehnst du dich nach einem Ferrari? Warum? Worum geht es dir? Geht es dir dabei um Freiheit, Image, Prestige oder Spaß?

Eine Vision hat mit Eigenschaften zu tun, die du nicht „erreichen" kannst. Sie gibt dein Wunschbild von dir selbst wieder: wie du sein und fühlen willst. Du kannst dieses Wunschbild nicht einfach so umsetzen. Aber du kannst dich auf den Weg zu dieser Umsetzung machen. Eine Vision deines Traumjobs könnte sein, dass er dich erfüllt, dass du dein Potenzial entfalten, deine Stärken, Interessen und Talente einbringen kannst, dass er dir on Top einfach Spaß macht und du auch noch gut dabei verdienst. Es geht also um Eigenschaften und Attribute, die dir wichtig sind.

Wenn wir uns mit Visionen beschäftigen, müssen wir uns voller Zuversicht und Vertrauen in das Unbekannte begeben (siehe Kapitel 13 – Hingabe!). Denn mit einer Vision bestimmen wir zwar die Richtung, in die wir lenken möchten, kennen aber noch nicht das „Wie". Genau das ist der Grund, warum viele Menschen sich gar nicht erst damit beschäftigen. Zu groß und unüberwindbar fühlt sich diese „Keine-Ahnung-wie-das-gehen-soll-Lücke" zwischen Realität (Heute) und Vision (Zukunft) an. Das frustriert. Hier steht uns mal wieder unser Verstand, unser Kopf, im Weg. Wir wollen sofort den Masterplan. Haben wir den noch nicht, reden wir uns ein, das sei doch alles nur Spinnerei. Wir tun es ab, legen es ad acta. Und verharren in unserem kleinen Leben, ohne uns hinzugeben und uns der Möglichkeit zu öffnen, dass wir alles erreichen können.

HALLO HOLLYWOOD!

Welches Leben möchtest du führen? Wie soll es aussehen? Wie soll es sich anfühlen? Warum das Gefühl dabei so wichtig ist, schauen wir uns im nächsten Kapitel an. Du darfst dich fragen, was du alles in deinem Leben HABEN möchtest, aber die noch viel wichtigere Frage ist, wer du SEIN möchtest. Etwas HABEN zu wollen, ist in Ordnung. Es ist völlig okay, sich ein schönes Haus oder „'ne geile Karre" zu wünschen. Aber mehr als Dinge im Außen sind diese eben auch nicht. Und das Glücksgefühl verpufft schnell, wenn du sie einmal erreicht hast. Nur Visionen, die dich wirklich berühren und bewegen, dich also im Inneren triggern, haben die echte Macht, dein Leben in genau die Bahnen zu lenken, die du dir vorstellst. Denn was steckt wirklich hinter dem Wunsch oder der Vision, ein tolles Auto, eine Villa oder einen beeindruckenden Job zu haben? Fast immer ist es die Sehnsucht, einfach glücklich, unabhängig und frei zu sein. Sich angenommen, wertgeschätzt und einfach wohl zu fühlen. Wir sehnen uns „nur" nach der Anerkennung unserer Familie, unseres Umfelds und letztlich auch der Gesellschaft. Wir wollen geliebt werden.

Visionen dürfen materielle Aspekte enthalten, na klar. Und du darfst dir in deinen Visionen alles zusammenspinnen, was du dir wünschst. Visionen kennen keine Grenzen, keine Regeln, keine Gesetze, kein Das-geht-nicht. Sei mutig und drehe deinen eigenen Film. Welchen Film möchtest du gerne sehen? Du hast das volle Budget und absolute Gestaltungsfreiheit! Du darfst die Hauptrolle übernehmen, alle Nebenrollen besetzen, die Spielorte bestimmen. Du schreibst das Drehbuch und führst die Regie. In deinem Film darf all das sein, was in dir als Zuschauer ein richtig schönes und gutes Gefühl erzeugt. Ein Film, der in dir den Gedanken und den Wunsch erzeugt: Jawoll, genauso soll es sein! Dreh deinen eigenen Hollywood-Blockbuster!

Visionen zu entwickeln, heißt also nicht, sich einfach nur irgendwas zusammenzuwünschen und auszumalen, sondern vor allem auch, die damit verbundenen Gefühle zu untersuchen und so stark werden zu lassen, dass sie eine dich berührende, bewegende und wahrhaft inspirierende Sogkraft entwickeln. Visionen müssen fühlbar sein. Wenn du beim Anschauen deines Films nichts fühlst, hast du den falschen Film gedreht. Du kannst deinem Film nur dann das Gütesiegel verleihen, wenn du als Zuschauer etwas spürst. Wenn du dir z.B. ausmalst, wie du Chef deiner eigenen Firma bist, dabei aber nichts spürst, kann sich die Magie der Vision nicht entfalten und wirken. Wenn du deinen Film drehst, achte bitte immer ganz bewusst darauf, welche Gefühle er in dir auslöst. Warum das so enorm

wichtig ist, schauen wir uns im kommenden Kapitel noch genauer an.

Natürlich reicht nicht die Vision allein. Wir müssen diese auch umsetzen. Und das werden wir, wenn wir in Gang kommen. Das ist natürlich Teil des Spiels. Deine Vision ist dein Wegweiser – gehen musst du selbst. Sich schöne Visionen machen und dann einfach abwarten funktioniert nicht. Nicht umsonst heißt es beim Film „Und Action!" Diese Aufforderung gilt auch für uns: aktiv werden und umsetzen. Es liegt, wie alles im Leben, bei uns selbst. Wir haben die Macht, alles, was wir uns in unserem Leben erträumen, zu erreichen. Wir haben aber genauso auch die Macht, unsere Träume platzen oder gar ganz versiegen zu lassen. Wir tragen die volle Verantwortung für alles, was wir tun, und ebenso für alles, was wir nicht tun.

Es gibt auch Visionen, die uns prüfen, die sich nicht von heute auf morgen in unserem Leben manifestieren lassen. Zu deren Umsetzung erst einige nötige Schritte gegangen und etliche Berge erklommen werden müssen. Visionen, die herausfordernd sind. An denen wir mitunter viele Jahre dranbleiben und dabei gegen eigene Zweifel und hindernde Umstände ankämpfen müssen. Aber auch in diesem Fall bleibt die Vision unser Wegweiser. Erzeugt deine Vision immer noch das gute Gefühl in dir? Gedanken wie „geil" und „Ja, genau da will ich hin!"? Dann mach weiter. Nichts wie dranbleiben und weitermachen. Manchmal geht das Gefühl jedoch verloren. Das ist dann aber auch eine Hilfe. Denn dann weißt du, dass du – womöglich schon lange – auf verlorenem Grund kämpfst. Du solltest dich neu ausrichten. Visionen dürfen auch „begraben" werden, wenn sie nichts mehr in dir auslösen. Wenn du spürst, du bist nur noch dabei, um nicht aufzugeben, um dein Gesicht zu wahren, hast dabei aber längst das freudige Gefühl hinter deinem vermeintlichen Ziel verloren, dann ist das nicht mehr dein Weg. Dann solltest du den Mut haben, dir eine neue Vision, die dir wieder ein gutes und freudiges Gefühl gibt, zu kreieren. Auch das gehört zum Visionsprozess dazu.

Visionen dürfen sich ändern. Das, was du dir vor fünf Jahren vorgestellt hast, mag, aus verschiedenen Gründen, heute nicht mehr dein Leitstern sein. Wir verändern uns, wenn wir wachsen. Und mit uns verändern sich auch unsere Visionen. Schau hin und überprüfe dich regelmäßig.

VOM ZIEL BLOCKIERT: MARKUS

Weißt du, warum Menschen eine Midlife-Crisis haben? Weil sie auf einmal genau das erreicht haben, von dem sie immer geglaubt haben, dass es sie glücklich machen würde. Mal ganz ehrlich: Wie oft denken wir „Also, wenn ich das und das erreicht habe (20 Kilo abgenommen, meinen Traummann gefunden, den Abschluss geschafft, den Traumjob ergattert etc.), dann bin ich glücklich!" Wir machen unser Glück vom Passieren einer Ziellinie abhängig. Wir geben jahrelang Vollgas, arbeiten auf ein Ziel hin und stellen dann, wenn wir da sind, fest, dass das Glück und die Erfüllung überhaupt nicht im Ziel auf uns warten. Hallo Frust, hallo Krise!

Einer unserer Klienten, Markus, hatte im Außen alle seine Ziele erreicht. Er war beeindruckend erfolgreich. Mehrere gut laufende Firmen, eine Villa, eine Garage mit allen nur erdenklichen Traumautos – vom schnellen Flitzer bis hin zum Oldtimer –, Geld ohne Ende. Markus war ein gemachter Mann, scheinbar sorglos und immer erfolgreich, egal, was er anpackte.

Trotzdem suchte Markus unsere Hilfe. Denn, auch wenn ihn sein geschäftlicher Erfolg natürlich stolz machte und erfüllte, blieb dabei etwas all die Jahre auf der Strecke: Die Beziehung zu seiner

Frau. „Ich liebe meine Frau", gestand Markus uns, „aber unsere Ehe ist nicht glücklich" Was Markus vor allem irritierte, war, dass all die Methoden, die er im Geschäftsleben erfolgreich anwandte, in seiner Ehe keinerlei Wirkung zeigten. Markus konnte nicht begreifen, dass „eine glückliche und erfüllte Partnerschaft" kein Ziel ist, auf das man hinarbeitet, um dann einen Haken dahinter zu machen. Im Geschäftsleben hatte Markus immer das erreicht, was er wollte und sich wünschte. Umso fuchsiger, ja regelrecht ohnmächtig machte es ihn, dass er diesen Erfolg nicht einfach auch über seine Ehe stülpen konnte. Dabei sehnte sich Markus wirklich von Herzen auch nach privatem Glück. Er liebte seine Frau. Sowohl sie selbst, als auch die Beziehung zu ihr waren ihm alles andere als egal.

Doch Markus musste erst einmal lernen, dass eine glückliche Partnerschaft kein erreichbares und messbares Ziel ist, sondern ein Gefühlszustand. Wir ermunterten Markus, sich eine Vision von seiner Ehe zu machen. Wie sollte das Leben mit seiner Frau sein? Wie sollte es sich anfühlen? Markus fiel es zunächst schwer, sich ein Bild davon zu machen. Wir vermuteten eine Blockade, doch Markus winkte lachend ab? „Ich und Blockaden? Quatsch!", sagte er. Für den erfolgsverwöhnten Markus, der immer alles in seinem Leben erreichte, war es gar nicht vorstellbar, dass er Blockaden haben könnte.

Trotzdem ließ er sich auf eine Sitzung mit uns ein. Schließlich wollte er wirklich seine Ehe retten, und dafür war er auch bereit, sich auf ihm unbekanntes und unvorstellbares Terrain zu begeben. Wir begleiteten Markus in seiner Sitzung zurück in seine Kindheit. Dort traf er sich selbst, den kleinen Markus. Er beobachtete, dass er schon als kleiner Junge „der Macher" war, der sich um seine Mutter und seine Schwester kümmerte. Seine Mutter war alleinerziehend und hatte es nicht leicht. Markus fasste schon damals den Entschluss, unbedingt erfolgreich zu werden, damit alle Familienmitglieder immer sicher und versorgt sind. Er war schon damals der fürsorgliche Akteur, und das ist er bis heute. Zu handeln und zu versorgen, das war seine Überlebensstrategie und ist es noch immer.

Neben seinem frühen Entschluss, unbedingt erfolgreich zu sein traf Markus noch eine weitere folgenschwere Entscheidung. Dass sein Vater seine Mutter und die beiden Kinder von einem Tag auf den anderen verlassen hatte und seitdem spurlos verschwunden war, konnte Markus nie verkraften. Die Verletzung und Enttäuschung saßen so tief, dass er sich entschied, sein Herz zu verschließen. „So konnte ich nicht mehr verletzt oder enttäuscht werden", fasste Markus zusammen. In ihm entwickelte sich der Glaubenssatz, dass Liebe und Nähe sich nicht lohnen, denn man könnte ja jeden Moment verlassen werden. In unserer Sitzung erkannte Markus diese Zusammenhänge und wurde sich bewusst, wie stark dieser Glaubenssatz noch heute in ihm wirkte. Er verstand, dass es nicht ausreicht, gut zu funktionieren, da keine Frau einen gefühllosen Roboter als Ehemann haben möchte. Er erkannte, dass seine Frau die Nähe und Verbindung wahrer Liebe vermisste. Sicher hatte sie selbst jahrelang versucht, ihm eine Brücke dafür zu bauen. Aber es war ihr nie gelungen, diese Brücke bei Markus anzudocken. Zu stark war sein Glaubenssatz geworden, der ihn wie ein Bollwerk vor den „fiesen Eindringlingen in Form von Gefühlen" schützte.

Wir ermutigten Markus, den kleinen Markus und dessen Ängste und Sorgen, seine Verletzlichkeit und Enttäuschung zu spüren. Markus ging durch alles hindurch. Er spürte eine nie dagewesene Liebe für das kleine Kind in ihm in sich. Er spürte die Verletzungen. Sein Herz öffnete sich für sein inneres Kind. Er fand Zugang zu sich und konnte die Liebe aus seinem Herzen endlich wieder fließen lassen, hinein in sein altes Ich, das immer kämpfen musste, das sich immer latent allein fühlte, seitdem er sich damals unterbewusst entschieden hatte, nie mehr jemanden zu nah an sich herankommen zu lassen.

In diesem Moment traf Markus eine neue Entscheidung. Er entschied sich für die Liebe, er entschied sich, sein Herz zu öffnen. Er revidierte die Entscheidung, die er als Kind getroffen hatte. In diesem Moment fühlte Markus eine immense Menge an Energie in sich aufsteigen, die sich durch den Prozess, sein inneres Kind zu heilen, endlich befreit hatte. Egal, um welches Thema es geht, jede Blockade, jede unbewusst getroffene Entscheidung blockiert uns in unserer Freiheit und Gestaltungskraft. Markus holte sich nun alles wieder zurück. Er konnte es körperlich spüren. Gelöste Blockaden und das Spüren lange verborgener Gefühle bewirken einen unglaublichen Energiefluss in uns. Es ist wie beim Öffnen einer Champagnerflasche: Mit einem lauten Knall fliegt der Korken in die Ecke und der Champagner sprudelt über. Alles in uns möchte frei fließen.

Zum ersten Mal seit vielen, vielen Jahren fühlte sich Markus kraftvoll, glücklich und erfüllt. Sein Herz war weit und warm, die Liebe floss nur so über und er fühlte große Erleichterung, weil er endlich verstand. Seine in diesem Moment neu entstandene Vision konnte er deutlich spüren. Er fühlte sie mit seinem Herzen, das sich in großer Dankbarkeit für dieses Erlebnis und in Liebe mit seiner Frau verband, so dass endlich der Kontakt und die Nähe entstehen konnten, nach denen sich beide schon lange gesehnt hatten.

Nachdem seine Blockaden erkannt und gelöst waren, konnte sich Markus viel besser und leichter in seine Vision einer erfüllten Ehe einfühlen. Er malte sich nicht nur ein Bild davon, sondern konnte das Bild auch endlich spüren. Er sah seine Frau, ihr gemeinsames Leben, all die Dinge, die sie miteinander tun würden, und er floss über vor Liebe, Nähe und Verbundenheit. Durch die Vision entfachte er seine zuvor gebundene und nun befreite Herzenergie. Er ließ sie in seinem Körper zirkulieren, er fühlte, er spürte, er nahm wahr. Er zeigte seinem Körper, wie sich sein neues Leben anfühlen würde. Er war angekommen in seinem zukünftigen Ich, in seiner Vision, und hatte alte und belastende Blockaden gelöst.

Einige Zeit später rief uns Markus' Frau an. Sie bedankte sich von Herzen, denn sie durfte einen völlig verwandelten Markus zu Hause in die Arme schließen.

„Es gibt tatsächlich zwei verschiedene Formen des kreativen Visualisierens: die rezeptive und die aktive. Bei der rezeptiven Form entspannen wir uns einfach und lassen Bilder oder Eindrücke auf uns zukommen, ohne auf Einzelheiten Wert zu legen; wir nehmen an, was kommt. Bei der aktiven Form treffen wir ganz bewusst eine Wahl und erschaffen das, was wir sehen oder uns vorstellen wollen."

Shakti Gawain in „Kreativ Visualisieren" · US-amerikanische Autorin

16

DEINE VISION: EINE ANLEITUNG

Was ist deine Vision? Die Vision von dir? Die Vision von deinem Leben? Was siehst du? Was spürst du? Wie du ja mittlerweile weißt, geht es bei der Vision nicht nur um das Was, sondern vor allem darum, wie es sich anfühlt. Was wünschst du dir in deinem Leben, und wie fühlt es sich an? Aber wie findest du ganz konkret deine Vision? Genau an dieser Frage beißen sich sehr viele Menschen die Zähne aus: Sie wissen zwar, was sie nicht wollen. Aber sie wissen nicht, was sie wollen. Es ist auch nicht damit getan, einfach irgendein Bild von der Zukunft zu malen und dann zu sagen: „So soll das alles mal sein!" Nein, das reicht nicht. Es heißt nicht umsonst „Visions-Arbeit". Visionen zu schaffen, ist echt harte Arbeit. Aber es lohnt sich. Versprochen. Machen wir uns also ans Werk. Ärmel hochkrempeln, los geht's. Hier ist dein Acht-Schritte-Plan für deine Vision, deine Visions-Roadmap.

SCHRITT EINS:
DEINE WERTE SIND KERN DEINER VISION

Unsere Visionen sind immer von Werten geprägt, also von Eigenschaften und Attributen, die uns wichtig sind. Deshalb ist die erste Frage, die du dir beim Erarbeiten deiner Vision beantworten darfst:

- **Wofür stehe ich eigentlich?**
- **Wer will ich sein?**
- **Wofür soll mein neues Ich stehen?**

Ganz wichtig: Du kannst dir diese Frage für jeden Bereich stellen, in dem du dich weiterentwickeln und für den du eine Vision erschaffen möchtest. Die Frage kann sich auf dein Partnerschafts-Ich beziehen. Die Frage kann sich auf dein Job-Ich beziehen. Die Frage kann sich auf dein Freundschafts-Ich beziehen. Die Frage kann sich auf dein Geld-Ich beziehen.

Nehmen wir mal an, du möchtest eine erfüllende Partnerschaft kreieren. Dann kannst du dich fragen, wer du in einer Beziehung sein möchtest. Welche Werte willst du leben? Welche Eigenschaften und Attribute sind dir wichtig? Dann erschaffst du ein „Werte-Sieb". Ein Sieb, das aus deinen Werten besteht. In dieses Sieb schmeißt du sozusagen dein Thema oder deine Entscheidung hinein. Alles, was im Sieb hängen bleibt und nicht locker durchrieselt, zeigt dir unmissverständlich, dass hier etwas mit deinen Werten kollidiert. Wenn du dir in einer Partnerschaft zum Beispiel Augenhöhe, Loyalität, Miteinander und Authentizität wünschst, aber dann ständig fremdgehst, passt irgendwas nicht. Dann gehst du gegen deine Werte an und bist nicht authentisch, nicht kongruent mit dem, was du für dich definiert hast. Jetzt kannst du zweierlei tun: Deine Werte neu ausrichten und anpassen, oder dein Verhalten. Du kannst prüfen, ob es wirklich deine Werte sind. Oder hast du eigentlich ganz andere Werte, wie Freiheit, Spaß, Abenteuerlust? Du kannst aber auch dein Verhalten prüfen. Wenn die Werte eigentlich die richtigen für dich sind, warum verhältst du dich dann anders? Was steckt hinter deinem Verhalten?

Werte und Eigenschaften zu definieren, hilft dir auch, wenn du noch gar nicht so richtig weißt, wo der Zug entlang und hinfahren soll. Deshalb kannst du deinen Visionsprozess mit der Bestimmung deiner Werte ganz wunderbar starten, selbst wenn du noch etliche Fragezeichen im Kopf hast.

In diesem Moment geht es um den Übergang von der linken Seite der liegenden Acht (Vergangenheit) in die rechte Seite (Zukunft). Was war deine alte Entscheidung, und wer willst du eigentlich sein? Du triffst eine neue Entscheidung.

SCHRITT ZWEI: WAS SOLLEN DIR DEINE ZIELE GEBEN?

Den Unterschied zwischen Vision und Ziel haben wir uns in Kapitel 15 schon näher angeschaut. Im zweiten Schritt machen wir uns nun bewusst, was wir uns wünschen. Ja, wir definieren Ziele. Aber: Wir hinterfragen sie. Gnadenlos. Denn wir setzen uns nicht einfach irgendein Ziel, sondern stellen uns die so unglaublich wichtige Frage: Was soll mir das Ziel geben? Was bedeutet das Ziel für mich? Was trägt dieses Ziel dazu bei, mein Leben zu verbessern, zu bereichern? Was hat dieses Ziel mit meinen zuvor definierten Werten zu tun? Wir nehmen unser Ziel wirklich knallhart unter die Lupe, zoomen immer tiefer hinein und „chunken" (zerteilen) unsere Antworten immer weiter, bis wir an den Kern kommen, um den es wirklich geht.

- **Was soll eine erfüllte Partnerschaft mir geben?**
  → Zufriedenheit.
- **Was soll Zufriedenheit mir geben? → Inneren Frieden.**
- **Was soll innerer Frieden mir geben? → ...**

Wenn wir uns diese Fragen stellen und beantworten, finden wir nicht nur heraus, wie unser Ziel uns dienlich sein kann, und ob am Ende dieses Ziel wirklich etwas ist, was wir wollen und brauchen. Sondern wir erkennen auch, welche unserer Sehnsüchte dem Ziel zugrunde liegen. Wir gleichen das Ziel mit unseren Werten ab.

Dann stellen wir uns die Frage, ob es auch andere Wege geben könnte, um dieses Ziel zu erreichen.

- **„Ist eine erfüllte Partnerschaft die einzige Möglichkeit, um inneren Frieden zu erreichen?"**

Natürlich nicht. Selbstliebe, Selbstakzeptanz gepaart mit Meditation und Entschleunigung sind vielleicht die ersten Schritte zum inneren Frieden. So erkennen wir, dass dieses Ziel womöglich gar nicht mit der Partnerschaft zusammenhängt.

Denn es wäre vergebliche Liebesmüh, auf ein Ziel zuzumarschieren und dann zu erkennen, dass es bei den Werten und Eigenschaften mehr um das Verhältnis zu dir selbst geht.

Schritt Zwei bringt uns in die Klarheit: **„Was wünsche ich mir, und was soll mir das geben?"** Du verbindest deine Ziele mit deiner Vision.

SCHRITT DREI:
WAS WÜNSCHE ICH MIR –
UND WIE WÜRDE SICH DAS ANFÜHLEN?

Wenn du es nicht eh schon längst getan hast, nimm spätestens bei diesem Schritt ein Blatt Papier zur Hand. Zeichne nun zwei Spalten. In die eine Spalte schreibst du, was du dir wünschst. In die andere schreibst du, wie sich das, was du dir wünschst, anfühlen würde.

Daraus erstellst du dir dann deine ganz eigene Hitliste. Du entscheidest, welche der Wünsche und daran gekoppelten Emotionen dir eigentlich am wichtigsten sind. Alles, was sich so lala und irgendwie lauwarm anfühlt, alles, was gar kein wirklich echtes und begeisterndes, aufgeregtes Gefühl in dir auslöst, tja – du ahnst es –, das kannst du getrost in die Tonne kloppen. Das brauchst du nicht. Und das willst du nicht.

In deiner Vision dürfen dann die drei bis fünf wichtigsten Punkte aus deiner Hitliste mit ihren zugehörigen, supergeilen Gefühlen auftauchen.

SCHRITT VIER:
BESTIMME DEINEN REFERENZRAHMEN UND VERLASSE DEINE KOMFORTZONE STÜCK FÜR STÜCK

Im vierten Schritt gehst du in deine Vorstellungen hinein. Wie groß kann das werden, was du dir wünschst? Du schaffst einen Referenzrahmen. Je größer der Referenzrahmen ist, umso größer und stärker wird der Magnet, der dich aus deiner Komfortzone herauszieht.

Wir alle kennen die berühmte Komfortzone. Und es heißt ja immer: „Tja, die musst du halt einfach verlassen." Unserer Meinung nach wird bei der Thematik allerdings etwas ganz Entscheidendes nicht richtig dargestellt. Denn wir haben nicht einfach unsere Komfortzone, und wenn wir sie verlassen, schwupp, sind wir drin im neuen, tollen Super-Leben. Deshalb haben wir ein neues, erweitertes Modell dazu entwickelt.

Wir können unsere Komfortzone verlassen, wenn wir „Ja" zum Leben sagen und neue Wege gehen wollen. Unsere Komfortzone ist jedoch genau genommen in vier Bereiche aufgeteilt. In der Mitte liegt die berühmte eigentliche Komfortzone. Da ist alles drin, was wir kennen und was wir gewohnt sind, was sicher ist. Unsere kleine Welt. Um diese Komfortzone herum liegt die Angstzone. Manche trauen sich nämlich aus ihrer kleinen Welt heraus und wundern sich, dass eben erst mal nicht alles so rosig ist, wie sie sich das ausgemalt hatten. Denn wenn wir unsere kleine Welt verlassen, ist vieles zunächst unsicher, im Wandel, im Umbruch. Das ist unsere Angstzone, in der wir unseren Ängsten begegnen, wo es unbequem ist, anstrengend, unvorhersehbar, unsicher. Da ist niemand, der einen bejubelt, anfeuert und lobt, nach dem Motto „Hey, das hast du so toll gemacht, dass du endlich aus deiner Komfortzone rausgekommen bist!" Im Gegenteil. Oft kriegen wir sogar erst mal eins auf den Deckel. Und zwar so richtig. Zweifel werden laut. „Bist du bescheuert, dein gewohntes, gemütliches, bequemes Leben zu verlassen? Los, zurück, husch, husch ins Körbchen!" Und genau hier drehen ganz viele Menschen wieder um. Und sind nun noch gestärkter in ihrem Glaubenssatz, dass es außerhalb ihrer Komfortzone viel zu riskant sei. Dabei liegt hinter der Angst-Zone die „Ich-mache-es-Zone". Wir müssen „nur" erst mal durch die Angst hindurch. Es aushalten. Denn erst hinter der „Ich-mache-es-Zone" liegt die Veränderungszone. Und genau die bezeichnet unseren Referenzrahmen. Erst, wenn wir diese drei Phasen durchlaufen haben, erhalten wir unsere neue, viel größere Komfortzone. Und das setzt sich immer weiter so fort. Hinter unserer neuen Komfortzone liegt wieder die nächste Angstzone etc. Auf diese Art und Weise können wir unsere Welt immer weiter, Stück für Stück, vergrößern.

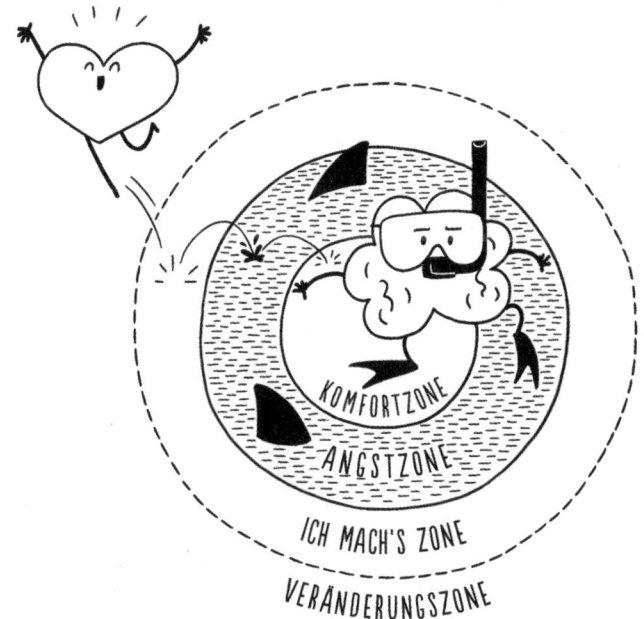

Je stärker nun, unserem Referenzrahmen entsprechend, unsere Vision als Magnet wirkt, und je größer dieser Rahmen ist, desto besser schaffen wir es, unsere Angstzone zu durchqueren.

So haben wir zum Beispiel unsere Vision in Bezug auf unsere Coaching-Ausbildung kreiert. Unser großer Referenzrahmen ist, dass wir klar formulieren und uns wünschen, die erfolgreichste und nachhaltigste Coaching-Ausbildung im deutschsprachigen Raum anzubieten. Mit einem gekoppelten wirklich begeisternden und aufgeregten Gefühl sowie dem dahinterliegenden Wert, unsere Methode in die Welt zu bringen. Ab diesem Moment, wo wir uns dafür entschieden haben, fingen wir an, ganz neu zu denken. Und natürlich auch entsprechend neu und anders umzusetzen. Wir haben uns vorgestellt, dass wir dieses Jahr (2019) 100 Teilnehmer in der Ausbildung haben werden. Und genau das haben wir auch erreicht. Der Referenzrahmen, den wir uns gesetzt haben, hat die entsprechende Sogwirkung ermöglicht.

Machen wir also unseren Referenzrahmen groß. Es muss auch nicht etwas Materialistisches sein, wie bei uns die Anzahl von Teilnehmern. Du kannst dir andere Dinge als Referenzrahmen setzen.

Die meisten Menschen, denen Entwicklung in einem Lebensbereich schwer fällt, sind mit einer Blockade konfrontiert, die ihre Komfortzone umgibt. Bis hierhin fühlen sie sich wohl, doch das Unbekannte macht ihnen Angst. Oft sind es allerdings keine aktuell begründeten Ängste, sondern Befürchtungen, die sehr alt sind und mit Erlebnissen in der Kindheit und Jugend zu tun haben. Diese zu erkennen und zu lösen, dabei helfen uns die beiden ersten Phasen unserer Herz-über-Kopf-Methode.

Kluge Tipps wie „Überwinde deinen Schweinehund!" oder „Raus aus deiner Komfortzone!" sind gut gemeint, aber nicht zu Ende gedacht. Kein Wunder, dass das den meisten Menschen unglaublich schwerfällt. Denn Visionen plumpsen nicht einfach so in deine Komfortzone hinein. Visionen befinden sich außerhalb deiner Komfortzone. Du kommst nicht drumherum: Du musst durch deine Angstzone hindurch.

Und dafür ist einiges mehr nötig:

- **Erkennen und verstehen**, welche Mauern, Kräfte und Mächte uns einengen und zurückhalten *(Phase 1)*. Wenn wir unsere Ängste ignorieren und einfach drauf losstürmen, begegnen sie uns immer wieder und wieder und machen uns damit das Leben unnötig schwer.
- **Ängste annehmen** *(Phase 2)*. Hier lernen wir unsere Angst und ihre Ursachen kennen, fühlen sie und nehmen sie an. Denn nur durch Verdrängung und Widerstand gegen die Angst sind die Mauern entstanden.
- **Auflösen des Widerstandes** *(Phase 2)*. Aus dem NEIN wird ein JA und dies öffnet die Türen, die du vorher selbst zugehalten hast.
- **Energie umleiten** *(Phase 3)*. Durch das Auflösen des Widerstandes wird enorme Energie frei, die wir nun umleiten können. Wir lassen das alte Ich zurück und können nun eintauchen in das Meer der Möglichkeiten. Ein Meer, das dem alten Ich bis jetzt durch die Mauer verwehrt blieb und dem wir uns nun hingeben können.
- **Sei schon da** *(Phase 3)*. Eintauchen heißt loslassen. Dem Loslassen steht das Wollen gegenüber, das eine weitere Hürde darstellt. Wenn ich etwas will, dann habe ich es noch nicht. Wenn ich mir allerdings vorstelle, wie es sich anfühlt, es zu haben und dabei Dankbarkeit empfinde, werde ich immer mehr zu dem, der es schon hat – und ziehe es damit automatisch an.

Als wir uns zum Beispiel unser Haus am See visualisiert hatten, uns alles vorgestellt und mit unseren Werten (Ankommen, Heimat, Wohlstand, Glücklich-Sein, Fülle) und positiv aufgeladenen Emotionen verbunden hatten, wurden wir noch mal auf die Probe gestellt. Denn in genau dem Moment, als dieses Haus zum Greifen nah war, kamen wir wieder mit unserem Mangel in Kontakt: Die Finanzierung war geplatzt. Dabei hatten wir uns doch Fülle, Wohlstand und ein tolles Haus am See gewünscht. Und dann hatten wir das Haus am See. Aber keine Kohle, um es zu bezahlen. In genau diesem Moment kamen wir noch mal in Berührung mit unseren Ängsten. Und genau so funktioniert das Universum, denn es „sagt": „Ach, du möchtest Fülle? Tja, dann schau dir doch noch einmal deinen Mangel an und geh da noch mal durch. Wenn du das schaffst, ist die Fülle für dich da."

Dieses Prinzip greift auch in allen anderen Bereichen: Wenn ich mir zum Beispiel Authentizität und Augenhöhe mit meinem Partner wünsche, darf ich auf Augenhöhe gehen – komme dabei aber erst mal mit meiner Kleinheit und meiner Minderwertigkeit in Kontakt. Das Universum ist wirklich eine clevere Nuss. Denn es konfrontiert uns immer zunächst mit unseren Ängsten. Moment, du hast da noch Mangel. Moment, du hast da noch Kleinheit. Das darfst du dir aber vorher noch mal angucken, bevor du in die Fülle und auf Augenhöhe kommst.

Du kannst das Universum und die Kraft der Visionen nicht austricksen oder bescheißen. Visionen lassen sich nie manipulieren oder dazu benutzen, mit ihnen deine Ängste zu umschiffen. Visionen führen dich immer, und zwar IMMER, aus deiner Komfortzone heraus, hinein in deine Angstzone, durch die „Ich-mache-es"- und erst dann in die Veränderungszone. Unter Alternativmedizinern nennt man diesen Effekt die „Erstverschlimmerung". Man gibt ein heilsames Präparat oder fängt eine Behandlung an, und dann werden die Symptome erst einmal schlimmer, bevor die Heilung eintritt.

SCHRITT FÜNF:
FEEL IT! BEGEISTERUNG AN!

Deine Vision dient dir nur dann, wenn das Bild, das du zeichnest, richtig tolle, gute und ja, geile Gefühle in dir auslöst. Begeisterung ist der Sprit in deinem Tank. Die Klarheit aus Schritt zwei ist der Motor.

> *„Visualisieren heißt nichts anderes, als das Qi durch gedankliche Vorstellungskraft zu lenken und eine Harmonisierung des Qi-Flusses dadurch zu erreichen."*
>
> Hans Höting in „Qi-Gong-Kugeln für Gesundheit, Meditation und Vitalität"
> deutscher Naturheilarzt

Unsere Visionen wirklich zu fühlen, zu erleben und zu spüren, ist entscheidend. Neurowissenschaftler Dr. Joe Dispenza, dessen Seminare und Workshops auch wir ab und an besuchen, lässt in seinen Meditationen nicht von ungefähr immer wieder die Worte „feel it!" fallen. Aktivierte Gefühle sind die Energie für unseren Motor. Sie bringen uns richtig in Schwung, begeistern uns, treiben uns an.

Es ist Fluch und Segen zugleich, dass wir Menschen jeden nur erdenklichen Gefühlszustand allein durch unsere Vorstellungskraft aktivieren können. Wir können einfach aufgrund von Gedanken lieben oder hassen. Beim Gedanken an eine saure Stachelbeere ziehen sich automatisch unsere Gesichtsmuskeln zusammen. Beim Gedanken an unsere Liebsten lächeln wir. Beim Gedanken an den cholerischen Chef bekommen wir auf einmal ein mulmiges Gefühl im Bauch. Allein kraft unserer Gedanken können wir im Himmel leben. Oder in der Hölle. Un-

sere Gedanken aktivieren jeweils ein ganz bestimmtes Gefühls-
programm.

Das Verrückte ist nun, dass wir das, was wir denken und fühlen
auch ausstrahlen. Wir tragen das angeschaltete Programm sicht-
und erspürbar mit uns herum. Natürlich können wir hinter einer lächelnden Maske verbergen, dass es uns gerade nicht gut
geht. Wir kennen alle diese Momente: Auf die Frage „Und, alles
gut bei dir?" lächeln wir tapfer zurück, nicken und antworten
dann"Ja, hey Mann, alles gut, alles bestens!" Dabei ist uns innerlich zum Heulen zumute. Und die meisten Menschen tun
genau das: Sie tragen Masken. Aber die durch unsere Gefühle
ausgelöste und uns umgebende Energiewolke lässt sich nicht
manipulieren. Kein Lächeln kann verbergen, dass wir voller
Hass, Wut oder Ablehnung sind. Das Gegenüber spürt einfach,
dass etwas nicht stimmt.

Das Entscheidende ist nun, dass diese Energiewolke aus unseren Gedanken und Gefühlen wie ein Magnet wirkt. Glaubst du
nicht? Hokuspokus? Hm, dann schau mal genauer hin und
beobachte dich und dein Umfeld. Wir ziehen genau das an, was
wir denken und fühlen. Wenn es uns mies geht, wir uns ärgern,
passieren dann nicht meistens noch mehr von diesen blöden Sachen? Aber andersrum genauso. Erinnere dich daran, als du
frisch verliebt warst. Wie hast du dich gefühlt? Wunderbar,
oder? Du warst voller Energie, bunte Schmetterlinge flatterten
in deinem Bauch und du hättest die ganze Welt umarmen können. Wie hat dein Umfeld auf dich reagiert, und wie lief es im
Job? Höchstwahrscheinlich lief dein Leben wie am Schnürchen,
denn du bist mit einer rosaroten und begeisternden Energiewolke durch dein Leben gegangen. Du warst Liebe und Freude
und hast genau das weiter in dein Leben geholt.

Du hast also schon einmal „gezaubert". Als wir verliebt waren,
bestand das anziehende und schöne Gefühl in uns aus Freude,

Liebe und Begeisterung. Es war einfach da, weil wir verliebt waren. Aber warum schalten wir dieses Gefühl, wenn es denn so magnetisch wirkt, nicht einfach ganz bewusst an, selbst wenn wir gerade nicht auf Liebeswolke Nummer Sieben schweben? Genau darum geht es bei den Visionen. Sie als Tool zu nutzen, um das richtige Magnet-Programm in uns anzuschalten. Je öfter du in deine aus klaren Gedanken und begeisternden Gefühlen bestehende Vision eintauchst, umso mehr stabilisierst du die Kraft deiner Ausstrahlung.

Du kreierst deine Zukunft kraft deiner Gedanken und Gefühle. Halte also für möglich, dass es mehr gibt als nur das, was du dir vorstellen kannst. Der, der es schon hat, hat eine andere Ausstrahlung als der, der es will und noch nicht hat. Es ist so simpel und so wirksam. Wir verbinden eine neue Entscheidung (einen Gedanken) mit der Begeisterung und Freude, die ausgelöst würde, wenn wir schon da wären. Probier das mal mit einigen „deiner Themen" aus. Du stellst dein Programm auf die richtige Frequenz ein. Du aktivierst den Magneten für deine Wunsch-Zukunft in dir. Durch diese neue Schwingung – durch die in Bewegung geratenen gelösten Gedanken und Emotionen – geschieht eine tiefgreifende Veränderung in dir. Diese Schwingung wirkt auf dein Umfeld und dein gesamtes Leben. Du entscheidest, in welchen Schwingungsbereichen du dich eingroovst.

Stell dir vor, du bist ein Radiosender. Du sendest die ganze Zeit. Permanent. Du bist auch der Programmchef. Frag dich doch einfach jeden Tag: Welche Sendung spiele ich heute ab? Welche Sendung gebe ich heute ins Universum? Was sende ich? Wähle ich die Sendung „Och-ich-muss-aber-heute-noch"? Oder die Sendung „Ich-hab-so-viel-Druck"? Übermittle ich die Sendung „Keiner-mag-mich-die-ganze-

Welt-ist-gegen-mich"? Oder den Klassiker „Ich-kann's-nicht-ich-schaff-das-sowieso-nicht"? Oder schicke ich meine Vision in den Äther? Übermittle ich eine Visions-Sendung? Spiele ich „Mega-geil-ich-freue-mich-auf-alles-was-heute-kommt" ab? Sende ich „Heute-bin-ich-Freude-und-Glück"? Du bist nicht nur Sender und Programmchef, sondern auch Radiosprecher. Du hast es in der Hand. Meistens senden wir unbewusst und wundern uns dann, dass uns entsprechendes widerfährt. Sende doch mal ganz bewusst. Und staune, was sich ändert und was alles passiert.

SCHRITT SECHS:
SEI SCHON DA –
VERTRAUE DEINER VORSTELLUNGSKRAFT

„Das habe ich noch nie vorher versucht.
Also bin ich völlig sicher, dass ich es schaffe. "

Pippi Langstrumpf (Astrid Lindgren)

TV-Legende, Unternehmer und Musiker Stefan Raab wurde einmal gefragt, warum alles, was er in die Hand nimmt, zum Erfolg werde. Er blickte den Reporter regelrecht verständnislos an und sagte: „Ich habe noch nie darüber nachgedacht, dass es nicht klappen könnte."

Natürlich klappt es. Das ist der magische Zauberspruch. Es ist so offensichtlich wie unglaublich. Wir ziehen unser Ergebnis immer an. Wir brauchen nicht mal sonderlich dafür zu kämpfen. Wir sind einfach schon da. Das heißt nichts anderes, als völlig selbstverständlich und im wahrsten Sinne des Wortes

„natürlich" schon dort zu sein, wo wir hinwollen. Wir gehen ganz bewusst in die rechte Seite unserer liegenden Acht, in unsere Zukunft. Und machen die Zukunft zum gegenwärtigen Moment.

Wichtig ist hierbei, dass du die Zukunft nicht drängst, nicht an ihr zerrst, dass du nicht versuchst, sie mit angestrengter Kraft ins Jetzt zu ziehen. Du versuchst wirklich „nur", dir vorzustellen, schon dort zu sein. Wirklich zu sein. Du deaktivierst deinen kritischen Verstand, der bockig ruft „Das klappt ja nie!" Du lässt stattdessen völlig los. Tauchst ein in den Moment, ins Feld. Du lässt dein altes Ich los, das Druck aufbauen will, das sagt, es muss klappen. Dein altes Ich will nur vorgaukeln, dass es klappt. Und das, haha, klappt nicht. Es geht vielmehr darum, dass du dein altes Ich, zum Beispiel in einer Meditation, zeitweise verlässt und stattdessen in den Moment eintauchst. Du machst eine Zeitreise, bist in der Zukunft, erinnerst dich an deine Zukunft, gehst dort hinein und hältst dich in deiner Zukunft auf. Wie wir schon in Kapitel 12 gelernt haben: Zeit und Raum sind reine Illusion, auf Quantenebene existieren diese Konstrukte nicht. Du gehst einfach hinein, in dein Zukunfts-Ich, und erlebst es. Du wählst eine der vielen Möglichkeiten, die es im Meer der Möglichkeiten gibt, und lebst sie. Bist dort und lädst sie mit deiner Energie auf. Interessanterweise reagiert dein Gehirn dabei, als würdest du genau diese Zukunft wirklich erleben. So wie sich Hirnareale bei denen, die sich zum Beispiel eine Bewegung oder Fertigkeit nur vorstellen, fast genauso entwickeln wie bei denen, die sie wirklich ausführen. Das bedeutet, dass du hirntechnisch durch Visionieren zu dem wirst, der du sein willst.

Wenn das Erreichen deiner Vision außerhalb deiner Komfortzone liegt, wirst du dich mit der aus Angst bestehenden Mauer beschäftigen müssen, die blockierte Energie lösen und dann umleiten in eine Zukunft, die du aus dem neuen Ich heraus erschaffst, indem du sie anziehst. Eigentlich alles ganz easy, oder?

Egal, was wir in Zukunft vorhaben, es soll sich völlig selbstverständlich anfühlen. Na klar klappt das! Warum auch nicht? Ich verstehe die Frage gar nicht! Damit machst du das Ereignis, das du in dein Leben ziehen möchtest, zu etwas, das zu deinem Leben gehört. Es ist so gesehen gar nichts Besonderes mehr. Je klarer du es machst, desto mehr signalisierst du dem Universum, dass es zu deinem Leben dazugehört.

Weißt du, was der Trick bei Rennfahrern ist, um nicht aus einer Kurve herausgeschleudert zu werden, wenn sie mit Vollkaracho dort hineinfahren? Sie schauen einfach da hin, wo sie hinwollen. Sie schauen nicht auf die Bande, die im Weg stehen könnte. Nein, sie schauen dahin, wo sie rauskommen wollen, auf das Ende der Kurve. Das Auto folgt ihnen, denn sie lenken genau dort hin, wo sie hinwollen. Sie sind schon da.

Noch ein Beispiel: Ein Windsurfer, der einen Front Loop (einen Vorwärtssalto) springen will, muss in einem ganz bestimmten Moment des Sprungs eine Bewegung machen, die ihm, wenn er es noch nie probiert hat, Angst macht. Er springt in voller Fahrt mit seinem Brett über eine Welle, die ihn in die Luft katapultiert. Das hat er oft getan, und er kennt die Bewegungen genau. Doch jetzt, am höchsten Punkt in der Luft, muss er einen Arm strecken und den anderen zum Körper ziehen. Eine einfache Bewegung, mit der er jedoch eine sehr starke Vorwärtsbewegung seines Segels und damit seines Körpers auslöst. Er rotiert nach vorne. Hier kommt die Angst ins Spiel, denn plötzlich ist er über anstatt hinter seinem Material. Er könnte dabei mit dem Kopf auf den Mast fallen, ohnmächtig werden und ertrinken.

Der Surfer begegnet seiner Angst, die ihn begrenzt. Jetzt werden manche sagen, dass das doch gut sei. Die Angst warnt vor einer ganz konkreten Gefahr. Und wer ist, bitteschön, so verrückt und tut so etwas? Surfen ist ja sowieso viel zu gefährlich.

Kann man nicht lieber Tennis spielen? Doch dieses Argument zählt für den Surfer nicht. Er will sich entwickeln und ein neues Level erreichen. Und ja, er will den Kick. Seine Ängste überwinden und das scheinbar Unmögliche möglich machen.

Auch hier wirken Visionen – bestehend aus Gedanken und den, wie Joe Dispenza sie nennt, höheren Emotionen – wahre Wunder. Der Surfer soll um Himmels Willen seine Angst nicht ignorieren. Denn ja, das wäre in der Tat nicht nur gefährlich, sondern auch verdammt dumm. Der Surfer soll sich ganz bewusst mit seiner Angst auseinandersetzen und sie kennenlernen. So wird sie vom hemmenden Schreckgespenst zur Begleiterin, die da sein darf. Der Surfer kann dann diese komplexe Bewegung in Gedanken immer wieder üben. Dabei geht es nicht nur um den korrekten Ablauf. Nein, er soll auch die Begeisterung, den Stolz und die Freude so fühlen, als sei der Loop bereits gelungen. Sein Körper und sein Gehirn speichern diese Gedanken und Gefühle.

Hirnscans würden beweisen, dass es keinen Unterschied macht, ob der Surfer tatsächlich gesprungen ist oder nicht. Wenn der Surfer den Sprung immer wieder in Gedanken übt, zeigt sein Scan das Gehirn eines Surfers, der einen Front Loop springt. Seine Synapsen verknüpfen sich genauso miteinander wie bei der praktischen Ausführung. Der Surfer wird geistig und physisch zu dem, der er sein will. Wenn er obendrein Dankbarkeit für den Erfolg empfindet, der auf ihn wartet, verstärkt er den Prozess noch.

Es gibt spannende Untersuchungen, die diesen Zusammenhang beweisen. Zum Beispiel eine Studie mit einer Gruppe von Menschen, die ein bestimmtes Klavierstück üben sollten. Ein Teil der Gruppe übte das Stück am Klavier, der andere Teil der Gruppe übte es nur in seiner Vorstellungskraft. Die Gehirnscans beider Gruppen waren fast identisch.

Ein besonders schönes und absolut erstaunliches Experiment wurde schon 1979 von der Harvard-Psychologin Ellen Langer durchgeführt. Sie schickte eine Gruppe von Senioren, alle um die 70 bis 80 Jahre alt, auf eine Zeitreise. Sie teilte den Probanden mit, dass sie jetzt das Jahr 1959 schrieben, also 20 Jahre jünger seien.

„Um diese Vorgabe glaubhaft zu machen, rekonstruierte die Harvard-Psychologin die Lebensumstände dieser Zeit bis ins Detail: Die Probanden lebten in einem 50er-Jahre-Bau mit entsprechender Einrichtung, alle verfügbaren Zeitungen, Magazine, Filme und TV-Nachrichten stammten aus dem Jahr 1959, die täglichen Gespräche drehten sich um die berufliche und familiäre Situation früherer Lebensabschnitte, ja selbst die Ausweise der Teilnehmer trugen keine aktuellen, sondern 20 Jahre jüngere Fotos.

Eine Woche dauerte der Aufenthalt in der Vergangenheit – er sollte sich als veritable Verjüngungskur erweisen: Die Senioren waren nach dem Experiment deutlich beweglicher, hatten geringere Symptome von Arthritis. Zwei von drei Teilnehmern schnitten bei IQ-Tests besser ab als vor dem Experiment, viele hatten auch an Gewicht zugelegt und waren dank ihrer nunmehr jugendlicheren Körperhaltung tatsächlich größer. Und: Auch ihre Gesichter hatten sich durch die Zeitreise verjüngt, wie unabhängige Tests mit Fotografien ergaben."

Die Senioren haben eine Woche lang so getan, als wären sie 20 Jahre jünger. Und das Krasse: Sie waren es schließlich tatsächlich.

Die Biologie besiegelt also nicht unser Schicksal; unser Denken beeinflusst unsere Biologie – so das Fazit der Psychologin.

„Wenn eine Gruppe von älteren Männern so dramatische Veränderungen in ihr Leben bringen können, dann können wir das auch", *schreibt Ellen Langer in ihrem Buch ‚Counterclockwise' über das*

mittlerweile klassische Experiment aus dem Jahr 1979. „Im Lauf der Jahre habe ich immer stärker den Glauben an die Behauptung verloren, die Biologie sei unser Schicksal. Es sind nicht unbedingt unsere Körper, die unserem Leben Grenzen setzen, sondern eher unsere Überzeugungen über diese Grenzen.“[30]

Deine Vorstellungskraft ist magisch. Wichtig ist hierbei, sich nicht seufzend zu denken „Och, das wäre aber schön, wenn ich da wäre." Sondern wirklich in das Gefühl „Ich bin da" einzutauchen. Du bist wirklich da. Die Zukunft ist dein Jetzt. Mit deiner Vorstellungskraft lädst du dein neues Ich auf. Du lenkst deine Energie in die neue Version deines Ichs.

SCHRITT SIEBEN: DANKBARKEIT

Sich in unserem sechsten Schritt vorzustellen, wir wären schon da, ist das eine. Aber dann gehen wir noch einen Schritt weiter. Wir malen uns nicht nur das Bild, schon da zu sein, wo wir hinwollen und programmieren unser Gehirn darauf. Wir geben noch eine weitere magische Zutat hinzu: Dankbarkeit. Wir empfinden Dankbarkeit für das, was wir in unserer Vision erleben. Dankbarkeit erzeugt in uns den stärksten Magneten für unsere Zukunft.

Wir glauben, nur für das dankbar sein zu können, was wir schon haben. Aber wir können genauso gut für all das dankbar sein, was wir in Zukunft wie selbstverständlich in unser Leben ziehen werden.

---

30 https://sciencev2.orf.at/stories/1671952/index.html

Wertschätzen wir, was wir haben und was wir sind. Das fällt meistens hintüber. Wir vergessen es schlichtweg. Gesund und schmerzfrei zu sein z.B. schätzen wir erst dann so richtig, wenn's im Gebälk knarzt. Das muss noch nicht mal eine schlimme Erkrankung sein. Wie ätzend ist allein eine Pillepalle-Erkältung? Elender Husten und Schnupfen, die uns quälen. Oder der kleine versehentliche Schnitt in den Finger, von dem die Fingerkuppe drei Tage lang unglaublich empfindlich ist und bei jeder Berührung schmerzt. Wie sehr sehnen wir uns in jenen Tagen danach, ganz schnell wieder gesund zu werden! Sobald wir aber wieder fit sind, vergessen wir, dankbar für unsere Gesundheit zu sein.

Schau dich doch mal in deinem Leben um. Auf was alles bist du stolz? Wofür bist du dankbar? Und was löst dieses Gefühl in dir aus?

Der Mensch ist evolutionsbedingt leider immer noch so gestrickt, das Negative zu fokussieren. Achtung, Gefahr! Immer in Alarmbereitschaft. Wir sind darauf konditioniert, überall Gefahren zu wittern. Das war unsere Überlebensstrategie. Um zu überleben, nützt es im Falle eines Falles rein gar nichts, sich an den schönen blauen Glockenblumen, der warmen Sonne und dem Kinderlachen, das über die Wiese schallt, zu erfreuen. Es ist, salopp gesagt, scheiß-egal. Wo lauert das Böse? Wo lauert das Schlechte? Wo ist die Gefahr? Lieber einmal zu oft eine Gefahr wittern als einmal zu wenig. Denn letzteres bedeutete früher so gut wie sicher den Tod.

Hier hinkt die menschliche Evolution der gesellschaftlichen Entwicklung beträchtlich hinterher. Wir sind von keinen bedrohlichen Gefahren mehr umgeben. Wir müssen nicht mehr ums Überleben kämpfen. Wir dürfen leben. Und das bedeutet, dass wir unser Leben aktiv gestalten und kreieren dürfen. Wir müssen nicht mehr über-leben. Wir dürfen er-leben. Wir dürfen einen radikalen Mindshift wagen. Weg von überall drohenden Schmerzen und Gefahren, hin zur Freude. Wir dürfen uns an jedem Moment erfreuen. Energie folgt immer der Aufmerksamkeit. Das, worauf wir unsere Aufmerksamkeit richten, laden wir mit Ernergie auf und manifestieren es so leichter in unserem Leben.

Jeden Tag denken wir bis zu achtzigtausend Gedanken. Der Witz an der Sache: Wir denken fast immer dieselben Gedanken. Wir spulen die immer gleiche Platte ab. Das, was wir gestern dachten, denken wir auch heute. Beobachte das mal. Du wirst staunen. Und zugleich erschrecken. Wie sollen wir, mit unserem Wunsch nach Veränderung in unserem Leben, Überraschungen und Abenteuer in unser Leben ziehen, wenn wir immer wieder dasselbe Gedankenwasser in die selben Gedankenbahnen im Sand gießen und damit die Rillen immer größer werden lassen? Wenn ich gestern gedacht habe, dass ich es nicht schaffe, dann ist die Wahrscheinlichkeit groß, dass ich den Gedanken heute wieder denke. Wenn ich ihn oft genug gedacht habe, verhalte ich mich entsprechend und erlebe immer mehr Situationen, in denen ich es nicht schaffe. Diese Erfahrungen gestalten meine persönliche Realität und werden dadurch zu Teilen meiner Persönlichkeit.

Wenn du aber anfängst, ein neues Ritual in dein Leben zu bringen, das dich immer wieder daran erinnert, wofür du in deinem Leben dankbar sein kannst, wird sich automatisch auch der Fluss deiner Gedanken verändern. Wie immer gilt: Es liegt an uns. Wir sind der Boss (siehe Kapitel 14). Wir bestimmen in jedem Moment – bewusst oder unbewusst – die Richtung unseres Lebens. Das gilt ganz besonders auch in Krisenzeiten. Du bestimmst, welchen Schritt du als nächstes gehst. Gehst du weiter in das Drama hinein oder wendest du dich bewusst davon ab und gehst raus? Das Opfer zu sein, ist immer sehr verlockend. Als Opfer übernimmst du bewusst die Rolle, nichts machen zu können. Die anderen sind schuld. Die Umstände sind schuld. Was soll man da schon machen? Doch genau das ist nicht wahr (siehe Kapitel 14). Denn du kannst in jedem Moment aktiv sein. Du kannst dein Nein aufgeben und loslassen. Du kannst die Krise annehmen. Es ist, wie es ist. Aber es muss nicht so bleiben. Je mehr du im Nein verweilst, desto stärker hältst du unbewusst die Tür zu einer möglichen Lösung verschlossen. Lass los. Nimm die Herausforderung an. Lass dir die Möglichkeiten zeigen, die das unendliche Feld für dich bereithält. Das Loslassen der Tür funktioniert übrigens besonders dann gut, wenn du dich in Dankbarkeit übst. Was hast du alles geschafft? Worauf kannst du stolz sein? Was lief heute gut? Worüber hast du dich gefreut, und was hast du heute gut gemacht?

Dankbarkeit ist der größte Magnet für deine Wunsch-Zukunft. Ähnlich wie beim Surfer und seinem Front Loop: Wenn du dir deine Vision deiner Zukunft malst, fühle und erlebe sie so intensiv wie möglich. Dein Körper reagiert darauf so, als wäre sie schon in deinem Leben. Und da du sie nun schon in deinem Leben hast, darfst du jetzt auch dankbar dafür sein. Dieser Emotions-Cocktail aus „ist schon da" und „Dankbarkeit" ist mächtig. Er signalisiert deinem gesamten System: „Es ist alles schon da." Und wie wir in Kapitel 12 schon gelernt haben, existieren Zeit und Raum im quantenphysischen Verständnis nicht. Du visualisierst im Quantenfeld eine Zukunft, die in dem Moment, da du sie beobachtest, von der Welle zum Ding werden kann. Realität entsteht in dem Moment, in dem sie beobachtet wird. Dankbarkeit fördert die Intensität, lässt dich noch weiter heraustreten aus dem Mangelgefühl deines alten Ichs und bewusst ein neues Ich erschaffen.

Du bist ein Co-Schöpfer dieser Welt. Dein Wirken ist mächtig. Du kannst etwas bewegen. Du bist niemals ein Opfer. Es sei denn, du entscheidest dich ganz bewusst dafür. Aber dann ist auch Schluss mit Rumjammern. Love it. Change it. Leave it. Je eher du den Gedanken, ein Opfer zu sein oder nichts machen zu können, hinterfragst und loslässt, desto schneller bewegt und verändert sich etwas in deinem Leben.

Verwandeln wir „Opfer-Energie" in „Schöpfer-Energie". Das ist der Kern unserer Herz-über-Kopf-Methode. Du hast Zugang zum magischen Feld der unendlichen Möglichkeiten. Genau HIER und JETZT. Im Mittelpunkt der liegenden Acht. Du bist aber nicht HIER und JETZT, wenn du dich in der Vergangenheit aufhältst, dich über vergangene Dinge grämst, oder wenn du in der Zukunft rumturnst und dir unnötig Sorgen machst. Sich Sorgen zu machen ist sozusagen die Anti-Vision.

„Wo bist Du?" – „Hier."
„Wie spät ist es?" – „Jetzt."
„Was bist Du?" – „Dieser Moment."

Dan Millman in „Der Pfad des friedvollen Kriegers"

SCHRITT ACHT:
DAS WIE LOSLASSEN

Weißt du, was die häufigste Reaktion bei den meisten unserer neuen Teilnehmer ist, wenn wir ihnen den Visionsprozess vorstellen? Es kommt eine richtig schöne „Ja-aber-Frage": „Ja, aber wie soll das denn gehen?"

Und genau dieser Satz ist der Killer jeder Vision. Denn es geht nicht um das „Wie", sondern es geht darum, dass wir uns von unserer Vision finden lassen, uns von ihr anziehen lassen, während wir sie gleichzeitig anziehen.

Natürlich müssen wir aktiv werden. Däumchen drehen, zurücklehnen und warten, dass etwas passiert, ist nicht. Aber du gehst mit mutigen Schritten voran, wenn deine Vision klar ist und du sie gemäß den vorangegangenen sieben Schritten regelrecht aufgeladen und magnetisiert hast. Du gehst genau die Schritte, vor denen du eigentlich Angst hast. Du wagst dich aus deiner Komfortzone heraus und in deine Angstzone, weil du weißt, dass du danach die Veränderungszone erreichen wirst. Aber dabei geht es weniger um hartes Arbeiten als vielmehr darum, wach zu sein und darauf zu vertrauen, dass dir das Leben etliche Möglichkeiten bringen wird.

Du lässt das „Wie" auch dadurch los, dass du dich zeigst. Du gehst raus, sprichwörtlich. Du erzählst anderen von deiner Vision, du erzählst deinen Freunden, was du vorhast. Du wirfst hinter dir die Tür zu deinem alten Leben zu. Und du bist auch bereit, eventuell zu scheitern. Erfolgreiche und vom eigenen Tun erfüllte Menschen haben gelernt, zu scheitern. Sie probieren Dinge einfach aus. Und wenn es nicht funktioniert, versuchen sie es anders. Wer gelernt hat, mit Niederlagen umzugehen, geht den Weg auch weiter. Man geht weiter durch die Angstzone hindurch auf die Veränderungszone zu. Man verkriecht sich nicht sofort wieder in seiner gemütlichen Komfortzone, nur weil man mal auf die Fresse geflogen ist.

Natürlich müssen wir unseren Hintern bewegen und aktiv werden, gar keine Frage. Wir können uns noch so sehr mit schönen Gedanken und Gefühlen einlullen – wenn wir nicht in Gang kommen, passiert gar nichts. Aber wir nutzen die Energiewolke, die uns umgibt, als Motor und Magnet zugleich. Wenn wir Klarheit in die Vision unseres Lebens bringen und sie mit hochschwingenden, also positiven Emotionen verbinden, ziehen wir diese mögliche Zukunft in unser Leben. Das „WIE" ist dabei nicht entscheidend, sondern es geht darum, dem Universum Spielraum zu lassen, damit das Unerwartete entstehen kann.

Lass dein „Wie" los und geh die hier beschriebenen acht Schritte. Gib dein Wollen ab, warte auf die Einladung deines Lebens und marschiere mutig los.

VERBINDE DICH MIT DEINER VISION

Diesen Visionsprozess solltest du regelmäßig üben, um ihn zu verinnerlichen. Am besten ein- bis zweimal am Tag. Das funktioniert ziemlich gut in Verbindung mit Meditationen.

Eine Visions-Meditation läuft so ab, dass du erst mal eintauchst ins Feld. Dann lässt du los und entspannst dich. Du lässt dein altes Ich zurück. Wenn du ins Feld eingetaucht bist und dein altes Ich losgelassen hast fragst du dich „Wer will ich eigentlich sein?" In dieses neue Ich legst du neue Energie ab. Du lädst das neue Ich auf mit deinen begeisternden Gefühlen, mit Dankbarkeit, mit Freude. Je intensiver und öfter du das tust, desto näher rücken dein neues Ich und dein altes Ich zusammen. Desto nachdrücklicher ruft das neue Ich das alte Ich zu sich. Die beiden ziehen sich regelrecht an, wie Magneten. Sie überlagern sich. So kommt die Vision in dein Leben, ohne dass du ihr hinterherrennen musst wie der Esel der Karotte.

„Jeder erzählt dir, was du tun sollst und was gut für dich ist. Die wollen aber nicht, dass du deine eigenen Antworten findest. Die wollen, dass du an ihre glaubst. Ich will, dass du damit aufhörst, deine Informationen von draußen zu holen, und dass du anfängst, sie dir von innen zu holen. Die Menschen haben Angst, in sich rein zu sehen. Das ist aber der einzige Ort, wo sie das finden, was sie brauchen."

Sokrates zu Dan in „Der Pfad des friedvollen Kriegers" · Dan Millman

17

DU BIST, WER DU BIST

Herzlich willkommen in deinem neuen Leben! Herzlich willkommen in deinem neuen Ich! Du hast es geschafft. Du bist durch unsere drei Phasen gegangen. Hast dich deinen Ängsten und Blockaden gestellt, hast hingeschaut, bist vielleicht in den einen oder anderen dunklen Wald hineingegangen. Konntest annehmen, was ist, lösen, loslösen, loslassen. Du bist in Frieden. Du hast neue Energie. Und steckst diese befreite Energie nun in deine wundervolle Vision deiner Zukunft. Du warst bereit, deine Scheuklappen abzunehmen und deine eigenen Grenzen zu sprengen. Du weißt und spürst nun, dass so viel mehr für dich möglich ist. Du weißt, dass nicht nur mehr, sondern alles für dich möglich ist. Du wirst immer mehr zu dem, der du sein willst – und der du eigentlich sowieso schon die ganze Zeit bist.

Du kannst in jeder Form und jeder Rolle DU SELBST sein. Du bist alles, du bist nichts. Du darfst alles sein. Vertraue darauf, dass du immer genau der sein wirst, der du bist. Du darfst dich verändern. Du darfst in jede Form und jede Rolle schlüpfen, auf die du Lust hast. Es gibt nichts, was dich begrenzt. Überlege dir doch mal, was alles du tun möchtest und wer alles du sein möchtest? Nachdem du durch unsere drei Herz-über-Kopf-Phasen gegangen bist, wird dich nichts mehr daran hindern.

Alles sein zu können, kann Menschen auch komplett überfordern. Konfrontiert zu sein mit unendlichen Möglichkeiten und endloser Freiheit kann uns, statt uns zu beflügeln und „Jippie und juchhei!" schreien zu lassen, auch völlig lähmen. Verlieren wir uns dann nicht im Meer der unendlichen Möglichkeiten? Wer bin ich, und wenn ja, wie viele? Diese Frage stellte schon der Philosoph Richard David Precht in seinem gleichnamigen Bestseller.

Auch hier möchten wir dich ermutigen, dich hinzugeben und ins Vertrauen fallen zu lassen. Denn jeder von uns hat eine Art „Seelenrolle" und einen „Seelenplan". Jeder von uns hat eine ganz eigene Persönlichkeit. Das heißt, alles, was du tust, wird deiner Seelenrolle entsprechen. Du erfüllst deinen Seelenplan unbewusst. Und so lange du dich nicht entsprechend deiner Seelenrolle entfalten kannst – weil dich einengende falsche Glaubenssätze und Blockaden daran hindern –, wird dir dein Plan immer weitere Aufgaben und Themen bringen, sodass du deine Lektionen lernen kannst. Wir stolpern so lange in dieselben Situationen, machen die immer gleichen Fehler, bis wir erkennen: „Aha, hier läuft etwas falsch. Ich muss und darf etwas ändern." Jede Krise ist ein Zeichen deines Seelenplans, um dich back on track zu bringen. Jede Krise ist die Chance, hinzuschauen. Jede Krise ist eine einmalige Gelegenheit, zu hinterfragen, ob dein Leben deiner Seelenrolle entspricht.

Nun klingt Seelenrolle etwas esoterisch angehaucht. Letztlich ist die Seelenrolle nichts anderes als dein Persönlichkeitstyp. Es gibt viele spannende und gute Methoden, deine ganz eigene Persönlichkeit zu entdecken und zu erkennen. Wenn du es zum Beispiel eher mystisch magst, ist der Ansatz von Varda Hasselmann in ihrem Buch „Archetypen der Seele: Die seelischen Grundmuster – Eine Anleitung zur Erkundung der Matrix" sicher etwas für dich. Sie beschreibt hier die charakteristischen Eigenschaften von sieben ganz unterschiedlichen Seelentypen, sowie deren Ängste, Entwicklungsziele, Mentalitäten und so weiter. Jeder von uns wird sich in einer dieser Seelenrollen wiederfinden.

Ein anderer Ansatz ist das Enneagramm. Beim Enneagramm spricht man von neun Fixierungen, die einen die Welt durch sehr unterschiedliche Brillen sehen lassen. Der Insights-Test wiederum teilt die Menschen in rote, blaue, grüne und gelbe Charaktere ein. Rot ist der dominant-cholerische Typ, grün der kommunikativ-sanfte, blau der sachlich-nüchterne und gelb der Spaß-Suchende. Spannend ist, einfach mal mehrere dieser Typisierungen auszuprobieren. Du wirst sehen, am Ende landest du immer beim gleichen Typ „Seele" bzw. Persönlichkeit.

Das heißt: Auch wenn du dich weiter entwickelst, neue Wege gehst, du bist immer DU. Du wirst dich nicht verlieren. Im Gegenteil. Du wirst dich (noch mehr) finden. Es hilft enorm, sich immer mal wieder, z.B. mithilfe der oben genannten Methoden, mit Persönlichkeitsmerkmalen auseinanderzusetzen. Es unterstützt dich dabei, dich selbst zu verstehen und damit auch dein Wirken sowie die hier und da vorkommenden Konflikte mit anderen Menschen.

Denn wir sind zwar alle eins. Und doch ist jeder für sich. Jeder von uns hat seine ganz eigene Seelenrolle und seinen ganz eigenen Seelenplan. Jeder von uns hat im wahrsten Sinne des Wortes sein eigenes Päckchen zu tragen. Es ist wichtig, sich auch das zu verinnerlichen: Wir haben oftmals keine Vorstellung von all den Päckchen, die unsere Mitmenschen mit sich herumtragen. Wir verurteilen die genervte Kassiererin im Supermarkt, echauffieren uns und sind empört. Aber kennen wir ihre Geschichte? Wissen wir, dass sie die ganze Nacht wach war, um ihren dementen und kranken Vater zu pflegen und zu betreuen? Wir sehen immer nur ein Bild, eine Momentaufnahme der

Menschen um uns herum, kennen aber niemals ihre ganze Geschichte. Deshalb dürfen wir mit unseren Mitmenschen nachsichtig sein. Jedem offen begegnen. Ohne Urteile und Bewertung. Ohne diese fiese Stimme im Kopf, die so gerne über alles und jeden lästern möchte.

Ist dir schon mal aufgefallen, dass man immer von „der fiesen Stimme im Kopf" spricht, aber niemals von der „fiesen Stimme im Herzen"? Unser Herz ist rein. Unser Herz möchte immer, in jedem Moment, für uns selbst und für jedes andere Wesen nur das Gute: Liebe. Freude. Glück. Negative Gefühle wie Neid, Angst oder Sorgen sitzen immer im Kopf. Oft auch im Bauch, aber niemals im Herzen. Herz über Kopf!

Wir gehen jeder unseren eigenen Weg. Genau dafür dürfen und müssen wir Verständnis haben. Fast acht Milliarden Menschen leben auf diesem wunderschönen Planeten. Und genauso viele unterschiedliche Persönlichkeiten gibt es. Sie alle haben ihren eigenen Plan, ihre eigene Mission. Sie alle haben unterschiedliche Erfahrungen gemacht und daraus ihre ganz eigenen Schlüsse gezogen. Liebe bedeutet auch, anderen Menschen ihre eigenen Entscheidungen zuzugestehen und diese zu akzeptieren und zu respektieren, auch wenn diese nicht zwingend unseren eigenen entsprechen.

18
HÖR AUF – DICH

„Die Verbindung mit dem inneren Selbst, dem uns innewohnenden Wesen, ist das einzige sichere Fundament, auf dem man sein Leben aufbauen kann. "

Swami Sivananda Radha · deutsch-kanadische Yoga-Philosophin

Weißt du, was zum Abschluss unsere inständigste Bitte an dich ist? Hör auf. Hör auf mit allem, von dem du längst weißt, dass es nicht gut für dich ist. Dass es dir nicht dient. Hör auf. Und hör auf DICH. Hör auf, nach außen zu hören. Fang an, nach innen zu hören. Lass dich vom Kopf in dein Herz sinken. Vom Kopf ins Herz. Wenn es wirklich drauf ankommt, ist das Herz immer die entscheidende Instanz, die uns im Leben die richtige Richtung zeigt. Warum nur vertrauen wir unserem lebenswichtigsten Organ so wenig? Warum plappert immer wieder unser Kopf, unser Verstand, dazwischen, und meint, alles besser zu wissen? Wir flüchten uns in unseren Kopf. Aber warum?

Wenn du schon einmal in den Genuss einer geführten Herzmeditation gekommen bist, weißt du, dass dein Herz der schönste, sicherste und dir wohlgesinnteste Platz auf Erden ist. In einer Herzmeditation wirst du angeleitet, eine Reise in dein Herz zu unternehmen. Dort triffst du auch deine Seele. Denn dein Herz ist das Haus deiner Seele. Dem einen zeigt sich die Seele in

Form eines Wesens. Dem anderen als pures Licht. Die meisten erzählen nach dieser Reise, sie hätten Wärme, Licht und Liebe gefühlt. In und mit deinem Herzen bist du all-ein. Ganz bei dir und doch verbunden mit allem.

Alle entscheidenden Antworten des Lebens finden wir in unserem Herzen. Fragen wie „Welchen Joghurt wähle ich aus den 100 Sorten im Supermarkt aus?" darfst du gern mit deinem Kopf beantworten. Aber bei Fragen, die die Qualität deines Lebens, dich und deinen Weg betreffen, hol dir unbedingt dein Herz ins Boot.

Nicht falsch verstehen. Unser Kopf und unser Verstand sind absolut nützlich und brauchbar. Zum Glück haben wir diesen smarten Denk- und Analyseapparat. Aber das Leben ist eine Teamleistung. Herz über Kopf. Herz mit Kopf. Wenn diese beiden sehr weisen inneren Instanzen wieder gemeinsam an einem Strang ziehen und uns unterstützen, sind wir unschlagbar. Und das wussten schon die alten Tao-Gelehrten. Denn während für uns heute Kopf und Herz, Körper und Geist, Denken und Seele getrennte Instanzen sind, die offenbar auch immer verschiedene Dinge von uns wollen, gab es für die Tao-Weisen nur eine Wahrheit: Herz und Kopf sind eins. Es gibt keine Trennung. Alles ist eins. Wir sind all-ein. So schreibt der chinesische Autor und Philosoph Deng Ming-Dao in seinem Buch „Tao im täglichen Leben":

„Herz. Die Alten unterschieden nie zwischen dem Herzen und dem Denken. In der alten Zeichenschrift ist beides synonym. Dieser Punkt kann gar nicht stark genug betont werden, und Sie werden die alten Schriften hundertmal besser verstehen, wenn Sie daran denken, dass beides als eins betrachtet wurde. Die Alten trennten Geist und Körper nicht voneinander und somit auch nicht Denken von Emotion. Sie trennten nicht den Gedanken von der Tat. Sie trennten nicht die Logik von der Intuition. Indem sie das Denken

als synonym mit dem Herzen betrachteten, vermieden sie tausend philosophische Probleme. Wir, die wir vergessen haben, dass Herz und Denken eins sind, könnten tausend tägliche Probleme lösen, wenn wir uns nur an das eine Wort erinnern: Herz. "

INNERE STIMME, BAUCHGEFÜHL, INTUITION

Was ist eigentlich dieses Herz? Natürlich ist dein Herz ein ziemlich wichtiges Organ, das eine recht entscheidende Rolle spielt. Es pumpt dein ganzes Leben lang das Blut durch deinen Körper.

„Hör auf dein Herz". Diese Redewendung kennen wir alle. Denn das ist die zweite Rolle unseres Herzens: Es pumpt nicht nur, es leitet uns. Mit dem Herz meinen wir das emotionale Zentrum in unserer Brust. Innere Stimme, Bauchgefühl oder Intuition – all das sind nur andere Bezeichnungen und Ausdrücke für unsere Herzensstimme.

Die Stimme unseres Herzens ist ein Geschenk. Wir haben es einfach so bekommen, die Stimme war und ist immer da. Aber haben wir je gelernt, mit ihr umzugehen? Wirklich auf sie zu hören? Sie überhaupt wahrzunehmen? Ihr zu vertrauen? Wir lernen das nicht. Niemand zeigt uns das. Niemand weiht uns in die Magie dieses Geschenks ein. Unsere innere Stimme. Unsere Intuition. Unser Instinkt. Unser Bauchgefühl. Wenn sich etwas gut oder richtig anfühlt, oder irgendwie merkwürdig und schlecht, und wir nicht genau wissen, warum eigentlich. Dann spricht unser Herz zu uns. Es leitet uns und sagt uns die Wahrheit. Manchmal hören wir auf unser Herz. Aber allzu oft, leider, ignorieren wir dieses Gefühl. Und bereuen wir nicht hinterher meistens genau die Entscheidungen sehr bitter, bei denen wir nicht auf unseren inneren Kompass gehört haben?

Wenn wir unser Herz hören, verlassen wir uns auf uns selbst. Wir schauen und horchen nach innen und finden dort genau die Antworten, die wir brauchen. Wir vertrauen unserem Gefühl und unserem Gespür. Durch dieses Vertrauen sind wir im Hier und Jetzt, sind voller Liebe und Annahme. Unsere Energie und unsere Schwingungen sind hoch. Wir sind voller Frieden. Ruhig. Und voller Freude. Das strahlen wir aus. Und entsprechend ziehen wir andere Menschen und die richtigen Dinge und Situationen magisch an. Alles ist in Resonanz zueinander. Wir sind der Magnet, von dem wir schon in den vorherigen Kapiteln gesprochen haben. Wir vertrauen darauf, dass die Welt es gut mit uns meint, wenn wir unserem Herzen vertrauen. Wenn wir kein Vertrauen haben, befinden wir uns auf dem falschen Weg. Was passiert dann? Wir fühlen uns komisch. Unsicher. Haben ständig Zweifel. Und strahlen dann genau das auch aus. Wir sind in einer niedrigen Schwingung. Haben „bad vibes." Hast du schon mal erlebt, das jemand der in einer schwierigen Beziehung feststeckt oder einen miesen Job hat, „strahlt", also „good vibes" ausstrahlt? Kaum, oder? Und die bad vibes ziehen dann die doofen Dinge magnetisch an. Das heißt nicht, dass Menschen, die immer happy sind, nie etwas blödes passiert. Aber die Wahrscheinlichkeit, Glück, Erfüllung und Erfolg zu begegnen, ist besonders für gefrustete Menschen, die dem Kopf- statt dem Herzweg folgen, ziemlich gering.

Unsere Herzensstimme will immer unser bestes. Und doch tragen die meisten von uns den Glaubenssatz in sich, dass das doch so einfach nicht sein kann. Warum ticken wir so? Hier sind wir wieder beim Thema Angst. Wir wollen kontrollieren, wollen kein Risiko eingehen. Alles absichern. Halten uns an dem Glauben fest, dass alles, was der Kopf uns klar argumentiert präsentiert, richtig sei. Und dass dieses Gebrabbel aus dem Bauch nur irgendwelchen schrägen Töne seien. Als Kopfmensch müssen wir verzweifelt alles beweisen, um überhaupt etwas annehmen zu können. Wir wollen verstehen. Wissen.

Durchschauen. Möglichst genau. Wir vertrauen nicht den unerklärlichen Dingen, nicht den Gefühlen.

HERZ ÜBER KOPF

„Alles, was zählt, ist die Intuition. Der intuitive Geist ist ein Geschenk und der rationale Geist ein treuer Diener. Wir haben eine Gesellschaft erschaffen, die den Diener ehrt und das Geschenk vergessen hat."

Albert Einstein · deutsch-amerikanischer Physiker

Wie die alten Gelehrten des Tao es schon als Selbstverständlichkeit betrachteten: Der in unserer westlichen Welt geführte Kampf „Kopf gegen Herz" ist müßig. Er ist sinnlos. Es ist, als würde man sich selbst in die Fresse hauen. Welchen Sinn soll es schon ergeben, sich selbst zu bekämpfen?

Kopf und Herz. Beide dürfen sein. Beide brauchen wir. Kopf und Herz sollten Hand in Hand miteinander arbeiten. Dennoch heißt es bei uns nicht umsonst „Herz über Kopf". Denn wir ernennen eindeutig das Herz zum Oberboss. Bei den meisten Menschen ist hingegen der Kopf Regierungschef. Was hältst du von einem Machtwechsel?

Und was hältst du davon, der ewigen Kopfgeburt „Vernunft" mal die rote Karte zu zeigen? Denn tun wir selbst, und die meisten Menschen, die wir so kennen, nicht alle viel zu viel dieser schrecklich vernünftigen Dinge? Und mit schrecklich meinen wir schrecklich. Wir bleiben in der Beziehung, die sich nicht mehr richtig anfühlt, weil es eben „vernünftig" ist. Wir bleiben im öden nine-to-five-Job, mit den langweiligen Kollegen, weil es halt „vernünftig" ist. Auf die Frage „Wie geht es dir?" antworten wir, ganz Rentner-like, „Ach ja, es muss." Wir investieren so viel Zeit, Energie und Geld in Jobs, Umstände, Menschen und Beziehungen, die sich nicht richtig anfühlen. Das ist doch schrecklich, absurd, bescheuert und absolut idiotisch! Aber wir glauben, wir müssten es tun, weil, herrje, es ist eben – vernünftig.

Möchtest du wirklich weiter im falschen Zug sitzen, der fährt, wohin du gar nicht willst? Und in dem es, wenn du nach draußen schaust, noch nicht mal eine schöne Aussicht gibt, die du genießen könntest? Mit dem die ganze Fahrt einfach nur langweilig oder anstrengend ist? Und in dem auch noch Menschen sitzen, mit denen du deine so wertvolle und kostbare Zeit gar nicht verbringen möchtest? Viel zu viele Menschen fahren in solchen falschen Zügen auf den völlig falschen Gleisen durch ihr Leben. Und wundern sich dann, dass sie unglücklich sind. Und was machen sie dann? Statt am nächsten Bahnhof einfach mal schnell auszusteigen, reden sie sich – natürlich mit den „vernünftigsten" Argumenten – den falschen Zug und das falsche Ziel auch noch schön. Und ignorieren weiter die Stimme im Herzen, dieses Bauchgefühl, das sie laut von innen heraus anschreit: „HALLO, VERDAMMT, RAUS HIER!" Kann man halt auch so schlecht hören. Das Geratter auf den Gleisen ist ja so laut.

Natürlich dürfen wir denken, analysieren und bewerten. Logisch an Dinge herangehen. Der Verstand ist ein großartiges und einzigartiges Geschenk, über das allein wir Menschen verfügen. Aber wenn die Logik in eine bestimmte Richtung zeigt, und wir im sprichwörtlichen Sinne Bauchschmerzen dabei haben, dann sollten wir der Logik nicht folgen. Basta.

Wenn Kopf und Herz in dieselbe Richtung wollen, dann ist das natürlich perfekt. Aber was ist, wenn beide unterschiedliche Ansichten haben? Eigentlich kennst du die Antwort. Aber vertraust du darauf? Vertraust du dir selbst? Es ist möglich, hinterher logisch und vernünftig zu begründen, warum man auf sein Bauchgefühl gehört hat. Es ist aber unmöglich, in eine vernunftbasierte Entscheidung, bei der das Gefühl in eine andere Richtung marschieren wollte, nachträglich ein gutes und richtiges Gefühl hineinzuinterpretieren. Stattdessen bleibt dieser Klops im Bauch, ein Stein, der immer schwerer wird. Dieses Gefühl lässt sich nicht manipulieren. Und was passiert dann? Du züchtest dir eine fette Blockade. Hallo Phase eins.

Unser Herz sagt uns immer, was Sache ist. Schon lange bevor der Kopf meint, es zu wissen.

„Es gibt aber auch Menschen – manchmal begegnet man ihnen zur großen Freude – von denen eine solche Strahlkraft ausgeht, dass man sich sofort in ihrer Nähe wohl fühlt. Nichts hindert sie, das zu leben, wovon sie überzeugt sind, und das zu sagen, was ihre Intuition ihnen eingibt und sie für richtig halten. Es ist, als ob das klare helle Sonnenlicht ungehindert durch ihre Seele und jede Zelle ihres Körpers flutet. Sie strahlen, und nichts in ihnen vermag diese Kraft aufzuhalten oder zu verschatten. "

Peter Dyckhoff · deutscher Priester, Psychologe & Autor

19

TÄGLICH NEU VERLIEBT INS LEBEN

Das erste Buch, das wir geschrieben haben, hat den Titel „Täglich neu verliebt". In diesem Buch geben wir den Lesern viele Anregungen, Denkanstöße und Ideen, sich immer wieder aufs Neue in den Partner zu verlieben. Im Klappentext heißt es u.a.:

„Sie leben in einer Partnerschaft, Sie lieben Ihren Schatz – und dennoch zeigen sich immer wieder herausfordernde Themen? Möchten Sie wieder mehr Freude und Leichtigkeit in Ihre Beziehung bringen? Manchmal braucht es nur ein Umdenken, ein kreativ neues Ausprobieren, ein sich selbst neu betrachten Lernen – und schon kommen neuer Schwung und Glück in Ihre Partnerschaft zurück. Hier finden Sie 33 Chancen für Wachstum und Entwicklung in der Partnerschaft – 33 wunderbare Übungen und Anregungen, um Ihr Zusammensein in ein neues Licht zu stellen, dunkle Problembereiche neu zu beleuchten, zu heilen und so Ihre gemeinsame Liebe füreinander neu zu entdecken. Ja, es ist möglich: Sie können Ihr Miteinander wie bei einem Tanz immer wieder neu beleben und sich immer wieder neu in Ihren Partner verlieben! Sobald Sie Ihre Beziehung als einen steten Lern- und Entwicklungsprozess begreifen, fällt vieles leicht. Dann sind Sie bereit, sich immer wieder neu selbst zu betrachten und Ihren Partner immer wieder neu zu erleben. Verwandeln Sie Ihre Partnerschaft wieder in eine kraftvolle, kreative und wunderbare Liebesbeziehung."

Nichts anderes als die Herz-über-Kopf-Methode haben wir dort auf den Bereich „Beziehungen" übertragen. Hinschauen und Erkennen. Lösen und Heilen. Umlenken, Neu-Entdecken, Gestalten. Es ist immer unsere bewusste Entscheidung, diesen Weg zu gehen. Und wenn wir uns jeden Tag aufs Neue in unseren Partner verlieben können, können wir uns auch jeden Tag neu in unser Leben verlieben. Nichts anderes möchte dir unsere Herz-über-Kopf-Methode ermöglichen.

DU.

Wir können dir viel erzählen, beibringen, zeigen, dir alles vorturnen. Wir können dich an die Hand nehmen. Dich ermuntern, ermutigen, motivieren. Aber der, der entscheidend ist, in jedem Moment, bist DU. Es kommt nicht auf uns an. Es kommt auch nicht auf deinen Partner an, nicht auf deine Kinder, deine Eltern, deine Freunde, deine Kollegen. Sondern allein auf dich. Du zählst. Deine Gedanken, deine Gefühle, dein Geben, dein Sein, deine Entscheidungen.

Jeder Mensch hier auf Erden geht seinen eigenen Weg. Die Menschen, die nachhaltig Großes geschafft und verändert haben, hatten immer einen starken Glauben an ihre Vision. Egal, wie oft sie von anderen ausgelacht wurden, egal wie oft sie hören mussten „Das geht nicht!" oder „Das darfst du nicht." Egal, wie sehr sie kämpfen mussten. Egal, wie oft sie hingefallen sind. Sie haben ihre Vision nicht aufgegeben. Sie wussten einfach: „Es ist richtig." Sie sind mutig ihren Weg gegangen.

Du kannst das auch. Und vielleicht bist du auch schon längst unterwegs. Glaubst du das noch immer nicht? Erzähl uns bloß nicht, du seist zu alt, oder es würde aus anderen Gründen nicht gehen. Dann schicken wir dich nämlich so lange durch unsere drei Phasen und im Turbo-Karussellmodus durch deine liegende Acht, bis du das Aufgeben aufgibst.

Wir haben schon so viele Menschen erlebt, die nicht aufgegeben haben und mutig ihrem Herzen gefolgt sind. Die ihr persönliches Hamsterrad verlassen und zugleich Frieden mit ihrer Vergangenheit geschlossen haben. Die aufgehört haben, gegen sich selbst und das Leben zu kämpfen. Die sich hingegeben haben. Und die zugelassen haben, dass Wunder geschehen. Erst kleine und dann immer größere.

Zu welchem Typ Mensch möchtest du gehören? Zu denen, die mutig vorangehen und ihren Weg finden und beschreiten? Oder zu denen, die andere – und letztlich sich selbst – genau davon abhalten wollen? Auch das ist allein deine Entscheidung.

Du musst dich mutig und allein (all-ein) auf deinen Weg begeben. Aber du bist nicht wirklich allein. Denn in dir gibt es eine Instanz, die den Weg genau kennt. Du musst also nicht im Außen jemanden oder etwas finden, an den oder das du dich klammerst, sondern dich mit dir selbst und deiner inneren Stimme verbinden. Du hast dein Herz immer bei dir.

Wir hoffen und wünschen uns sehr, dass wir dich mit unserer Herz-über-Kopf-Methode ein Stück weit dabei begleiten konnten, dich noch tiefer und inniger mit dir selbst zu verbinden. Du brauchst keinen „Guru", keinen Ansager, keinen Motivator. Du bist das alles selbst. Ein Teil von dir kennt den Weg. Der andere sucht noch. Nur dass der Suchende in dir bisher vielleicht immer im Außen gesucht hat, anstatt den Teil in dir zu fragen, der die Antworten doch schon längst weiß und schon immer wusste. Leite deine Fragen ab sofort nach innen, anstatt nach außen. Verbinde dich mit deinem inneren Guru: deinem Herzen.

Viele spirituelle Menschen beschreiben diesen Teil als „das höhere Selbst", die „Seele" oder auch den „geistigen Führer". Es ist völlig egal, welchen Namen du ihm gibst. Halte nur für möglich, dass er existiert. Du bist so viel mehr, als das, was du von dir denkst. Du bist ein geistiges Wesen in einem irdischen Körper. Eine Mischung aus Geist und Materie. Dieser Geist ist verbunden mit der liebevollen Intelligenz, die das Universum durchdringt und die sogar von vielen Quantenphysikern anerkannt wird. Sie lässt dich atmen, den Baum wachsen und die Erde sich drehen. Wir sind verbunden mit und durchdrungen von dieser liebevollen Intelligenz, von Gott, oder wie auch immer du sie nennst. In jedem Moment deines Lebens ist diese Kraft bei dir. Du kannst sie immer bitten, dich zu unterstützen. Bitte dein höheres Selbst, dir zu helfen. Bitte deinen Geistführer, dir ein klares Zeichen auf eine Frage zu senden. Diese Energie wird dich nicht von deinen Ängsten befreien, doch sie wird dir deinen Weg zeigen. Das ist oft nicht der leichteste Weg. Aber immer der Weg, der dich wachsen lässt.

Um vom Spirituellen wieder zurück zur Erde zu kommen, zum Abschluss noch ein ganz profaner Vergleich: Stell dir vor, du bist Fußballer. Dein Trainer coacht dich. Er kann dir sagen, was du tun sollst. Aber noch niemals ist ein Trainer auf den Platz gegangen und hat für den Spieler das Tor geschossen. Das musst du selbst tun.

Du entscheidest: Wer ist dein Coach? Die Angst? Oder dein Herz?

BEREIT? DANN LOS. JETZT.

Bist du bereit, (wieder) auf dein Herz zu hören? Bist du bereit, dich (wieder) selbst zu finden und zu erkennen? Bist du bereit, deinen Kopf mit deinem Herzen zu verbinden? Bist du bereit, deine manchmal empfundene innere Leere wieder mit Sinn zu füllen? Bist du bereit, dich dem Leben anzuvertrauen und dich ihm hinzugeben? Bist du bereit, aus deinem Hamsterrad auszusteigen? Bist du bereit, in deine innere Ruhe und Kraft zu kommen? Bist du bereit, alles anzunehmen? Bist du bereit, zu lieben? Bist du bereit, dich im Fluss deines Lebens einfach treiben zu lassen? Bist du bereit, dein in dir schon immer vorhandenes Wissen, deine innere Stimme, deine Intuition wieder zu hören, zu nutzen und anzunehmen? Bist du bereit, bei dir anzukommen?

Bist du bereit? Dann lass uns loslegen. Wir können es kaum erwarten, dich aufblühen zu sehen. Herz über Kopf. Lass dich drauf ein. Und Wunder geschehen.

Deine Christina und dein Walter

Wunder geschehen
(Nena)

Auch das Schicksal
und die Angst kommt über Nacht.
Ich bin traurig.
Gerade hab ich noch gelacht
und an sowas Schönes gedacht.

Auch die Sehnsucht
und das Glück kommt über Nacht.
Ich will lieben
auch wenn man dabei Fehler macht.
Ich hab mir das nicht ausgedacht.

Wunder geschehen,
ich hab's gesehen.
Es gibt so vieles was wir nicht verstehen.
Wunder geschehen.
Ich war dabei.
Wir dürfen nicht nur an das glauben was wir sehen.

Immer weiter,
immer weiter geradeaus
Nicht verzweifeln,
denn da holt dich niemand raus.
Komm steh selber wieder auf.

Wunder geschehen,
ich hab's gesehen.
Es gibt so vieles was wir nicht verstehen.
Wunder geschehen.
Ich war dabei.
Wir dürfen nicht nur an das glauben was wir sehen.

Was auch passiert:
Ich bleibe hier.
Ich geh den ganzen langen Weg mit dir.
Was auch passiert,
Wunder geschehen.

„Solange also der Geist unfähig ist, das Problem zu betrachten, solange er nicht fähig ist, das Problem zu lösen, muss er verschiedene Wege der Flucht vor dem Problem finden, und die Fluchtwege sind Hoffnungen, sie sind der Abwehrmechanismus.“

Jiddu Krishnamurti · indischer Philosoph

20

WEGLAUFEN, STEHENBLEIBEN, HINSCHAUEN: WALTERS GESCHICHTE

Waren wir schon immer so „erleuchtet" und hatten's voll raus, wie das alles so geht, mit dem Glücklichsein und dem erfüllten Leben? Hey, is doch voll easy und so? Nee. Bei Weitem nicht. Ganz und gar nicht. Auch wir hatten unsere Päckchen zu tragen, und tragen sie mitunter auch heute noch. Uns selbst zu entwickeln war auch für uns ein jahrelanger Prozess, ein Weg, den auch wir gegangen sind und, ganz ehrlich, manchmal noch immer gehen.

Deshalb möchten wir gern unsere Geschichten mit dir teilen. Wir möchten unsere Masken ablegen und uns dir zeigen. Welche Irrwege sind wir gegangen und warum? Welche Hindernisse und Blockaden hielten uns davon ab, die richtigen Wege zu gehen? Vor und hinter welchen Klöpsen und „Topschrott" (Christinas Lieblingswort für eher unschöne Angelegenheiten) haben wir uns versteckt? Und wie sind wir aus unseren Labyrinthen herausgekommen? Vielleicht erkennst du dich ja in der einen oder anderen Etappe wieder.

Wir brauchen immer jemanden, der vorgeht. Jemand, der ähnliches erlebt und durchgemacht hat wie wir. Wie oft hören wir von Menschen, die schwierige und schwierigste Lebenskrisen gemeistert haben: „In dem Moment hätte ich mir gewünscht, dass da jemand ist, der mich versteht und mir sagt, dass auch er so etwas schon durchgemacht hat. Jemand, der mich versteht und jemand, der mir Mut macht, dass auch ich das schaffen kann. Jemand, der mir das Licht am Ende des Tunnels hinstellt." Genau dieses Licht stellen wir dir nun hin.

WALTERS GESCHICHTE

Gehen wir mal ein paar Schritte und ein paar Jährchen zurück.

Eigentlich hatte ich eine gute und solide Kindheit. Liebevolle Eltern und zwei Schwestern, die echt okay waren. Was sicher nicht jeder Bruder über seine Schwestern sagen kann. Wir lebten in einem guten und soliden Umfeld. Uns ging es materiell und finanziell gut. Es fehlte an nichts. Und doch: In dieser scheinbar idyllischen Normalität waren es die kleinen und unsichtbaren Dramen, die nie nach außen drangen, sich aber umso tiefer in mein Bewusstsein eingruben. Dramen, die Samen in mir säten, die ziemlich schnell Wurzeln schlugen und aus denen mich jahrelang in die Irre leitende Glaubenssätze und Verhaltensmuster wuchsen und wild wucherten. Ich bin überzeugt: Wir entwickeln immer Glaubenssätze und Verhaltensweisen, egal, wie wir aufwachsen und in welchem Umfeld. Und daraus formt sich unser Bild der Welt.

Aber was war passiert? Ich bin auf dem Gelände eines psychiatrischen Krankenhauses aufgewachsen. Mein Vater arbeitete dort als Psychiater und meine Mutter als Krankenschwester und Musiktherapeutin. Mein Vater war ein toller, beliebter und angesehener Arzt. Er half seinen Patienten immer wieder, aus ihren Lebensbredouillen herauszufinden. Er engagierte sich für sie und stürzte sich jeden Tag aufs Neue mit Leidenschaft in seine Aufgaben. Sie waren ihm dankbar, und er genoss ein hohes Ansehen unter seinen Patienten und Kollegen.

Sobald mein Vater wieder zu Hause war, war er zwar freundlich und liebevoll zu uns, aber er war eben der Vater, der das Rollenklischee eines Vaters aus den 60ern und 70ern Jahren voll erfüllte. Es war hauptsächlich unsere Mutter, die sich mit uns Kindern beschäftigte. Ein einziges Mal spielte mein Vater mit mir Fußball, zumindest erinnere ich mich nur an dieses eine Mal. Und ich weiß noch, wie ich spürte, dass das so gar nicht seins war. Weder das Fußballspielen noch die Zeit mit mir zu verbringen. Das ist kein Vorwurf, das war einfach so, und für mich damals völlig normal. Mein Vater ging stattdessen voll in seinem Beruf auf. Jeden Tag dasselbe Ritual: Er kam zum gemeinsamen Mittagessen nach Hause. Familien-Smalltalk. Dann legte er sich eine halbe Stunde hin. Danach verschwand er in der Welt der klassischen Musik. Das war seine Welt. Er setzte dafür einen eigenartigen helmartigen Kopfhörer auf und war weg. Komplett weg. Diese Mittagsruhe und diese Abläufe waren ihm heilig. Nichts durfte ihn dabei stören. Wir hatten uns daran anzupassen.

Mein Vater, immer in seiner Welt, sah nicht, wie schlecht es meiner Mutter manchmal ging. Meine Mutter litt immer wieder an Depressionen. Sie war mit ihrem Leben, das nach außen so perfekt, harmonisch und idyllisch aussah, überfordert. Vor allem Ihre Rolle als Dreifach-Mutter machte ihr zu schaffen. Mit jemandem darüber reden konnte sie nicht, denn gesellschaftlich war es ein Tabu, in dieser Rolle nicht automatisch glücklich und erfüllt zu sein. Es gab Tage, da ging bei ihr rein gar nichts. Ich habe mich unendlich geschämt, wenn sie mich an solchen Tagen zur Schule fuhr. Im Morgenmantel.

Rückblickend, viele Jahre später, erkannte ich, dass mich meine Mutter in Sachen Frauen und Partnerinnen unbewusst geprägt hatte. Ich zog immer wieder Frauen in mein Leben, die mit Problemen behaftet waren, ähnlich wie damals meine Mutter. Frauen, die ähnlich überfordert vom Leben waren. Und mit denen das Zusammenleben entsprechend nicht immer einfach und easy war.

Frauen, die nicht mit Leichtigkeit durchs Leben tanzen konnten, sondern für die das Leben oft kompliziert und schwer war.

Nun hätte mein Vater meiner Mutter eigentlich helfen können. Er war schließlich Psychiater und hatte viele Patienten mit ähnlichen Problemen erfolgreich, einfühlsam und nachhaltig behandelt. Aber bei meiner Mutter war er dazu nicht in der Lage. Er konnte sie nicht behandeln. Er konnte ihr nicht helfen. Warum? Weil er dann mit seinen eigenen Emotionen in Kontakt gekommen wäre.

Trotz ihrer eigenen Probleme und Herausforderungen gab meine Mutter ihr Bestes. Sie versuchte immer, allen Menschen zu helfen. Sie unterstützte auch mich immer in meinem Bestreben nach Freiheit und Unabhängigkeit und setzte das eine oder andere Vorhaben meinerseits auch gegen meinen Vater durch. Dazu gleich mehr. Meiner Mutter war es ein wichtiges Bedürfnis, helfen zu können, und sie unterstützte viele Menschen, wenn es ihnen schlecht ging, mit Rat und Tat. Erst viele Jahre später fand sie hier eine ausgeglichene Balance und auch die Zufriedenheit und das Glück für sich selbst.

WALTERS KLEINE WELT & VERDRÄNGTER SCHMERZ

Aber wie habe ich, als kleiner Walter, auf diese Situation zu Hause reagiert? Wie bin ich damit umgegangen? Kinder reagieren völlig unterschiedlich auf Probleme ihrer Eltern. Die einen leiden mit und übernehmen schon früh die Verantwortung für ihre Eltern und oftmals auch die Geschwister. Sie übernehmen die fehlende Vater- oder Mutterrolle. Sie versuchen auch, den Clown für ein trauriges Elternteil zu spielen, wie es zum Beispiel Hape Kerkeling sehr bewegend in seiner Autobiografie „Der Junge muss an die frische Luft" schildert. Manche Kinder suchen auch die Schuld bei sich selbst und versuchen besonders gehorsam, lieb und brav zu sein. Sie machen sich unsichtbar – bloß nicht noch eine Belastung mehr für die Eltern werden.

Und ich? Ich wollte mit all dem überhaupt nichts zu tun haben. Auch das ist eine Form des Umgangs damit. Ich wollte der erdrückenden Stimmung zu Hause nicht ausgesetzt sein. Ich war ohnmächtig, weil ich wusste, dass ich weder meinem Vater noch meiner Mutter helfen konnte. Wie auch? Und vielleicht tat ich deshalb das für mich gesündeste, was ich in dieser Situation tun konnte: Ich baute mir meine eigene Welt auf und versuchte, die schönen Seiten des Lebens eben für mich allein zu entdecken. Ich baute mir „Walters kleine Welt" auf. Ich ging alleine ins Kino, ich ging alleine Currywurst essen. Ich verbrachte so wenig Zeit wie möglich zu Hause. Und vielleicht übernahm ich hier unbewusst ein Verhaltensmuster meines Vaters. Er lebte es mir schließlich genauso vor: Sich einfach in seine Welt zurückzuziehen. Ich war viel mit dem Fahrrad unterwegs und viel bei Freunden. Später spielte ich viermal die Woche Basketball und fühlte mich in der behüteten Vereinsfamilie richtig wohl. Während meine Schulkameraden anfingen, das zu tun, was Teenager eben so tun – Saufen und Kiffen –, machte ich eben Sport. Kam aber auch hier zu meinem Bierchen: Als 15-Jähriger saß ich bei den Vereinsfeiern mit am Tisch. Wenn mich der Alkohol ab und an mal aus den Latschen kippen ließ, brachten mich meine Mannschaftskollegen nach Hause und legten mich ins Bett, ohne dass meine Eltern davon etwas mitbekamen. Ich war gut, fokussierte mich darauf, meine Leistung zu bringen, hatte schnell Erfolge und spielte bald in der ersten Mannschaft.

War mein Verhalten eine Art Flucht, war es Weglaufen? Ja. Und Nein. Eigentlich waren und sind Weglaufen und Flucht nie wirklich meine Problemlösungsansätze. Ich presche bei Problemen immer nach vorn, greife an, handle aktiv, versuche immer, Lösungen zu finden. Den Kopf in den Sand stecke ich selten. Und in gewisser Weise handelte ich das auch unbewusst als Kind schon so. Statt darauf zu hoffen, dass sich zu Hause die Situation entspannt, habe ich alles, was mir als kleiner Junge möglich war, getan, um außerhalb meines Zuhauses die Leichtigkeit des Seins zu genießen.

Auch in der Schule war diese „Strategie" meine Überlebensstrategie. Ich hatte eine Lese- und Rechtschreibschwäche. Nicht mal meinen Namen konnte ich richtig schreiben. Heimlich schämte ich mich, natürlich. Aber ich tat cool. Und versteckte das Gefühl der Scham und der Demütigung, die jeden Tag an mindestens irgendeiner Stelle auf mich lauerten, ganz tief unter zig Masken. Ich ließ mir nie etwas anmerken und holte mir meine Anerkennung und das Gefühl, cool und gut genug zu sein, eben woanders. Meistens im Sport. Einmal las mein Deutschlehrer – ich glaube, ich war in der dritten oder vierten Klasse – mein Diktat laut der ganzen Klasse vor. Es hatte 60 Fehler und strotzte nur so vor absurden Buchstabenkombinationen. Mein Lehrer suhlte und aalte sich in jedem Fehler, zeigte das Diktat herum und betonte alles genau so, wie ich es – falsch – geschrieben hatte. Die Klasse bog sich vor Lachen. Und was machte ich? Ich lachte laut mit. Ich lachte vermutlich am lautesten. So sorgte ich dafür, dass ich, vermeintlich, kein Opfer war. Ich machte mich selbst zum Clown. Tat cool. Und verbuchte die Lacher als Erfolg für mich.

Nun mag das auf den ersten Blick gar keine so schlechte Strategie sein. Erst viele Jahre später, als ich begann, meine Blockaden zu erforschen, tauchte genau diese Szene aus meiner Schule wieder aus meinem Unterbewusstsein auf. Ich heulte Rotz und Wasser. Der Schmerz, den ich damals so erfolgreich verdrängt hatte, war auch Jahre später mit all seiner Intensität noch immer da.

Aber ich erkannte später, wie sehr sich in mir ein Verhaltensmuster manifestiert hatte. Im Enneagramm ist der Typ drei „der Macher". Machen, machen, machen, immer wuseln, immer nach vorn und all das meistens auch extrem erfolgreich. Überhaupt ist Erfolg, auch bei mir, der Motor für alles, der Sinn, der Antrieb. Nicht erfolgreich zu sein, oder etwas zu tun, wobei es gar nicht in erster Linie um irgendeine Art von Erfolg geht, ist völlig undenkbar. Ohne Erfolg würde das ganze Leben einer „Drei" wie ein Kartenhaus in sich zusammensacken. Es hätte keinerlei Grundlage mehr. Spannenderweise sorgt dieses Selbstverständnis von Erfolg auch genau dafür, dass so tickende Menschen auch immer erfolgreich sind. Auch ich hatte später immer Erfolg. Egal, was ich tat, ich war erfolgreich.

Das Fatale ist nur: So wird nicht das gesehen, was wirklich da ist. Man redet sich alles schön und biegt sich alles so hin, dass es passt. Darin war ich besonders gut und über die Jahre zum Profi geworden. Im Erfolg liegt auch immer die Gefahr der Täuschung. Ich kippte im sprichwörtlichen Sinne bunte Zuckerstreusel auf meine Lebens-Mistklöpse.

SURFEN ALS RETTUNG, ERFOLG ALS FLUCHT

Ich war ein richtig niedlicher Teenager. Ich hätte als Kindermodel von Kinderschokolade-Packungen grinsen können. Aber mit 14 willst du natürlich nicht niedlich sein. Während bei meinen Mitschülern schon Haare an allen erdenklichen Körperorten massig sprossen und sich ihre Körper eindrucksvoll vom Jungen zum Mann entwickelten – tiefe Stimme, Bart, Muskeln, Größe –, war ich äußerlich noch ein Kind. Was bei mir hingegen alles andere als unterentwickelt war, war meine Sexualität. Da sie das einzige war, was ich an mir männlich fand, verknüpfte ich meine Sexualität mit Männlichkeit. Dennoch passte das nicht mit meinem restlichen äußerlichen Erscheinungsbild zusammen. Ich lehnte mich, meinen Körper und mein Spiegelbild komplett ab. Eine weitere Blockade wuchs und wuchs: Ich fühlte mich zu schmal und nicht muskulös genug.

Aber: Ich war mutig. Immerhin. Wenn ich schon nicht wie ein Erwachsener aussah, wollte ich mich wenigstens wie ein Erwachsener verhalten. Ich eröffnete meinen Eltern, dass ich alleine in die Ferien fahren wollte. Urlaub mit Eltern war schließlich was für Babys. Mein Vater war nicht sehr begeistert davon und tat das als spinnerte Schnapsidee ab, aber meine Mutter unterstützte mich. Ich glaube, sie spürte auch sehr genau, worum es mir eigentlich wirklich ging. Nachdem wir einige Feriencamp-Kataloge gewälzt hatten, war ein Surfcamp am Mondsee in Österreich der Finalist.

Und so fuhr ich, gerade mal 14 Jahre alt und wie ein 11-Jähriger aussehend, alleine mit dem Zug nach Österreich. Hatte ich Angst? Nein. Dieses unbändige Gefühl von Freiheit und Abenteuer gluckste freudig in meinem Bauch.

Ich kann mich auch noch ziemlich genau an den völlig irritierten Blick meiner Pensionswirtin erinnern, als ich an ihrer Tür klingelte. Ich sah halt aus wie 11. Und da stand ich, mit meinem großen Koffer, allein vor ihrer Tür. Und dann begann meine damalige persönliche Vorstellung vom Paradies: Jeden Morgen lief ich von der Pension zur Surfschule. Ich lernte dort nicht nur das Surfen, sondern auch viele andere Jugendliche kennen, die mich einfach akzeptierten, wie ich war. Wir hatten so viel Spaß zusammen, maßen uns in unserem Können im Wasser. Und ich entdeckte schnell: Das war genau mein Ding! Auf und in der Welle war es egal, wie ich aussah, wie alt ich war, was bei mir zu Hause los war und ob ich fehlerfrei schreiben konnte. All das zählte hier nicht. Es zählte einzig und allein, wie du mit deinem Brett die Wellen, das Wasser und den See kontrollieren und beherrschen konntest. Ich wollte hier nie wieder weg. Ich rief meine Mutter an und bat sie, noch eine Woche länger bleiben zu dürfen. Noch heute bin ich ihr unendlich dankbar, dass sie spürte, wie sehr ich hier in meinem Element war, sodass sie mir nicht nur diese Reise erlaubte, sondern auch die Verlängerung. Auch wenn es pathetisch klingt: Ja, diese Ferien im Surfcamp haben mein Leben verändert.

Surfen war für mich zum Inbegriff von Freiheit und Leben geworden. Surfen WAR mein Leben. Mit 16 fuhr ich mit dem Zug zur Bootsmesse nach Düsseldorf und kaufte mir von meinem Ersparten ein Surfbrett, das eigentlich viel zu klein für mich und mein damaliges Können war. Aber ich konnte es mir leisten, und ich war so unendlich stolz auf dieses hawaiianische Brett unter meinem Arm. Es muss ulkig ausgesehen haben, wie ich da als schmächtiger Teenager mitten im Winter in einem deutschen Zug mit Surfbrett saß und es verliebt anschmachtete. Ich wusste, dass ich es irgendwann reiten würde.

Nur fünf Jahre, nachdem ich das erste Mal auf einem Brett gestanden habe, bestand ich mit gerade 18 Jahren die Prüfung zum Surflehrer. Im selben Jahr flog ich nach Fuerteventura, um dort zu arbeiten. Damals war „Fuerte" das „Hawaii Europas", und es wimmelte nur von coolen Surfer-Dudes, die dort ihren Traum lebten. Ich musste nach sieben Wochen Freiheit und Surfer-Abenteuer wieder zurück nach Deutschland, denn da wartete mein Abitur auf mich. Aber ich wusste, ich würde wiederkommen. Dem Abitur stellte ich mich bereitwillig, es machte auf einmal für mich Sinn. Denn ich hatte eine Vision von meinem Leben danach. Während andere in meinem Alter unschlüssig waren, was sie mit ihrem Leben anfangen wollten, war für mich klar: „Ich werde surfen. Und ich werde frei sein." Dieser Gedanke war mein Antrieb, um mich durch das Abitur zu lavieren.

Sobald ich das Abi in der Tasche hatte, war ich auch schon wieder weg. Ich arbeitete drei Monate als Surflehrer im Aldiana-Ferienclub in der Türkei, dann drei Monate im Senegal. Dann konnte ich endlich wieder auf meine geliebte Insel Fuerteventura fliegen, wo ich die ersten vier Jahre, ebenfalls im Aldiana, als Surflehrer arbeitete. Eigentlich wollte ich studieren, aber ich schob den Start des

Studiums immer weiter vor mir her, bis ich das Vorhaben später endgültig aufgab.

Dann packte mich das Gründer-Fieber und ich baute meine eigene Firma auf. Ich entwarf eine coole T-Shirt-Kollektion und verkaufte sie auf der Insel. Das lief gut, richtig gut. Zum Schluss hatte ich 15 Läden auf den Kanaren, auf dem spanischen Festland und sogar in Portugal.

Ich hatte das Gefühl der Kleinheit und der Minderwertigkeit aus meiner Kindheit vermeintlich erfolgreich überwunden. Ich hatte ein ganz simples System entwickelt, um mich nicht länger damit auseinandersetzen zu müssen: Ich musste nur erfolgreich sein. Viel arbeiten, viel verdrängen.

Aber hatte ich es geheilt? Nein. Ich hatte es nur noch erfolgreicher und tiefer versteckt als zuvor. Ich hatte in sehr jungen Jahren vermeintlich alles erreicht. Ich hatte eine gut laufende Firma, eine wunderschöne Finca, war verheiratet, hatte einen Sohn und viel Geld.

Und dann kam sie. Die Krise mit dem dicken Hammer. Eine „simple" Beziehungskrise, die vielleicht viele von uns haben. Aber für mich war es eine Aufwachkrise. Eine Krise, die mich schüttelte und von oben nach unten auf den Kopf stellte.

Meine damalige Frau und ich schenkten uns nichts. Ich hatte sie betrogen. Und nun war sie es, die auf einmal einen Freund hatte. Statt klare Entscheidungen zu treffen, ließen wir unsere Ehe dennoch weiterlaufen. Sie wollte es einfach mal mit dem anderen ausprobieren, aber gleichzeitig auch unsere Ehe nicht beenden. Mir hängt bis heute der Satz nach, mit dem meine damalige Frau ihre Einstellung beschrieb: „Ich möchte das alles sich einfach nur entwickeln lassen." Es war ein furchtbarer Zustand, in dem wir verharrten. Schlimmer als das Gefühl, zu wissen, dass da ein anderer Mann war, war das Gefühl der Ohnmacht. Ich konnte nichts machen. Ich hatte auch nichts in der Hand. Ich hatte vorher Mist gebaut, also musste ich ihr ihre Antwort darauf „zugestehen".

Und so tat ich das, was ich als Kind schon getan hatte: Ich flüchtete in meine Welt. In meine Welt meiner Firma, in meine Welt des Surfens. Aber auf einmal machte all das mir keinen Spaß mehr. Ich war am Ende. Ich sah in nichts mehr einen Sinn. Mein „Macher-System" war komplett ausgehebelt, denn ich konnte nichts machen. Meine Frau und ich, wir stellten uns dem so offensichtlichen Klops, der zwischen uns stand, nicht. Wir verharrten in unserer Ohnmacht und waren beide nicht in der Lage, eine klare Entscheidung zu treffen und diese umzusetzen. Erst Jahre später konnten wir diese Situation, die für uns alle – meine Ex-Frau, mich und unseren Sohn – extrem belastend war, endlich lösen. Heute wünsche ich mir, wir hätten viel eher gehandelt. Aber hinterher ist man bekanntlich immer schlauer.

DU WIRST GELIEBT

Was tat ich? Ich flüchtete. Einmal mehr. Diesmal aber war meine Flucht meine Heilung und meine Rettung. Ich ging den Jakobsweg. 800 Kilometer sollten ja wohl reichen, um endlich Klarheit und eine Richtung für mein Leben zu gewinnen. Über sechs Wochen marschierte ich auf dem über 1000 Jahre alten heiligen Pfad. Ursprünglich lag der Sinn des Beschreitens des Jakobswegs vor allem darin, sich seiner Schuld und Sünden bewusst zu werden, und diese am Ende des Weges erlassen zu bekommen. Das war wichtig, wenn man nach dem Tod ins Paradies einziehen wollte. Heute gehen die meisten Menschen den Weg, um Antworten auf ihre dringlichsten Lebensfragen zu finden.

Dieser Marsch gab auch meinem Leben die entscheidende Wende. Ich hatte bereichernde Begegnungen und tolle Gespräche mit den unterschiedlichsten Menschen. Ich spürte die Natur. Ich spürte die Magie dieses Weges, auf dem so viele Menschen ihre ganz persönlichen Jakobs-Momente erlebt haben. Und ja, auch wenn es verrückt klingt und ich selbst mit Kirchengedöns eigentlich wenig am Hut habe: Da lag diese göttliche Macht in der Luft. An jeder Ecke konnte man die Anwesenheit von Jesus fühlen. Glaub mir, ich hielt mich selbst für einen Spinner. Was ich dort erlebte, hat mich auch schon das eine oder andere mal an meiner eigenen Zurechnungsfähigkeit zweifeln lassen.

Doch das war nicht alles. Schon nach zwei Wochen auf diesem Weg begegnete ich mir selbst. Ich hatte meinen Jakobsweg-Moment. Ich war schon einige Tage unterwegs, da begann mich mein linker Fuß zu quälen. Ich hatte höllische Schmerzen. Ich versuchte, mit diesem Schmerz umzugehen, ihn wegzuatmen, hineinzuatmen, ihn anzunehmen, ihn zu betrachten, ihn einfach sein zu lassen; versuchte, ihn zu verdrängen, ihn wegzumeditieren. Aber der Schmerz blieb. Ich lief dennoch unbeirrt weiter. Ich versuchte es wieder mit dem Atmen. Ich atmete mich regelrecht in Trance. Und dann passierte es. Ich sah auf einmal ein Licht. Eine Lichtgestalt. Sie war ganz deutlich da. Ich schaute mich um. Niemand war da. Normalerweise begegnet man immer Menschen auf dem Weg. Doch in genau diesem Moment war ich allein. Komplett allein. Nur ich, der Weg, die Natur – und dieses Licht. Ich zweifelte an meiner Wahrnehmung, „Alter, was passiert hier gerade?", fragte ich mich, „drehste jetzt völlig durch, oder was? Schmerzdelirium? Hat dir jemand in der Herberge halluzinogene Pilze in die Suppe getan?" Ich wollte mir das, was gerade passierte, rational erklären. Aber mein Kopf und meine Zweifel hatten gegen die Erscheinung keine Chance. Sie blieb, und ich konnte deutlich erkennen, wie sich das diffuse Licht in eine Form verwandelte. Sie wurde zu einer

Gestalt. Und dann wusste ich es. Es war ein tieferes, inneres Wissen. Ein untrügliches Fühlen von Wissen. Ein Gefühl von Wahrheit, Erkenntnis und Erleuchtung. Und ich gab mich diesem Moment demütig hin. Die Gestalt, die ich sah, war ich. Ich selbst. Ich sah mich. Ich sah meine Seele. Und meine Seele hatte eine mich selbst rettende und heilende Botschaft dabei. Denn sie sprach zu mir, ich konnte es deutlich hören. Sie sagte einen einzigen Satz, der aus nur drei Worten bestand: „Du wirst geliebt."

Dann brach ich zusammen. Alles brach aus mir heraus. Ich weinte. Ich heulte Rotz und Wasser. Ich weiß nicht mehr, wie lange ich da weinend im Gras saß. Was meine Seele mir mitteilte, war der Schlüssel, der die Tür in mir aufmachte, die ich so lange verbarrikadiert hatte. Die Tür zu meinem Herzen. Ich spürte: In meinem Herzen, in mir selbst drin, ist unendliche Liebe. Liebe, die aus meinen eigenen Inneren kommt. Und die Liebe des großen Ganzen.

Mir wurde klar, ich werde geliebt, egal was ich tue. Ich werde von Gott oder dem Universum einfach so geliebt.

Liebe, die nicht im Außen erarbeitet werden muss. Liebe, die keine (Gegen-)Leistung fordert. Bedingungslose Liebe. Liebe aus dem Innen, die einfach immer da ist. Ich kannte bisher nur die hart erkämpfte, vermeintliche Liebe: Anerkennung und Bestätigung aus dem Außen. Ich lebte nach dem Prinzip: „Du musst nur einfach erfolgreich sein, und dann wirst du geliebt." Ich holte mir alles aus dem Außen, innerlich war ich aber leer und blockiert.

Schlagartig wurden mir meine Verhaltensmuster klar. Durch die Liebe, die ich gerade erfahren hatte und von der ich wusste, dass sie mich von nun an ein Leben lang begleiten würde, hatte ich keine Angst mehr. Ich konnte mutig sein und endlich das tun, was ich all die Jahre verdrängt hatte. Ich stellte mir endlich die entscheidenden Fragen. Ich schaute endlich hin. Ich versteckte nichts mehr, verbarg nichts mehr, verbuddelte nichts mehr, holte alle Leichen aus meinem Keller. Warum tue ich, was ich tue? Warum will ich ständig mehr und immer mehr Erfolg? Warum fange ich immer wieder neue Projekte an? Die Antwort schrie mich regelrecht an, aus allen Richtungen klatschte mir die Antwort die Wahrheit um die Ohren: Um mich selbst nicht zu spüren. Ich spürte mich bisher nur im Nervenkitzel auf dem Surfbrett, in meterhohen Wellen. Hier kitzelte mich die Angst und jagte mir ein wohliges Gefühl durch meinen Körper. Aber im echten Leben blendete ich diese Angst aus. Im echten Leben wollte ich mich nicht spüren.

Ich war endlich aufgewacht und erlaubte es mir, in mein Unterbewusstsein zu schauen, in dem ich einiges vergraben hatte. Ja, es ging ziemlich spirituell zur Sache. Ich hatte mich bis dahin schon lange für Spiritualität interessiert, aber mehr auf der theoretischen und mentalen Ebene. Spiritualität hatte ich bis dahin nicht in mein Herz oder meine Seele gelassen. Ich wusste so vieles, aber nichts über mich. Und so begann meine Reise, die mich bis heute begeistert. Eine Reise, auf der ich immer mehr darüber lernte, wie Menschen ihr Leben beeinflussen, aktiv erschaffen und gestalten. Ich begann, die Leere, die unter meinem ganzen Machen, Tun und Aktionismus lag, zu entdecken, anzunehmen und so auch zu heilen. Ich bekam dafür das wertvollste Geschenk: Unter der Leere wartete in der Tiefe meine so lange verborgene innere Stimme. Die Stimme meines Herzens, die meinen Weg schon so lange kannte und mir immer wieder Signale geschickt hatte. Aber ich hatte sie nicht gehört. Ich hatte es vielleicht auch nicht gewollt. Mein Leben war zu laut, zu hektisch und ich war viel zu beschäftigt. Ich hatte ein Monster erschaffen, ein System, ein Hamsterrad, und ich fütterte es jeden Tag, um es am Laufen zu halten. Ich rannte durch mein Leben. Vormittags meinen Projekten hinterher und nachmittags den Wellen.

Und dann blieb ich stehen. Zum ersten Mal in meinem Leben hielt ich still. Hielt aus. Und hörte zum ersten Mal hin.

Einfach mal anhalten und hinhören: Das klingt so einfach und ist doch so schwer. Dabei ist es der allererste Schritt für jede Veränderung und aus jeder Krise heraus. Sich bewusst werden und spüren, was gerade nicht stimmt. Sich zu fragen: Moment mal, was ist hier eigentlich gerade los? Aber die wenigsten tun genau das. Machen einfach weiter. Genau das – Anhalten und Hinhören – ist auch eines unserer Kernthemen bei unserer Herz-über-Kopf-Methode.

„Früher galt ich bei andern, jetzt gelte ich mir selbst etwas. Viele ziehen das erste, wenige das zweite vor. "

Caspar David Friedrich · deutscher Maler

Mein Herz kannte eigentlich schon immer die Richtung, in die es marschieren wollte. Doch manchmal braucht es Umwege, um mutig genug zu sein, diesen Weg zu gehen. Und eigentlich bin ich mittlerweile der festen Überzeugung, dass alle Umwege, die wir gehen, gut sind. Denn es geht nicht ums Ankommen, es geht nicht darum, ein Ziel zu erreichen. Sondern es geht darum, die Erfahrung jedes einzelnen Schrittes wahrzunehmen und im besten Falle zu genießen. Ich brauchte fast mein ganzes Leben, um das zu erkennen, umzusetzen und auch wirklich zu leben. Heute bin ich glücklicher denn je. Ich lernte, meine Blockaden anzunehmen und zu erkennen. Ich konnte sie lösen. Und ich konnte die so freigewordene Energie in ein Leben umlenken, das mich wirklich erfüllt und bis heute glücklich sein lässt. Jeden einzelnen Tag. Wenn wir bereit sind, uns zu öffnen, passieren Wunder. Und dafür müssen wir noch nicht mal zwingend den Jakobsweg gehen. Wir müssen nur hinschauen.

Der Jakobsweg half mir in so vielen Dingen: Nicht nur, dass ich diese unglaubliche Liebe erfahren habe. Nicht nur, dass ich endlich so vieles aus meinem Leben verstand und hinterfragte. Er führte mich auch in eine komplett neue berufliche Richtung und ließ mich neben dem Surfen eine weitere bisher von mir unentdeckte Berufung entdecken: Coaching. Ich wollte auf dem langen Weg keine Musik hören, ich wollte aber ab und an mein Hirn mit guten Gedanken füttern. Ich hatte mir dafür per Zufallsprinzip einige Vorträge zu bestimmten Themen von mir bis dato unbekannten Rednern und Autoren heruntergeladen. So kam es, dass ich auf dem Jakobsweg zum ersten Mal mit Robert Betz und seinen Themen in Berührung kam. Und „Berührung" ist hier wörtlich zu verstehen. Ich war so berührt von seinen Themen, Messages und Ansätzen, dass ich mich nach meiner Rückkehr sofort für die Ausbildung bei ihm anmeldete. Eine Entscheidung, die mein weiteres Leben maßgeblich prägte.

Der Schmerz in meinem Fuß war nach jenem Jakobsweg-Moment im Übrigen komplett verschwunden. Er war einfach weg.

21

DAS DREHBUCH UMSCHREIBEN: CHRISTINAS GESCHICHTE

„In dem Augenblick aber, wo uns alles verloren scheint, erreicht uns zuweilen die Stimme, die uns retten kann; man hat an alle Pforten geklopft, die auf gar nichts führen, vor der einzigen aber, durch die man eintreten kann, und die man vergeblich hundert Jahre lang hätte suchen können, steht man, ohne es zu wissen, und sie tut sich auf."

Aus „Auf der Suche nach der verlorenen Zeit" von Marcel Proust

Ein Großteil meines Lebens war eher trist. Meine Kindheit war geprägt von psychischer und körperlicher Gewalt und dem nicht enden wollenden Gefühl von Einsamkeit. Bis zu dem Moment, in dem ich entschied, nicht mehr länger die Rolle des ewigen Opfers zu spielen. Der Moment, in dem ich mein Drehbuch umschrieb. Und genau das ist meine Message, und genau deshalb liebe ich meine Tätigkeit als Coach und Speaker so sehr. Ich möchte inspirieren und die Menschen ermutigen, sich aus ihren Gefängnissen zu befreien und das Leben zu leben, das sie erfüllt und glücklich macht. Das ist meine Mission, meine Herzensangelegenheit. Denn wenn ich das geschafft habe, kannst du das auch. Egal, welchen Topschrott das Leben gerade vor dir ablädt oder in der Vergangenheit abgeladen hat.

DAS SCHLIMMSTE ALS NORMALITÄT

Ich will meine „Opferstory" gar nicht so weit auswalzen. Einiges davon erzähle ich in einem Interview hier:
► **http://tinyurl.com/InterviewChristina.**

Bei mir war es wie mit einem Reißverschluss. Gleich die allerersten Häkchen griffen nicht so richtig ineinander.

Ich war alles andere als ein Wunschkind. Ich war das Kind einer sehr jungen und zutiefst unglücklichen Mutter, die selbst viel Gewalt und Psychoterror in ihrer Kindheit erlitten hatte. In meiner Kindheit erging es mir nicht anders. Ich war der körperlichen und psychischen Gewalt meiner Mutter jeden Tag aufs Neue ausgesetzt. Sie stammte aus einem von außen betrachtet sehr gutem und finanziell abgesicherten Elternhaus. Ihre Eltern hatten eine renommierte Firma, waren überall angesehen und geachtet. Und genau darum ging es auch primär in dieser Familie. Um das Ansehen. Ums Funktionieren, Unterordnen, Einordnen. Um Leistung. Liebe, Wärme und herzliches Miteinander suchte man in der Familie meiner Mutter eher vergeblich. Im Gegenteil: Sie versuchte – wie wir alle –, dem Oberhaupt der Familie, ihrem sehr strengen Vater, so gut es ging zu gefallen. Opa hatte die Zügel fest in der Hand. Wer nicht spurte, wurde missachtet. Meine Mutter war damit früh das schwarze Schaf der Familie. Sie wollte eigentlich etwas ganz anderes aus ihrem Leben machen, wollte raus aus diesem geordneten Unternehmertum, sehnte sich nach Freiheit und hatte eine starke spirituelle Ader.

Meine Mutter war 17 Jahre alt, als sie meinen Vater traf. Sie erlag dem Charme dieses 12 Jahre älteren freigeistigen „Bad Boys", der nicht nur ihr schöne Augen machte. Ihre Eltern billigten diese Beziehung natürlich gar nicht. Schließlich war dieser Mann alles andere als „standesgemäß".

Als meine Mutter dann zu allem Überfluss auch noch schwanger wurde – mit 18 –, war das Desaster perfekt. Wollte meine Mutter wirklich ein Kind, also mich? Nein. Es war unterbewusst nur Mittel zum Zweck, um diesen Mann, den sie unbedingt haben wollte, an sich zu binden und ihren Eltern eins auszuwischen. Half ihr all das, glücklicher zu werden? Leider nein. Die Beziehung zu ihren Eltern wurde nur noch schwieriger und mein Vater hatte natürlich so gar keine Lust auf eine per Druck erzeugte Beziehung. Aber er fügte sich. Das Ergebnis von all dem? Meine Mutter lebte mit meinem Vater weit ab vom Schuss und somit endlich räumlich distanziert von ihrer Herkunftsfamilie. Ihr Vater hatte ihr eine heruntergewirtschaftete Hotel- und Gastronomieimmobilie überlassen, mit der „die junge Familie sehen sollte, wie sie klar kam". Mit den Worten „Nun könnt ihr euch was aufbauen. Schaut, was ihr daraus macht", entließ sie mein Großvater in ihr Leben.

Was auf den ersten Blick nach „Och, ist doch voll nett, was für eine tolle Startchance" klingt, war jedoch eher geprägt durch die Intention ihrer Eltern, die heile Welt im Außen vor all den Geschäftskollegen und ihrem weiteren Umfeld aufrecht zu erhalten. Niemand sollte merken, dass das älteste Kind, also meine Mutter, so völlig aus der Art geschlagen war. Und da saß sie nun. Weit weg von der nach außen schillernden Unternehmerwelt. 18 Jahre alt. Hochschwanger mit einem Kind, das sie eigentlich gar nicht wollte. Und versuchte einen Gastro-Betrieb, ein ehemaliges Bordell in einem zweifelhaften Industriegebiet einer Kleinstadt, ins Laufen zu bringen, während sie für die Immobilie auch noch horrende Pacht an ihre Eltern abdrücken musste. Dazu mit einem Mann an ihrer

Seite, der sie auch nicht wirklich wollte. Die Beziehung war daher alles andere als glücklich. Der finanzielle Druck war enorm. Es ist kein fluffiger Spazierang, mit Baby und abweisendem Mann in einer völlig fremden Kleinstadt ein heruntergekommenes Bordell zum angesehenen Hotel und Restaurant werden zu lassen. Mein Vater ließ sie immer wieder spüren, dass er sie nicht aus freien Stücken geheiratet hatte, sondern eben weil ein Kind unterwegs war und er sich verantwortlich fühlte. So führte er parallel die Beziehungen zu anderen Frauen weiter. Das gab ihm das Gefühl von Freiheit und Selbstbestimmung.

Kein Wunder also, dass sich meine Mutter zu einer dem Leben und den Menschen gegenüber sehr misstrauischen Frau entwickelte, die selbst immer wieder – bis zu ihrem frühen Tod – Gewalt in aller Form erfahren musste. Gewalt kannte sie. Und sie konnte gar nicht anders, als genau das Gelernte an mich weiterzugeben. Ich war der Prellball für ihre Unzufriedenheit. Meine Mutter nutzte – verständlicherweise – ihre Schwangerschaft als Fluchtversuch und gab mir viele Jahre die „Schuld" an ihrem Unglück. Durch mich musste sie ihre Familie verlassen, einen Beruf ausüben, den sie hasste, ein Leben leben, das sie unglücklich machte. So war ich lange Jahre der Sündenbock – und glaubte auch vollends, genau das zu sein.

Meine Großmutter mütterlicherseits war eine wichtige Schlüsselperson in meinem Leben. Sie hatte keinen guten und liebevollen Kontakt zu ihrer ältesten Tochter, war sie ihr doch wahrscheinlich einfach zu ähnlich. Ich wurde mit den Worten „Nimm du sie, ich halte es nicht mehr aus" zu ihr gegeben, und die Zeit dort war für mich immer eine Erholung. Wenn ich brav und artig war, durfte ich da sein. Ich wusste nie, für wie lange, denn auch meine Großmutter wollte mich immer wieder „loswerden". Sie ließ mich jedoch, wenn ich so war, wie sie das gerne wollte, in Ruhe und schenkte mir Aufmerksamkeit und Liebe. Zwei wichtige Dinge, die ich von meiner Mutter nicht spüren konnte.

Zwischen den Frauen in meiner Familie herrschte ein starkes Konkurrenzverhältnis. Statt warmer Mutter-Tochter-Verbundenheit pflegten alle Frauen innerhalb meiner Familie ein angespanntes Verhältnis zueinander, das von Kälte und Ablehnung geprägt war. Meine Mutter wurde von ihrer Mutter gemaßregelt und nicht wirklich gesehen oder wertgeschätzt. Und ihrer Mutter ging es vermutlich ähnlich.

Es gab wenig Liebe, kein Lob, keine Anerkennung, kaum Wärme. Ich sah meiner Mutter frappierend ähnlich. Und ich glaube, auch das vermehrte ihren Unmut auf mich nur noch mehr. Sie lehnte sich selbst ab und sah sich selbst in mir widergespiegelt. Sie konnte nicht anders. All diese Zusammenhänge verstand ich natürlich erst viel später. Meine eigenen Erfahrungen, aber auch die Erfahrungen viele unserer Coachees, bestätigen dieses Verhaltensmuster. Meine Mutter, ihre Mutter und letztlich eben auch ich waren Kinder, die von verletzten Kindern in die Welt gesetzt worden waren. Die nie die Chance hatten, ihre eigenen Traumata zu lösen, bei denen es schlichtweg kriegszeitenbedingt ums nackte Überleben ging. Da war keine Zeit für Innenschau und Reflektion.

Die Psychologin Sandra Konrad untersucht in ihrem Buch „Das bleibt in der Familie: Von Liebe, Loyalität und uralten Lasten" genau diese Muster und hat die generationenübergreifenden familiären und oft unbewussten Weitergaben, besonders in Bezug auf Traumata, untersucht. Allein sich dieser Zusammenhänge bewusst zu sein, hilft beim Durchbrechen und Lösen.

Als ich all das verstanden hatte, konnte ich meiner Mutter viele Jahre später von Herzen verzeihen. Und sie glücklicherweise auch mir, denn auch ich habe ehrlich gesagt wirklich viel dafür getan, meiner Mutter das Leben so schwer wie möglich zu machen. Mein Herz war ihr gegenüber verschlossen, und ich habe ihr lange Jahre keine Chance gegeben, Kontakt zu mir aufzubauen. Wir konnten beide kurz vor ihrem Tod mit nur 61 Jahren unseren Frieden miteinander schließen. Endlich konnte die Liebe zueinander zwischen Mutter zu Tochter fließen. Und vielleicht hat dieses Verzeihen, Hinschauen und Verstehen diesen womöglich schon sehr alten „Fluch" in der weiblichen Ahnenreihe unserer Familie, der von Generation zu Generation weitergegeben wurde, endlich gebrochen. Wie im Märchen. Die Liebe gewinnt – immer.

ALLEIN

Mein Start ins Leben war alles andere als märchenhaft. Meine Mutter lag allein im Krankenhaus. Mein Vater war, wie so oft, verschollen und ließ sich nicht blicken. Vermutlich war er bei einer seiner Frauen. Allein die Vorstellung, dass dort ein 18jähriges Mädchen im wahrsten Sinne des Wortes mutterseelenallein mit Wehen im Kreißsaal lag, ohne Unterstützung, ohne Halt, ohne Vertrauen, zerreißt mir noch heute mein Herz. Meine Mutter wollte mich nach der überstandenen Geburt nicht sehen. Und das war vielleicht auch gut so, denn ich wurde mit einer amtlichen Gelbsucht geboren. Kein schöner Anblick. Meine Mutter hätte mich nur noch mehr abgelehnt. Ich kam sofort auf die Quarantäne-Station. Und da war nun auch ich allein. Ich hatte tagelang keinerlei menschlichen Kontakt, bis auf die Schwestern, die mich versorgten. Man weiß heute durch zahlreiche Studien, wie wichtig gerade in der ersten Zeit eines Babys das „Bonding" ist: körperliche Nähe und Zuwendung, Liebe, Zärtlichkeit. Meine Mutter besuchte mich tagelang nicht. Sie konnte einfach nicht, aus vielerlei Gründen. Und ich lernte schon in meinen ersten Lebenstagen: Kein Schwein interessiert sich für mich.

Und das setzte sich fort. Meine Mutter wollte mich am liebsten zur Adoption freigeben. Ihre Eltern legten aber, wahrscheinlich aus Angst vor ihrem Ruf, Veto ein. So blieb ich bei meiner Mutter.

Aber ich wurde zu irgendwelchen Bekannten und Nachbarn herumgereicht und abgeschoben,, nach dem Motto „Nimm du die mal, ich kann die nicht aushalten, will mich nicht um die auch noch kümmern, hab genug mit mir selbst zu tun."

Natürlich wollte ich nichts anderes, als geliebt zu werden. Wir alle wollen das. Jedes Kind möchte gesehen, geliebt und wertgeschätzt werden, jedes Kind möchte in Wärme und Sicherheit aufwachsen. Jedes Kind möchte und sollte Urvertrauen entwickeln dürfen. All das konnte mir meine Mutter nicht geben. Denn all das hatte sie selbst nie erfahren dürfen. Ich hatte all diese Bedürfnisse. Sie sicher auch. Aber sie hat nie erfahren dürfen, dass ihre eigenen Bedürfnisse nach Liebe, Wärme und Sicherheit gestillt wurden. Dementsprechend war sie dann auch mit meinen Anforderungen komplett überfordert.

So verinnerlichte ich sehr früh, dass ich nicht um meiner selbst geliebt werden kann. Ich war einfach nicht liebenswert. Wenn überhaupt, konnte ich Liebe, Bestätigung und Anerkennung nur durch Leistung erlangen. Ich versuchte, Ärger und Frust meiner Mutter nicht auf mich zu ziehen, passte mich an und gab mir Mühe, nicht aufzufallen, keinen Ärger zu machen. Und so strampelte ich mich ab. Ich half im elterlichen Hotelbetrieb, wo ich nur konnte. Aber die Liebe und Aufmerksamkeit, die ich so ersehnte, blieb aus, was das Gefühl, nicht richtig zu sein, nur noch mehr verstärkte. Es wurde nicht besser, egal, wie viel Mühe ich mir gab. Ich sah keinen Ausweg. Kein Licht am Ende des Tunnels, wie sehr ich mich auch bemühte, mein Verhalten zu verbessern. Ich fühlte mich lange unverstanden, zutiefst einsam und ungeliebt, und versuchte, über Leistung einen Platz auf dieser Erde zu finden.

Einer der wenigen Menschen, die liebenswürdig zu mir waren, war mein Vater. Aber mein Vater war selten da. Ich wusste nie, wann er käme, ob er überhaupt kommen würde und wie lange er bleiben würde. Es war ein einziges Hoffen und ein sich stetig wiederholendes Enttäuscht-Werden, wenn er am Abend mal wieder nicht nach Hause kam. Ich lebte in ständiger Ungewissheit, alles war unstet. Zudem arbeiteten beide permanent. Kein Wunder, denn der finanzielle Druck war viele Jahre enorm. So wuchs ich mit jeder Menge Mangel auf, obwohl ich auch den Überfluss des anderen Teils der Familie kennenlernte. Ich war den Launen meiner Mutter ausgesetzt, wusste nicht, was im nächsten Moment passieren würde. Alles in meinem Leben war unsicher. Ich hatte keinerlei Sicherheit, keine Ruhe, keine Stabilität und auch nicht wirklich ein Zuhause. Weder im Außen noch im Innen.

Ein Hoffnungsschimmer entstand durch meine kleine Schwester. Ich war überglücklich, mit vier Jahren eine Schwester zu bekommen. Ich würde nicht mehr allein sein, würde endlich eine Verbündete haben. Meine Schwester sollte das typische „Kitt-Kind" sein, dessen Existenz die Konflikte zwischen meinen Eltern lösen sollte. Kind als Beziehungsrettungsversuch. Kind als Heilsbringer, damit endlich alles gut wird. Denn nach wie vor war alles weiterhin ziemlich verkorkst. Mein Vater führte mit seiner Nebenfrau eine ernsthafte Beziehung. Er besuchte sie regelmäßig und hofierte sie, stellte ihr Schecks aus, während sich meine Mutter in ihrem Laden bis zum Umfallen abrackern musste. Dann bekam die andere Frau auch ein Kind. Einen Sohn. Und so dachte sich meine Mutter vermutlich, „Okay, noch ein Kind muss her."

Meine Schwester musste also ebenfalls ein schweres Päckchen tragen. Denn ihre „Bestimmung" war, die Beziehung zwischen Mutter und Vater endlich ins Lot zu bringen. Dieser Druck lastete schwer auf meiner Schwester, was sich bei ihr in vielen körperlichen Symptomen und schweren Krankheiten äußerte. Denn natürlich kam bei meinen Eltern gar nichts ins Lot. Aber ich hatte eine Aufgabe und auf einmal auch einen Platz: Ich kümmerte mich um meine Schwester. Ich hatte zum ersten mal eine Art Bedeutung in meinem Leben. Meine Schwester war meine Lebensversicherung. Mein Geschenk. Wenn ich sie nicht gehabt hätte, hätte ich mich selbst zerstört.

Meine Eltern konnten sich zumindest beruflich gesehen ihren Erfolg erarbeiten. Viele Jahre später war aus der heruntergekommenen Bruchbude ein angesehener und beliebter Restaurant- und Hotelbetrieb geworden. Sie haben sich das hart erarbeitet.

Mein Vater starb mit nur 47 Jahren. Ich glaube, er wollte gehen. Er wollte nicht länger dem Druck, zwischen zwei „Familien" zu stehen, ausgesetzt sein. Er wollte keine Entscheidung treffen. Er war dazu einfach zu gefangen. Und natürlich hat all das auch mein Männerbild geprägt: Männer sind Schweine. Männer betrügen nur. Du kannst keinem vertrauen. Du kannst dich nicht auf sie verlassen.

„Missbrauch ist Menschen zertreten wie Gras."

Else Pannek · deutsche Lyrikerin

Meine Mutter gab mich und später auch meine Schwester immer öfter bei Nachbarn und Bekannten ab. Zu groß war die Belastung mit zwei Kindern, den ganzen eigenen Themen und der Arbeit. Leider stellte sich diese Lösung auch als keine sichere heraus. In der Obhut dieser Menschen kam es regelmäßig zu sexuellem Missbrauch. Das erste Mal, als ich knapp vier Jahre alt war. Anvertrauen konnte ich mich niemandem. Ich war mir sicher, dass meine Worte abgetan würden, sollte ich etwas sagen. Ich fühlte mich sehr schutzlos. So beschützte ich wenigstens meine kleine Schwester, die so von all dem verschont wurde. Ich wollte verhindern, dass sie dieselben Erfahrungen wie ich machen müsste. Im Nachhinein erfuhr ich, dass meine Schwester die Übergriffe mitbekam. Das half mir viele Jahre später, das Erlebte zu heilen. Ich hatte es erfolgreich verdrängt, und als es hochkam, dachte ich zunächst tatsächlich, ich würde es mir einbilden.

Ich entdeckte einen weiteren unwahren Glaubenssatz: „Es liegt an dir. Du bist daran Schuld. Du hast es nicht anders verdient." Durch all diese negativen Erfahrungen und Traumata war ich innerlich blockiert. In diesen Blockaden war all meine Energie gebunden. Energie, die mir fehlte, um mich zu einer gesunden und lebensbejahenden jungen Frau zu entwickeln und mich zu entfalten. Ich kämpfte jeden Tag um eine Daseinsberechtigung auf dieser Erde, die ich trotz aller Bemühungen nicht fühlen oder erarbeiten konnte.

Ich lehnte mich selbst zutiefst ab, fand mich unendlich hässlich. Ich hatte alle nur erdenklichen Krankheiten, bis hin zu Autoimmunkrankheiten, die mich regelrecht von innen nach außen und von außen nach innen mit den fiesesten Entzündungen zerfleischten und auffraßen. Ich aß nichts und hatte eine veritable Essstörung. Keine Hoffnung. Kein Ausweg – gefühlt kein Ende.

Mit nur 18 Jahren übernahm ich dann den Hotel- und Restaurantbetrieb meiner Eltern, während ich parallel fleißig meinem BWL-Studium nachging. Ich gab die kleine, leise Hoffnung nicht auf, meinen damals schon lange verstorbenen Vater im Nachhinein stolz zu machen und die Anerkennung meiner Mutter doch noch zu erlangen. Bekam ich sie? Nein. Aber was bekam ich stattdessen? Mit 25 hatte ich meinen ersten heftigen Burnout. Ich war voll mit Ängsten, negativen Erfahrungen, Sorgen und unwahren Gedanken über mich, das Leben und die Menschen.

Es gab jedoch immer zwei „Dinge" in meinem Leben, die mir trotz allem Hoffnung gaben und dafür sorgten, dass ich nicht aufgab. Zum einen meine kleine Schwester. Und zum anderen gab es immer wieder Momente in meinem Leben, in denen mich sprichwörtlich ein Blitz traf. Es war, als würde ein weißer Blitz durch mich durchschießen, begleitet von einer

Stimme, die mir sagte: „Christina, das Leben ist wunderschön, und es gibt einen Sinn, warum du hier bist. Du hast einen Sinn. Du bist wichtig. Das Leben ist schön. Du wirst es sehen, halte durch." Jedes Mal, wenn mich dieser „Blitz" aus dem heiteren Himmel traf, empfand ich ein unbeschreibliches Glücksgefühl. Heute bin ich mir sicher: Ich wurde geführt. Ich bekam Energie und Unterstützung „von oben". Es gab einige andere Situationen in meinem Leben, wo ich diese Unterstützung, auch in den herausforderndsten Situationen, immer wieder erfahren durfte. Egal, was geschah, es kam immer wieder diese Stimme von oben, die mir sagte: „Christina, du bist ein Glückskind!" Trotz aller anderen negativen Glaubenssätze und Blockaden war da dieses kleine Leuchten im Herz, das in meine Dunkelheit hineinleuchtete und mir zuflüsterte: „Du bist ein Glückskind."

STOPP! & WARUM?

„Tadele nicht den Fluss, wenn du ins Wasser fällst."

Indisches Sprichwort

Gibt es diesen einen Moment, in dem einem klar wird: „Moment, Stopp, so geht es nicht weiter"? Ich habe lange darüber nachgedacht, und rückblickend kann ich diesen einen Moment nicht festmachen. Bei mir kumulierten mehrere Momente, die sich zu einem großen Stopp-Ball zusammenformten, der irgendwann losrollte.

Ich hatte viele Gefängnisse, aus denen ich mich befreien musste und wollte. Eines davon war das anstrengende Verhältnis zu meiner Mutter. Ich wollte ihren Spielchen und Übergriffen nicht länger ausgesetzt sein, fand aber erst mit 18 Jahren – in einer erneuten für mich demütigenden Situation – die Kraft, mich zu wehren.

Ich zeigte meine Wut, und ich zeigte auch ziemlich deutlich, dass ich nicht länger der Fußabtreter für meine Mutter sein würde. Das veränderte alles. Und meine Mutter zollte mir genau deswegen zum ersten Mal in meinem Leben ihren Respekt. Denn auch in geschäftlichen Belangen, die den gemeinsamen Hotel- und Restaurantbetrieb betrafen, setzte ich mich auf einmal durch. Das war für mich ein einschneidender Moment. Ich hatte auf einmal eine Stimme. Meine Stimme. Ich staunte über mich selbst und meine Fähigkeit, mich wehren zu können. Und ich erkannte: Wenn ich mich wehre, wenn ich meine Sicht der Dinge durchsetze, wenn ich „Stopp" sage, wenn ich „Nein!" sage, werde ich erstaunlicherweise mehr respektiert, als wenn ich es allen recht machen will. Das drehte mein Weltbild komplett auf den Kopf, hatte ich doch bis dahin den Glaubenssatz verinnerlicht, angepasst und „brav" sein zu müssen.

Die Beziehung zu meiner Mutter wurde nie ein ganz liebevolles Mama-Tochter-Bilderbuch-Verhältnis, aber es gelang uns, Jahre später viele der Dinge, die passiert waren, miteinander aufzuarbeiten und zu besprechen. Sie starb früh, ging dennoch im Frieden – und mit uns an ihrer Seite.

Ich entschied mich, mein Leben, anders als meine Eltern, zu genießen, mir und anderen zu vergeben, loszulassen und alles, aber auch wirklich alles in meiner Macht stehende dafür zu tun, glücklich zu sein. Es soll schließlich einen Sinn gehabt haben, dass sie mir aufzeigten, wie es nicht geht, wie man nicht glücklich und erfüllt ist. Heute bin ich sicher, dass unsere Eltern genau das für uns wollten. Sie würden sich freuen, uns heute zu sehen, wären glücklich und erfüllt darüber, zu erleben, dass wir aus ihren Fehlern gelernt haben.

Dass ich mein Leben nicht länger so leben konnte, erkannte ich nach meinem ersten Burnout mit Mitte 20, als ich gerade mein Studium in der Tasche hatte. Auch im Studium hatte ich alles gegeben. Ich hatte alles in Rekordzeit runtergerockt, hatte ein Prädikatsexamen, gehörte zu den Besten, und ich hatte bereits mit meiner Doktor-Arbeit angefangen. Alles nebenbei, wohlgemerkt, denn ich führte das einstige Hotel und Restaurant meiner Eltern, das ich als Pächterin betrieb.

Irgendwann fand ich mich im Krankenhaus wieder. Komplettzusammenbruch, am Tropf hängend. Ich sah, wie diese Flüssigkeit in mich hineintropfte, und konnte es kaum aushalten. Es machte mich rasend. Ich wollte schreien. Ich wäre am liebsten, im sprichwörtlichen Sinne, aus meiner Haut gefahren. Ich wollte wegrennen. Aber ich konnte nicht. Ich war auf dem Nullpunkt angekommen. Null Kraft, null Energie. Ich war nur noch eine leere, matte, erschöpfte Hülle. In diesem Moment erkannte ich: Christina, so geht es nicht weiter. Du kannst nicht mehr. Ich hatte meine Grenze erreicht. Bis zu diesem Zusammenbruch war ich mit Vollgas durch mein Leben gerannt, sicher einerseits, um vor vielen Dingen wegzurennen, aber auch, um einer Sache hinterherzujagen, die ich niemals bekommen würde. Ich hatte mich selbst missbraucht. Ich hatte mir mehr und mehr Arbeit augelastet. Noch und nöcher, höher, schneller, weiter, mehr – ich war die erste gewesen, die immer „HIER!" schrie. Ich war der festen Überzeugung gewesen, alles selbst machen zu müssen, hielt die Zügel in meinem Hotel fest in der Hand, war der totale Kontrollfreak geworden.

Mir wurde bewusst: Wenn ich so weiter mache, fahre ich mit Vollgas gegen die Wand. Ich wusste: Ich muss alles in meinem Leben verändern. Ich muss alles einstellen. Keine Doktorarbeit mehr. Dieser Entschluss kostete mich viel Überwindung, denn er war für mich eine riesige Niederlage. Ich wusste, ich würde wieder Menschen in mein Leben lassen müssen. Ich hatte niemandem vertraut, sogar richtige Angst vor Menschen entwickelt. Der einzige Mensch, den ich in mein Leben gelassen hatte, war meine

Schwester. Alle anderen Beziehungen waren Brachland. Und ich wusste und spürte: Hier und jetzt ist Stopp!

Ich ließ mich auf verschiedene Therapien ein. Steckte all meine Energien in meine Selbstheilung. Ich wollte lernen. Ich wollte verstehen. Ich wollte wissen, warum ich so war, woher all das kam, warum ich so angetrieben war, was dahinter steckte. Ich wollte wissen, warum ich mir selbst so viel angetan hatte und immer vor mir selbst weggerannt war. Ich erkannte, dass das Leben, das mein Leben war, alles andere als „normal" war. Ich erkannte, dass ich Opfer meiner Umstände geworden war. Und ich traf eine Entscheidung. Ich wollte glücklich sein. Ich wollte lieben und geliebt werden. Ich wollte mein Leben aktiv gestalten, ich wollte mein Leben genießen und Freude daran haben. Ich wollte ein komplett anderes Leben als das, was mir zunächst vorgelebt wurde und was ich mir selbst mit kreiert hatte. Und eine leise Stimme in mir flüsterte mir zu: „Die einzige, die dein Leben verändern kann, bist du selbst, Christina." Ich spürte auf einmal eine nie dagewesene Kraft in mir. Ich war fest entschlossen, mein Drehbuch umzuschreiben und der Hauptperson, die von einer Katastrophe in die andere stolperte, ein Happy End auf den Leib zu schreiben.

Ging das von heute auf morgen? Nein. Es dauerte seine Zeit. Aber jede Veränderung, jeder Wachstumsprozess beginnt mit einer Entscheidung und einem allerersten Schritt.

„Wenn nichts mehr zu helfen scheint, schaue ich einem Steinmetz zu, der vielleicht 100mal auf seinen Stein einhämmert, ohne dass sich auch nur der geringste Spalt zeigt; doch beim 101. Schlag wird er entzweibrechen, und ich weiß, dass es nicht dieser Schlag war, der es vollbracht hat – sondern alle Schläge zusammen."

Jacob Riis · dänisch-amerikanischer Journalist und Sozialreformer

Ich war bereit. Ich hinterfragte meine bisher gelebte Normalität gnadenlos. Ich schaute hin. Hörte auf zu flüchten, blieb stehen. Ich ergründete, woher das alles kam. Ich entwickelte großes Mitgefühl für meine Mutter, für den besagten Nachbarn und für alle, mit denen das Leben bisher herausfordernd gewesen war, weil ich wusste, sie konnten nicht anders. Sie gaben nur das weiter, was sie selbst erleiden mussten. Ist das eine Ausrede? Nein. Aber eine Erklärung. Und jede Erklärung half mir besser zu verstehen und zu verzeihen. Jedes Verzeihen löst eine Blockade auf, durch die bis dahin gefangene Energie befreit wird. Energie, die nötig ist, Veränderungen herbeizuführen, und die mir selbst Frieden und Freiheit gibt.

Ich wollte alles über die menschliche Psyche wissen. Ich wollte wissen, warum wir sind, wie wir sind. Und wie wir es schaffen können, unser Leben nach unseren Wünschen zu gestalten und zu verändern. Ich lenkte meine Aufmerksamkeit ganz hin zu mir. Ich machte zig psychologische Ausbildungen, saugte jedes erdenkliche Seminar, das ich kriegen konnte, in mir auf. Ich wollte verstehen. Ich wollte lernen. Und ich ließ nichts aus. Ich war neugierig, war Feuer und Flamme. Ich ließ mich auf spirituelle und mystische Erfahrungen ein, blickte viele Jahrhunderte zurück und sah, dass alle meine weiblichen Vorfahren unter diesem „Fluch" standen. Auch diese Rückführungen waren für mich hilfreich, denn ich verstand. Ich konnte alte und mich blockierende Verbindungen lösen, alte Wunden heilen und mein Leben in eine ganz neue Richtung lenken.

Ich lernte, mich selbst nicht nur zu akzeptieren, sondern auch zu lieben. Überhaupt, ich lernte zu lieben.

Ich blicke in keinster Weise mit Groll und Wut auf meine Vergangenheit zurück. Ich kann sie als Teil von mir annehmen und bin sogar sehr dankbar für all das Erlebte, denn meine Vergangenheit hat mich zu der Christina gemacht, die ich heute bin. Und die ich immer sein wollte. Heute strotze ich vor Energie und Lebensfreude. Ich bin unendlich glücklich, meine Berufung gefunden zu haben. Ich bin mir meiner ganz eigenen Gaben bewusst und erfreue mich jeden Tag daran, wenn diese im Rahmen unserer Coaching-Ausbildung zum Inspirations-Coach, die wir mittlerweile in drei großen Städten Deutschlands und online europaweit anbieten, dazu beitragen, dich auf deinem Weg oder bei deinem Veränderungsprozess zu begleiten. Ich kann gar nicht genug von diesem Leben bekommen, das mir geschenkt wurde – und das ich einst so gehasst habe. Ich bin frei.

22

CHRISTINA & WALTER

U ns hat immer interessiert, wie man sich ein glückliches Leben erschaffen kann und welche Werkzeuge wirklich funktionieren. Besonders in unserem Fokus stehen die „Erfolgsverhinderer und Bremsen", da wir der Überzeugung sind, dass wir uns auf dem Weg in die Zufriedenheit meist selbst im Weg stehen. Wenn das so ist, können wir den Weg auch wieder freimachen.

Wir lehren in unseren Seminaren all das, was wir täglich versuchen zu leben. Wir übernehmen beide die Verantwortung für unser Leben und gehen gemeinsam einen Weg, der auf Freude und Entspannung ausgerichtet ist.

Durch unsere langjährige Arbeit als Ausbilder, Trainer und Speaker bewegen wir jedes Jahr Tausende von Menschen, ihr Leben in die Hand zu nehmen und neu auszurichten. Anstatt darauf zu warten, dass das Glück endlich an die Tür klopft, führen wir unsere Teilnehmerinnen und Teilnehmer in ihre Selbstverantwortung, motivieren sie, ihr ganzes Potenzial und ihre Größe zu leben.

HERZ ÜBER KOPF IST UNSER MOTTO

Wir beide haben einen sehr starken Kopf und durften immer wieder feststellen, dass der Auslöser für unsere Krisen immer unsere Reaktion auf das war, was in unserem Leben geschehen ist. Schon vor 25 Jahren kam das erste Buch über positives Denken in unser Leben: „Ändere dein Denken, und du kannst glücklich sein."

Das ist aber einfacher gesagt als getan. Schnell haben wir beide gemerkt, dass es mit positivem Denken allein nicht so einfach geht. Bei der Parkplatz-Suche funktionierte es zwar, aber bei den knackigen Themen half es nichts. So haben wir beide uns auf den Weg gemacht, Möglichkeiten zu suchen, dieses Denken und die mit ihm verbundenen Gefühle zu verändern. Wir haben auf unserem Weg viele wertvolle Ausbildungen und Erfahrungen gemacht.

Zu unseren Qualifikationen zählen u.a. der Heilpraktiker Psych, NLP-Trainer und Coach (n. R. Bandler), Gestalttherapie (5 Jahre, Däumling Institut Bonn), systemisches Coaching (Sieger Consulting), Transformationstherapie und Coaching (n. R. Betz), Enneagrammarbeit (Christian Meyer), Yogalehrerausbildung (Aum Hari, Frankfurt), Dr. Joe Dispenza Visionsarbeit, DAN Energiearbeit (DAN Institut), mediales Coaching (Yvonne Grevenitz) u.v.m.

Es war ein langer, sehr intensiver Weg zu uns selbst, mit vielen Erfolgen und Niederlagen. Ein Ergebnis ist, dass es nicht gegen den Kopf geht, sondern mit ihm.

Die größte Erkenntnis allerdings war, dass es noch eine Instanz in uns Menschen gibt, die uns durch unser Leben führen will: Das Herz. Natürlich nicht das physische Herz, sondern eine innere Weisheit, die in uns allen aktiv ist, viel größer und wissender als der Kopf.

Es geht also darum, unter dem lauten und angstbesetzten Verstand eine leise, aber sehr hilfreiche Stimme zu entdecken. Diese Herzens-Stimme kennt den Weg in ein zu-Frieden-es Leben, und dieser wollen wir wieder mehr und mehr die Führung übertragen, so dass unser Verstand die Aufgabe bekommt, unsere Herzens-Impulse umzusetzen. Ganz einfach „Herz über Kopf" eben!

WERDE AUCH DU INSPIRATIONS-COACH!

Wir wünschen uns sehr, dass unsere Herz-über-Kopf-Methode dich inspiriert und motiviert hat. Und vielleicht bist du neugierig geworden und möchtest dein Wissen und deine Erfahrungen teilen? Werde Inspirations-Coach und nimm an unserer Ausbildung teil!

Für uns ist es das größte Geschenk, Begeisterung und Liebe für sich selbst und das Leben im Gegenüber wecken zu dürfen. Als Inspirations-Coach inspirierst du andere dazu, neu zu denken, ihr Licht zu entdecken und es strahlen zu lassen. Du hilfst ihnen, ihren Zugang zu Selbstliebe und ihrer Intuition zu finden und mutige Schritte zu gehen. Es erfüllt uns immer wieder aufs Neue, wenn Teilnehmer unserer Seminare schon nach zwei oder drei Tagen ihr Leben und die Welt mit anderen Augen sehen. Diese Methode weiterzugeben ist unsere Berufung. Alle Informationen dazu findest du hier: www.inspirations-coach.de Wir freuen uns auf dich!

Alles Liebe
Christina und Walter

WIR FREUEN UNS, VON DIR ZU HÖREN!

Wir freuen uns über jede Nachricht, jede Anfrage und jedes Feedback zu unserer Arbeit und ganz besonders zu diesem Buch. Hier findest du uns:

Web: **www.herz-kopf.com** und
                 www.inspirations-coach.de

Mail: **info@herz-kopf.com**

Facebook: **www.facebook.com/deinherzueberkopf**
Facebook
Community: **https://bit.ly/33kiccQ**

Instagram: **www.instagram.com/herz_uberkopf**

YouTube: **https://bit.ly/2OAdUK8**

LITERATUR

Anleitung zum Unglücklichsein · Paul Watzlawick

Archetypen der Seele: Die seelischen Grundmuster – Eine Anleitung zur Erkundung der Matrix · Varda Hasselmann & Frank Schmolke

Auf der Suche nach der verlorenen Zeit · Marcel Proust

Das Bewusste Universum · Amit Goswami

Das bleibt in der Familie: Von Liebe, Loyalität und uralten Lasten · Sandra Konrad

Das Buch der Geheimnisse · Deepak Chopra

Das Buch der Unruhe · Fernando Pessoa

Das Geheimnis der Zahl · Christa Zettel

Das hier ist Wasser · David Foster Wallace

Das Kind in uns · John Bradshaw

Das schöpferische Universum · Rupert Sheldrake

Das Tao des Herzens · Safi Nidiaye

Das tibetische Buch vom Leben und vom Sterben · Sogyal Rinpoche

Das Wesentliche ist unsichtbar · Helen Gamborg

Der Junge muss an die frische Luft · Hape Kerkeling

Der Quantenkosmos: Von der zeitlosen Welt zum expandierenden Universum · Prof. Dr. Claus Kiefer

Der Teil und das Ganze · Werner Heisenberg

Die Formel für Glück · Mo Gawdat

Die fünf Pfeiler der Weisheit · Thich Nhat Hanh

Die Seele der Erde entdecken · Paul Devereux

Durch Traumarbeit zum eigenen Selbst · Strephon K. Williams

Ein Mann namens Buddha · Samuel Bercholz & Sherab Chödzin

Eventuell spirituell?! · Saskia Winkler

Freiheit und wahres Glück · Jiddu Krishnamurti

Jetzt! Die Kraft der Gegenwart · Eckhart Tolle

Kreativ Visualisieren · Shakti Gawain

Lieder vom heiligen Berg · Djohariah Toor

Loslassen – Der Pfad widerstandsloser Kapitulation · David R. Hawkins

Nimm deine Couch und geh! Heilung mit Spontanritualen · Peter Schellenbaum

Persönliche Mythologie: Die psychologische Entwicklung des Selbst · David Feinstein & Stanley Krippne

Qi-Gong-Kugeln für Gesundheit, Meditation und Vitalität · Hans Höting

Resonanz: Das Geheimnis der richtigen Schwingung · Jasmuheen

Täglich neu verliebt · Christina & Walter Hommelsheim

Tao im täglichen Leben · Deng Ming-Dao

The Silent Orgasm. Liebe als Sprungbrett zur Selbsterkenntnis · Günter Nitschke

The Space Within · Michael Neill

Wer bin ich, und wenn ja wie viele? · Richard David Precht

Wer liebt hat alles · Gerd B. Ziegler

Wu wei · Theo Fischer

KENNST DU UNSEREN PODCAST „ERFOLGREICH, GLÜCKLICH SEIN"?

Hör und schau mal in unseren beliebten Podcast rein, den wir zweimal in der Woche senden. Hier findest du wertvollen Input zu allen Themen rund um Persönlichkeitsentwicklung, Coaching und Inspirationen für ein glückliches, erfülltes Sein. Wir lieben es, all unser Wissen zu teilen, damit diese Welt noch ein bisschen schöner wird und wir alle immer mehr in unser ganz natürliches Strahlen kommen.

► **https://www.herz-kopf.com/dein-podcast/**

KÖNNTEST AUCH DU EIN GUTER COACH SEIN?

Fragst du dich manchmal, ob das Coachen auch etwas für dich sein könnte? Hast du manchmal Zweifel an deiner Kompetenz und Begabung und wüsstest gerne verlässlich und ehrlich, ob du ein wirklich guter Coach werden könntest?

Wir haben einen Persönlichkeitstest für dich entwickelt, den du einfach und schnell ausfüllen kannst und der dir eine klare Einschätzung über deine Stärken und dein Potenzial gibt.

Hier findest du den Test:
► **www.herz-kopf.com/coach-test**

DIESES BUCH GIBT ES AUCH ALS HÖRBUCH.
ALS BONUSTRACK SIND NOCH MEDITATIONEN
UND EIN INTERVIEW MIT UNS DABEI.

► **www.herz-kopf.com/hoerbuch**

UNSER ERSTES BUCH ZUM THEMA PARTNERSCHAFT,
ERSCHIENEN IM MOMANDA VERLAG, FINDEST DU UNTER
WWW.TAEGLICH-NEU-VERLIEBT.DE